Childcare teacher

Personality theory

[개정판]

보육교사(인성)론

윤매자 저

양성원

머리말

급변하는 사회는 여성의 자아실현에 대한 욕구가 높아지는 반면, 경제적 · 환경적 지원이 뒷받침되지 못해 저출산이라는 사회 이슈의 결과로 드러나 보육에 대한 논의와 방향성에 대한 사회적 관심이 고조되고 있습니다. 이때에 보육의 본질을 이해하고 질 높은 보육서비스를 제공할 수 있는 보육교사의 올바른 가치관과 인성 및 전문성 등을 갖춘 보육전문가를 필요로 하고 있습니다. 이러한 인식 하에 국가적 차원에서 보육교사의 자격을 강화하였고, 이제 보육교사의 전문적 자질뿐만 아니라 인성적 자질이 필수적인 덕목으로 요구되고 있습니다. 인성적 자질은 보육교사의 직무수행 과정 속에서 영유아에게 밀접하게 연관되어 영향을 미치므로 보육교사는 올바른 가치관과 인성을 형성하기 위해 끊임없는 반성적 사고와 시대적 흐름을 반영한 직업윤리 의식 및 자기계발의 노력을 아끼지 않아야 할 것입니다.

이 책은 이러한 관점에서 영유아보육의 질적인 향상을 위해 보육교사의 인성과 보육에 대한 전문적인 지식뿐만 아니라 영유아의 권리, 교사의 권리 및 윤리강령, 보육현장에서 자주 겪는 다양한 문제 상황을 어떻게 해결해 나가야 하는지, 매일 매순간마다 올바른 판단과 결정을 해야 하는 등 수없이 많은 딜레마를 겪으면서 어떻게 문제를 해결할 것인지에 대한 심층적 내용을 살펴봄으로써 예비보육교사들에게 도움이 되고자 합니다.

이 책은 총 4부, 13장으로 구성되어 있습니다. 제1부에서는 보육교사직의 이해로, 1장은 보육교사에 대한 이해와 직업적 특성을 다루었고, 2장은 보육교사 됨의 동기, 권리와 의무를 살펴보았습니다. 제2부에서는 보육교사의 인성과 윤리로, 3장은 보육교사의 인성과 자질, 인성적 보육 실천을, 4장은 보육교사의 보육철학과 윤리, 보육교사의 직업강령, 영유아권리존중 보육을 다루었습니다. 제3부에서는 보육교사의 직무수행으로, 5장은 연령별 일과운영, 영아반과 유아반의 하루 일과를, 6장은 영유아 이해 및 지도로 정보 수집 및 평가, 그리고 특수한 욕구를 가진 영유아 지도를, 7장은 보육실 운영 관리, 흥미영역 구성과 운영, 교재 및 교구, 시설 · 설비 및 비품관리를, 8장은 보육교사의 임용과 복무, 채용과 자격관리, 근로계약과 복무규정, 보육교직원의 처우와 근무환경을, 9장은 보육교직원의 협력, 보육교직원과의 관계형성, 의사소통, 갈등관리를, 10장은 부모 및 지역사회와의 협력, 부모와의 관계형성, 부모상담, 참여 유형, 지역사회 자원 활용을 살펴보았습니다. 제4부에서는 보육교사의 역량 개발로, 11장은 보육교사의 전문성 개발을 위해 보육교사의 발달과 전문성을, 12장은 딜레마와 갈등 해결로써 보육실에서의 보편적 문제 상황, 영유아와 의사소통, 갈등 해결을, 13장은 보육교사의 자기관리 및 자기계발에 대해 구체적으로 살펴봄으로써 영유아보육과 보육교사 인성을 위한 충실한 개론서로 발전시키고자 노력하였습니다.

보육교사의 인성은 중요한 인적 자원으로서 영유아의 욕구와 문제 행동을 도와주거나 스스로 해결하는데 "실천의 꽃"이라고 할 수 있습니다. 앞으로 미래의 보육교사들이 이 책을 통하여 필자가 전하려고 했던 많은 지식 뒤에 감추어진 영유아들에 대한 권리존중과 사랑을 바탕으로, 보육의 소명의식을 증진시켜 주실 것을 기대합니다.

끝으로 가능한 최신의 정보와 자료를 참고하여 이 책을 집필하고자 노력하였으나 미진한 부부들이 있음을 부인할 수가 없습니다. 앞으로 보육교사(인성)를 위해 영유아보육에 관심을 두고 지속적인 연구를 통해 계속 보완할 계획이며, 영유아보육을 함께 하는 여러분의 많은 지적과 검토를 기다립니다.

이 책을 저술하는데 있어 기꺼이 사진 속 모델이 되어준 장예준, 최우성 조카들에게 고마움을 전합니다. 그리고 이 책이 나올 수 있도록 도와주신 양성원 대표님과 편집진들의 노고에 다시 한 번 감사한 마음을 전합니다.

2023년 1월

저자 윤매자

차 례

PART 1 보육교사직의 이해

PART 2 보육교사의 인성과 윤리

1
PART

보육교사직의 이해

보육교사는 영유아와 함께 일상생활을 구성해 나가는 지도조언자로서의 역할을 수행하는 사람이다. 과거와 달리 영유아의 전인적인 발달에 필요한 교육적 역할뿐만 아니라 부모를 대신 하는 양육적 역할을 수행하는 직업적 특성을 지니고 있다. 또한 다양한 측면에서 보육교사직은 영유아가 단순히 모르는 것을 가르치고 습득하게 하는 것을 의미하는 것이 아니라 한 인격체를 바람직한 방향으로 이끄는 전문인으로서의 역할을 충분히 수행해야 함을 강조하고 있다. 1부에서는 보육교사의 개념적 정의와 중요성에 대해 알아보고, 보육교사직을 선택하게 되는 이해를 돕기 위해 보육교사 됨에 대한 동기 및 권리와 의무에 대해 살펴보고자 한다.

Chapter 01

보육교사에 대한 이해

보육교사직은 시대의 요구에 따라 변화를 거듭해 왔다. 과거의 영유아를 보호하는 차원에서의 양육이었다면 현대는 영유아의 전인적인 발달에 영향을 미치는 교사로서 양육과 교육을 함께 하는 역할로 그 어느 때보다 보육교사의 자질과 전문성, 자격 여부, 인성 등 여러 측면에서 도전을 받고 있다. 따라서 현대사회에서 보육교사직이 갖는 의미를 논의하기 위해서는 보육교사직에 대한 포괄적인 이해가 선행되어야 한다. 1장에서는 보육교사의 일반적인 개념을 살펴보고, 법률과 관련된 보육교사의 의미를 구체적으로 알아봄으로써, 영유아의 시각에서 보육교사가 준비하고 노력해야 할 것이 무엇인지 그 중요성과 직업적 특성에 대해 알아보고자 한다.

Ⅰ. 보육교사의 개념

보육교사의 개념은 시대와 사회변화에 따라 그 의미가 다르게 정의되어 왔으며, 우리나라에서 보육교사 제도가 정착되기까지의 역사는 그다지 길지 않다고 본다. 1991년 「영유아보육법」이 제정 · 시행되면서 보육교사는 교사로서 지위를 인정받게 되었다. 하지만 보육교사는 국가자격증을 소지하고 있음에도 불구하고 보육교사의 자질과 전문성에 대한 문제가 끊임없이 제기되고 있어 그에 대한 논의는 지금까지 계속되고 있다. 따라서 보육교사의 대한 개념을 정의하기 위해서 전반적인 교사의 의미에 근거하여, 보육교사의 개념과 차이점을 알아보고, 보육과 관련된 법률에서의 보육교사의 의미를 살펴보고자 한다.

1) 교사와 보육교사

교사라는 호칭은 직업군의 분류에 따른 사회적 신분을 나타내는 말이다. 이때 판사, 검사, 변호사의 경우 '사(事, 일사)'를 사용하고, 교사와 의사의 경우 '사(師, 스승 사)'로 표기되고 있다. 사전적 의미에서 교사(敎師)는 본받을, 가르칠, 훈계하는 의미로 '교(敎)'와 스승, 선생님, 본받을 어른을 의미하는 '사(師)'가 합쳐진 것으로, 과거에는 훈장님, 사부님 등으로 불리기도 하였으며, 현대는 스승, 선생님 등의 용어로 '가르치는 사람'을 지칭한다.

교사의 의미를 "주로 초등학교 · 중학교 · 고등학교 등에서, 일정한 자격을 가지고 학생을 가르치는 사람"으로 정의하고 있다(국립국어원, 2017). 이는 교사로서의 형식적 요건을 강조하는 정의라고 할 수 있다. 보육교사 역시 형식적 요건을 강조하는 측면에서 일정기간 동안 대학이나 양성교육기관에서 전문교육과 훈련을 받고, 법적인 자격요건을 가진 전문 직업인으로, 어린이집이나 영유아교육기관에서 영유아를 가르치는 사람으로 정의할 수 있다. 따라서 교사라는 의미에서만 본다면 '총체적 인간으로 바람직한 성장과 변화를 돕는 역할을 하는 사람'을 뜻한다. 하지만 보육교사는 교원(敎員)과는 구별되며, 교원은 각 학교에서 학생을 가르치는 사람을 통틀어 이르는 말로서 교사, 교감, 교장 또는 전임 강사, 교수, 학장, 총장 등을 지칭하는 용어로 사용하고 있다(박지순, 2013).

2) 보육 관련 법률과 보육교사

우리나라의 영유아 보육은 1921년 '태화여자관(현, 태화기독교사회복지관)'에서 빈민구제사업의 일환으로 빈민가정의 자녀를 맡아서 돌보아 주는 '탁아(託兒)'에서 출발하였다. 과거에는 보육을 단순히 탁아의 개념에서 찾아볼 수 있었다. 이것은 적절한 양육을 기본 전제로 하는 양육자의 능력을 강화하거나 양육을 지원하는 차원이 아니라 사회 · 경제적 지위가 낮은 빈곤가정을 대신하여 양육자의 근로시간 동안 부모를 대신하는 보완적인 역할로서 영유아를 돌보아주는 탁아시설로 운영되었다. 탁아시설의 운영은 특별한 자격증이 없이도 누구나 할 수 있었으며, 국가차원에서 영유아의 권리가 보장된「아동복리법」이 1961년 제정되었고, 1981년「아동복지법」으로 전면 개정되었지만 탁아시설에 종사하는 인력에 대해 별도의 자격 기준의 항목은 마련되지 않았다.

보육이 보육서비스의 성격을 가지게 된 것은 1982년「유아교육진흥법」에서 영유아의 연령에 따라 영아반을 담당하는 '보육사'제도를 규정함으로써 교사자격을 유아교사와 보육사로 이원화하고 별도의 자격제도를 운영하였다(정옥분 외, 2015). 이처럼 '보육사(保育士)'라는 명칭에서 '사(士)'는 업무를 나타내는 일부 명사 뒤에 붙어서 그러한 일을 수행하는 공인된 전문가의 뜻을 더하여 명사로 표기된 말이다.

어린 영유아를 돌본다는 '보모(保母)', 'care mother'라는 용어와 함께 혼용하여 사용되어 왔다. 즉, 보육사는 탁아시설, 보호시설, 영아시설, 아동복지시설에서 어머니를 대신하여 돌보는 사람으로서 영유아를 보호하고 돌보아 준다는 보호와 양육의 측면만을 강조한 명칭이라고 할 수 있다. 이와 관련하여「유아교육진흥법」에 언급한 내용을 살펴보면 다음과 같다.

「유아교육진흥법」 제14조(새마을유아원 교직원의 종별 자격)

① 새마을유아원에는 원장 및 교사와 보육사(영아반을 설치한 새마을유아원에 한한다)를 두되 필요한 경우에는 원감 및 사무직원을 둘 수 있다.
② 원장은 명예직으로 할 수 있다.
③ 명예직인 원장은 유아교육에 대한 지식과 열의가 있는 자로서 대통령령이 정하는 자격기준에 해당하는 자이어야 한다.
④ 원장·원감과 교사는 각각 「교육법」에 의한 유치원의 원장·원감 및 교사의 자격을 가진 자이어야 한다.
⑤ 보육사의 자격은 대통령령으로 정한다.

이후 경제성장과 더불어 산업화로, 취업모가 증가하고 핵가족화가 촉진됨에 따라 자녀 양육문제가 사회문제로 대두되면서, 자녀에 대한 기대 심리, 정책적인 변화에 따라 보육시설[1]의 공급확대 및 운영 체계화로 영유아의 건전한 양육과 교육, 보호자의 경제적·사회적 활동을 지원하기 위하여 「아동복지법」과 「사회복지사업법」에 대한 특별법으로서 1991년 1월 「영유아보육법」(법률 제4328호)을 제정·시행하게 되었다.

그동안 보호기능에 그쳤던 탁아의 개념을 양육(care)과 교육(deucation)이 통합된 보육(educare)의 개념으로 확장하였다. 또한 이전까지 노동부, 내무부, 문교부 등으로 주무부처가 분산되어 있던 보육업무가 보건복지부로 일원화되었으며, 보육교사는 '보육시설종사자'의 일원으로서 시설장, 보육교사[2] 등의 지위를 인정받게 되었다. 하지만 지나친 민간 어린이집의 확대로 인한 영유아보육기관의 질적인 문제, 영아보육의 미흡, 보육교사의 자질과 자격에 대한 문제, 공인된 보육과정의 부재와 다양한 보육서비스의 부실 등 여러 문제점들이 지적되어 왔다. 이에 대한 해결책으로 정부는 '보육의 공공성 강화, 수요자 중심의 효율적인 보육서비스 제공, 보육현장에 기초한 양적인 확충과 질적 향상의 균형' 등을 목표로 하는 2004년 1월 8일 「영유아보육법」을 전면 개정하게 되었고, '보육교사 국가자격증제도'를 시행하기에 이르렀다. 이전까지는 국가에서 자격증을 교부하는 것이 아니라 소정의 교육과정을 이수한 경우 이를 인정해주는 제도였다.

1) 2011년 「영유아보육법」 시행령 개정에 따라 보육시설 '어린이집'으로 명칭이 변경됨
2) 2011년 「영유아보육법」 시행령 개정에 따라 시설장, 보육교사 등의 보육시설종사자를 '보육교직원'으로 명칭이 변경됨

2004년 개정된 「영유아보육법」은 과거의 보충적 관점에서의 선별적으로 이루어졌던 저소득층 대상 자녀를 중심으로 취업모의 자녀를 맡아 단순히 보호해 주는 개념에서 벗어나 보편적 보육서비스로 변화됨에 따라 모든 영유아가 건전한 환경에서 양육과 교육을 받을 수 있는 아동권리를 보장하기 위한 보편적인 인권의 관점으로 변화되었다. 따라서 보육교사에 대한 국가자격증제도가 시행되었고 보육교사의 전문성을 강화하기 위한 승급교육, 보수교육, 직무교육 등 재교육을 강화하였다.

이전까지는 보육교사가 1, 2급으로 구분되어 있었던 것을 1급, 2급. 3급으로 세분화하여 자격기준을 강화하였고, 보육교사 1급과 2급은 경력에 의한 승급제도가 신설되었다. 「영유아보육법」에 의한 용어를 정리하면 다음과 같다.

「영유아보육법」 제2조(정의) 〈개정 2008.12.18./2011.6.7.〉

1. "영유아"란 6세 미만의 취학 전 아동을 말한다.
   영아 : '만 3세 미만'의 아동(영유아보육법 시행규칙 제28조)
   유아 : '만 3세부터 만 5세'까지의 아동(유아교육법 제2조)
2. "보육"이란 영유아를 건강하고 안전하게 보호 · 양육하고 영유아의 발달 특성에 맞는 교육을 제공하는 어린이집 및 가정양육 지원에 관한 사회복지서비스를 말한다.
3. "어린이집"이란 보호자의 위탁을 받아 영유아를 보육하는 기관을 말한다.
4. "보호자"란 친권자 · 후견인, 그 밖의 자로서 영유아를 사실상 보호하고 있는 자를 말한다.
5. "보육교직원"이란 어린이집 영유아의 보육, 건강관리 및 보호자와의 상담, 그 밖에 어린이집의 운영 · 관리 등의 업무를 담당하는 자로서 어린이집의 원장 및 보육교사와 그 밖의 직원들을 말한다.

지금까지 초기에는 보육교사에 대한 명칭이 별도로 존재하지 않았으나 1982년 「유아교육진흥법」에서 처음으로 '보육사'라는 명칭을 사용하였고, 1991년 「영유아보육법」 제정과 시행 이후에는 '보육시설종사자'로, 2011년 「영유아보육법」 시행령 개정으로 보육교사의 권리와 전문성과 관련하여 '보육교직원'으로 그 명칭이 변경되었다.

현행 「영유아보육법」(2011.6.7.개정)에서는 보육교사는 보육교직원의 일원으로, 어린이집에서 영유아의 보육과 교육, 건강관리 및 보호자와의 상담, 그 밖에 어린이집의 운영 · 관리 등의 업무를 담당하는 자로서 어린이집의 원장 및 보육교사와 그 밖의 직원들을 총칭한다.

2. 보육교사의 직업적 특성

보육교사가 교사로서의 직무를 성공적으로 수행하기 위해서는 교사의 역할, 자격, 양성과정, 교사의 발달 단계 등 다양한 측면에서의 고찰이 필요하며 보육교사직에 대한 이해가 선행되어야 할 것이다. 그러기 위해서는 교직에 대한 이해와 보육교사직에 대한 고유의 특성을 살펴보고, 보육교사의 특수성과 관련하여 직업적 특성을 살펴보고자 한다.

1) 교직에 대한 이해

교사는 교육을 담당하는 전문인을 의미하며 법적으로 '교원'이라는 용어를 사용한다. 또한 교사는 인간의 성장과 발전, 개인의 자아실현을 돕고 바람직한 사회구성원으로 적응할 수 있는 능력을 돕기 위해 다양한 교육현장에서 학생들을 가르치는 임무를 수행하는 사람이다(문승태, 2008). 또한 그 일을 수행하는 직업을 '교직'이라고 한다. 즉, 직업의 본질과 기본 성격을 이해하는 관점으로 교직관이라 할 수 있다. 또한 교직은 교사가 단순히 배우는 사람들을 대상으로 전문적인 지식을 전달하거나 교육활동을 수행하는 일에 그치지 않고, 무한한 가능성을 지닌 개인의 전인적인 성장을 도모한다는 점에서 매우 중요한 역할을 한다(이순형 외, 2012).

교육의 질은 교사의 질을 능가할 수 없듯이 교사가 올바른 가치관을 가지고 교육의 본질적 목적을 달성하기 위해 끊임없이 노력하는 참된 교사의 모습이 다른 직업과 차별되는 교직의 특성이라고 볼 수 있다. 교직만의 가지는 고유한 직업적 특성을 살펴보면 다음과 같다(류동훈, 2004; 정일환 · 권상혁, 1995).

(1) 교직은 인간을 대상으로 하는 직업이다.

사람을 대상으로 하는 직업들은 많지만 전인적인 인간으로 길러내는 것은 다른 직업과 구별되는 교직의 특수성을 가지고 있다.

(2) 교직은 인간의 정신생활을 대상으로 하는 직업이다.

오늘날 물질적 가치보다 정신적 가치를 더 중요시하고, 미래사회의 동량[3])을 길러내는 사람으로, 건전하고 이성적이며 건강한 정신과 바람직한 인성을 양육하는 직업이다.

(3) 교직은 무한한 가능성을 지닌 미성숙자를 대상으로 하는 직업이다. 각 개인의 무한한 가능성과 잠재능력을 인정하고 개인의 전인적인 성장을 이루어나가는데 도움을 주는 직업이다.

(4) 교직은 봉사직이다.

다른 직업과 달리 물질적, 경제적 추구보다는 국가와 사회에 대한 소명 의식과 헌신적인 자세가 요구되며, 소명감을 가지고 있어 '천직'이라고도 말하며, 사회에 봉사 · 공헌하는 사회적 의미가 담겨져 있다.

(5) 교직은 국가와 민족의 미래에 지대한 영향을 미치는 공적 사업을 지닌 직업이다. 개인적인 측면으로는 학생과 사적인 관계를 맺는 것이지만 사회적 측면에서는 국가와 민족의 장래를 짊어질 바람직한 사회구성원을 양성하는 것이기 때문에 교직은 국가와 민족의 장래에 지대한 영향을 미친다고 볼 수 있다.

(6) 교직은 전문성을 지니고 있다.

전문직으로서 각 분야의 전문 지식과 기술을 토대로 자율성을 최대한 보장받는 직업이다. 또한 고도의 지적 능력이 필요하며 교직 수행과 자기성장을 위해 연수, 연구, 보수교육 등의 지속적인 재교육과 노력이 필요한 직업이다.

(7) 교직은 인류 문화유산을 보존하고 계승하여 새로운 문화를 창출한다.

교사는 인류가 축적해 온 문화유산을 교육을 통해 다음 세대로 전수하며 동시에 현재를 출발점으로 보다 나은 새로운 문화를 창출하는데 주역이 되어야 한다.

이외에도 교직은 가르치는 사람과 배우는 사람이 동일하다는 특수성을 지니고 있다

3) 동량[棟梁] : 한 나라나 집안을 떠받들어 이끌어 갈 젊은이를 비유적으로 이르는 말

고 하였으며(이홍우, 2005), 교사가 학생을 가르치기 위해 교사 역시 전문적인 지식을 익히기 위해 배우는 일을 지속적으로 해야만 한다.

2) 보육교사직의 특성

최근에는 어린 영유아기부터 가정이 아닌 어린이집이나 영유아교육기관에서 양육과 교육이 이루어지고 있어 보육교사의 역할이 매우 중요하다. 즉, 가정이나 부모의 보살핌이 아니라 사회적 양육으로 자리매김 되고 있다. 영유아기는 물리적 · 인적 환경의 영향을 많이 받는 시기이며, 영유아에게 있어서 보육교사는 인적 환경에 해당한다. 또한 부모를 대신하여 사회화의 기능을 대행하면서 보육교사는 영유아의 발달에 중요한 영향을 미치는 대리 양육자이자 발달 특성에 맞는 교육을 제공하는 교육자이기도 하다. 뿐만 아니라 영유아의 건강한 발달을 지원하기 위해 보육활동을 계획하고 실행하며 평가하는 전문가이다. 그 역할 수행에 필요한 전문적인 지식과 기술, 그리고 바람직한 인성과 태도를 갖추어야 하는 다양한 측면에서의 전문성을 지니고 있어야 함은 분명하다.

임재택(1996)은 보육교사는 보육의 개념을 실행에 옮기는 사람으로, 영유아의 양육과 교육에 필요한 자질을 갖추기 위해 일정 기간 교육과 훈련을 받고 법적인 자격요건을 가진 직업인을 의미한다고 하였다. 또한 보육교사는 돌봄과 가르치는 일을 조화롭게 유지해야 하며, 가르치는 일과 돌보는 일이 구분하는 것이 아니라는 인식을 갖고, 영유아에게 무엇이 필요한 것인지 살피는 태도가 필요하다. 왜냐하면 영유아기의 경험은 이후 삶의 기초가 되므로 보육교사는 가장 중요한 시기에 그 기초를 닦아주는 역할을 하는 사람이라고 할 수 있다(성미영 외, 2015).

영유아기의 초기 보육경험과 이를 수행하는 보육교사의 역할이 왜 중요한지에 대한 이유를 살펴보면 다음과 같다(Jalongo & Eisenberg, 2004; 이순형 외, 2012 재인용).

첫째, 영유아의 전반적인 교육경험에 대한 인식을 정의할 수 있다(삶의 질 결정).

둘째, 이후 다양한 경험에 영향을 준다(학습의 결정적 시기).

셋째, 영유아가 학습자로서의 자아개념에 영향을 준다(긍정적 자아개념 형성).

넷째, 발달에 중요한 시기로 잠재력 계발에 영향을 미친다(잠재력 계발).

이처럼 보육교사의 역할은 영유아의 삶에 매우 중요한 영향을 미치기 때문에 좋은 영유아교사가 되기 위해서 다음과 같은 목표를 달성하기 위해 끊임없이 노력하는 자세가 필요하다.

좋은 영유아교사가 되기 위한 12가지 목표

- 영유아의 전인적인 성장을 도울 수 있도록 책임감을 갖고 노력하기
- 영유아의 발달에 호기심을 가지고 이를 이해하기 위해 학습하기
- 영유아와 가족, 그리고 가르침에 대한 근본적으로 긍정적인 관점 유지하기
- 교사가 영유아의 삶에 미치는 강력한 영향력 이해하기
- 좋은 교사가 되기 위한 목표에 집중하기
- 실수를 두려워하지 않고 도전하기
- 변화에 유연하게 대처하고 끊임없는 도전을 기대하기
- 전문적인 지식과 기술 습득하기
- 물리적 · 인적 자원을 활용하는 방법 배우기
- 공동체 의식 형성하기(협동과 동료지원 찾기)
- 도덕적 결정을 위한 문제해결 전략 사용하기
- 전문적 성장 추구하기

출처 : Jalongo & Eisenberg(2004); 이순형 외(2012). 보육교사론. 양서원. p. 20 재인용.

한편, 보육교사가 직무를 성공적으로 수행하기 위해서는 보육교사직의 직업적 특성을 파악하는 것이 필요하다. 왜냐하면 보육교사직은 교직과 유사한 특성을 지니고 있지만 그 대상이 5세 미만의 영유아라는 점에서 양육과 교육을 함께 제공해야 한다는 고유한 특성을 지니고 있다. 보육교사직이 가지고 있는 직업적 특성을 살펴보면 다음과 같다.

(1) 어린 영유아를 대상으로 하는 직업이다.

어린 영유아는 보육교사의 의존도가 높고, 환경적으로 위험에 취약하기 때문에 영유아의 발달 특성과 그 양상을 정확히 이해하고 있어야만 보육교사직을 잘 수행할 수 있다.

(2) 영유아의 전인적 발달을 돕는 직업이다.

보육은 영유아가 신체적, 인지적, 정서적, 사회적 발달을 균형 있게 통합적으로 이룰 수 있도록 돕는 특성을 갖고 있다.

(3) 영유아에 대한 돌봄과 교육이 동시에 이루어지게 하는 직업이다.

보육교사직은 단순히 가르치는 것에 국한되지 않으며, 돌봄에 있어서 애착의 안전기지로서의 역할을 수행하면서 일상적인 일과에 영유아가 적응할 수 있도록 도와주는 특성을 가지고 있다(정옥분 외, 2015).

(4) 보육교사직은 전문성이 요구되는 직업이다.

영유아의 발달을 촉진시켜주기 위해 각 연령별 발달 단계에 대한 전문적인 지식과 기술, 태도를 갖추어야 하며, 초등학교 이후의 교사와 달리 보육교사직은 영유아들의 잠재적인 흥미를 위해 주제를 탐구하고 조사함으로써 통합된 보육과정을 계획하고 실행, 평가에 이르기까지 전문직으로서 역량이 요구된다.

(5) 보육교사직은 공적인 책임을 지닌 직업이다.

보육교사직은 영유아 개개인의 전인적인 발달을 도모하고, 나아가 사회구성원으로서 성장 발달하도록 부모를 지원하며, 궁극적으로 여성복지와 가족복지서비스 증진에 기여하는 공적 책임을 내포하고 있는 직업으로 간주된다.

(6) 보육교사직은 부모와 다양한 정보를 공유하는 직업이다.

영유아의 전인적인 발달을 돕기 위해 영유아들을 면밀히 살피고 관찰하여, 이들이 가지고 있는 작은 정보라도 부모와 함께 공유함으로써 개개인의 발달양상과 일상생활습관, 위생, 안전, 질병에 대해 대처하고, 영유아를 위한 최선의 이익을 도모할 수 있는 판단을 내리는 데 도움이 된다.

Chapter 02

보육교사직의 선택

한 개인이 직업을 선택하는 데 있어서 동기의 영향을 받게 되는데, 직업이 갖는 가치의 특성이나 보상의 정도에 따라 직업을 선택하는 경우가 많이 있다. 마찬가지로 보육교사직을 선택하는데 있어서도 여러 가지 동기의 영향을 받는다. 2장에서는 보육교사됨의 동기가 어떤 동기로 보육교사직을 선택하게 되는지, 보육현장에서 하는 일은 어떤 것인지, 그 일에 대한 한계점은 무엇인지 등을 살펴보고, 실행에 있어 보육교사의 권리와 의무에 대해 살펴보고자 한다.

1. 보육교사 됨의 동기

동기(motivation)는 직접 관찰할 수 없는 인간의 행위를 설명하는 내부의 심리적 과정이다(정채옥, 2006). 즉, 행위의 방향을 제시하고, 행동으로 유지시키려는 내적인 상태로서 인간은 직업을 선택할 때, 자신과 관련된 많은 요인들과 동기들을 고려하게 된다. 특정 직업을 선택하는데 있어서 자신의 성향, 적성, 흥미와 같은 내재적 동기와 함께 직업 환경이나 보수 등의 외재적 동기를 살펴보게 된다. 따라서 개인이 어떠한 동기를 가지고 교사직을 선택하게 되었는지에 따라 그에 따른 사명감이나 자질, 태도 등이 달라질 수 있다는 점에서 교직의 선택 동기는 매우 큰 의미를 지니게 된다(남궁미경, 2011).

일반적으로 교사가 되고자 하는 동기는 가르치는 일이 보람되고 가치 있으며, 특별한 사명감이 있어야 가능한 것으로 인식된다. 특히 보육교사는 누구나 할 수 있는 쉬운 일이 아니며, 어린 영유아를 양육하고 교육하는 과정에서 어떤 주어진 패턴이나 기술에 의해 할 수 있는 것이 아니기 때문에 끊임없는 노력과 인내, 창의성이 요구되는 직업임에 틀림이 없다. 또한 영유아를 돌보고 교육하는 전 과정에서 필요한 지식을 계발하고, 고도의 지적 능력과 기술을 바탕으로, 매 순간마다 자율적으로 판단하여 결정을 내려야 하는 능력을 필요로 하는 전문적인 직업이라고 할 수 있다.

보육교사직을 지원하는 동기가 경쟁률이 낮아서 지원한다거나 취업전망이 밝아서 지원한다는 동기는 교사직의 중요성을 고려할 때 그리 바람직하지 않다(정채옥, 2006).

휴버먼(Huberman, 1993)은 교직을 직업으로 선택하는 동기를 세 가지로 분류하였는데 첫째, 가르치는 일과 영유아와의 상호작용 등을 포함하는 능동적인 동기, 둘째, 주위 환경으로 인하여 직업을 선택하는 수동적 동기, 셋째, 일에 대한 보수나 근무조건 등을 고려한 물질적 동기로 분류하였다. 이와 관련된 연구로, 김주영(2010)은 능동적 동기에 의해 교직을 선택한 교사는 정서적 고갈, 비인간화, 개인적 성취감 상실의 영역에서 소진을 경험하지 않았다. 반면, 수동적 동기에 의해 교직을 선택한 교사는 정서적 고갈, 비인간화, 개인적 성취감 상실의 영역에서 모두에서 소진을 경험할 위험이 크다고 하였으며, 물질적 동기에 의해 교직을 선택한 교사는 개인적 성취감 상실의 영역에서만 소진을 경험하지 않았다고 나타났다(김주영, 2010; 이금재 · 허영주, 2015).

또한 조경자와 이현숙(2005)의 연구에서, 교직의 선택 요인과 직무수행 간의 상호관계를 살펴본 결과, 교사가 교직의 직무수행과 몰입, 사명감이 달라질 수 있다고 하였다. 이렇듯 개인이 어떠한 이유로 교직을 선택하였는가에 따라 보육업무 수행과 관련됨을 보여주며, 나아가 보육의 질까지 영향을 미칠 수 있음을 시사한다(이순형 외, 2012).

다음은 휴버먼(Huberman, 1993)의 직업선택의 동기에 근거하여 영유아교사가 되고자 하는 세 가지 유형인 능동적 동기, 수동적 동기, 경제적 동기에 대해 구체적으로 살펴보고자 한다.

1) 능동적 동기

영유아교사가 되고자 하는 동기를 조사한 결과, '아이들이 좋아서'와 같은 능동적 동기가 가장 높은 비율을 차지한다고 하였다(조경자 · 이형숙, 2005; 서경숙, 2007; 유미림 · 탁수연, 2010). 또한 존스턴, 맥키온과 맥큐언(Johnston, Mckeown & McEwen, 1999)의 연구에서도 영유아를 가르치는 일을 선택하는데 미치는 요인으로, 영유아와 함께하기, 사회공헌, 지식 전달 등과 같은 내재적 · 능동적 동기가 우선적으로 작용한다고 하였다(정옥분 외, 2015 재인용).

이러한 연구 결과들은 부분적인 차이는 있으나 공통적으로 많은 예비보육교사들이 '아이들을 좋아해서'라는 능동적 동기가 작용하여 직업으로 선택하고 있음을 알 수 있다. 따라서 보육교사 됨의 능동적인 동기는 영유아에 대한 사랑과 교사 자신의 성향과 적성 등 개인의 내재적 의지에 의해 스스로 보육교사직을 선택한다고 볼 수 있다. 보육교사 됨의 능동적 동기는 다음과 같다.

보육교사 됨의 능동적 동기

- 아이들을 좋아해서
- 어릴 적 꿈이어서
- 적성이나 성향에 잘 맞아서
- 보육 관련 과목들을 좋아해서
- 선생님이나 부모의 영향을 받아서
- 보람 있는 직업이어서
- 지식을 공유하고자 하는 욕구가 있어서
- 사람들에게 사회적으로 영향을 미치고 싶어서
- 학문적인 분위기에 머물고 싶은 욕구가 생겨서
- 보육과 교육에 대해 부족하다고 인지한 것에 대한 보상을 받기 위해서

출처 : 민성혜 · 신혜원 · 김의향(2015). 보육교사론(3판). 양서원. p. 17 재구성.

2) 수동적인 동기

보육교사직을 선택함에 있어서 내재적 동기인 능동적 동기와 외재적 동기에 해당되는 수동적 동기는 함께 공존하지만 외재적 가치에 초점을 두고 보육교사직을 선택하는 것은 바람직하지 않다. 또한 다른 사람의 권유나 판단에 의해서 결정하거나 단순히 환상이나 착각 속에서 직업을 선택하는 것도 자제해야 할 것이다(정옥분 외, 2015). 보육교사 됨의 수동적 동기는 다음과 같다.

보육교사 됨의 수동적 동기

- 가족이나 부모, 주변사람의 권유
- 선생님이란 사회적 직위에 대한 욕망
- 방학, 휴일 등 쉬는 날이 좋아서
- 경력으로 승진에 대한 기대감
- 더 좋은 일을 찾지 못해서
- 점진적으로 교직을 준비하였기 때문에 어쩔 수 없어서

3) 경제적 동기

자본주의 사회에서 교사의 직무와 지위가 노동자와 동일하다는 현실적 인식에 근거한다. 이 관점에서 볼 때, 보육교사 역시 해마다 정해진 보육계획안에 따라 정해진 절차와 형식에 따라 반복적으로 지식을 전달하거나 돌봄을 실천하는 노동자이며, 교사는 노동의 대가로 보수를 받는다. 따라서 보육교사가 되고자 하는 경제적인 동기는 개인의 상황이나 인식, 사회가 인식하는 정도에 따라 다르게 느껴지지만 일반적으로 다음과 같은 경제적 동기들이 있다.

보육교사 됨의 경제적 동기

- 방학이 있고, 일이 자유로워서
- 근무 조건이 자신에게 유리해서
- 여성의 직업으로 선호해서
- 직무에 대한 안정성이 있어서
- 생활비를 벌거나 경제적으로 독립하기 위해서

2. 보육교사의 권리와 의무

영유아의 돌봄과 교육의 질적 제고를 위해서는 보육교사의 정체성 확립이 무엇보다 중요하다고 할 수 있다. 보육교사는 교육자로서 자부심과 행복감을 가지면서 교사직에 지속적으로 근무하고자 하는 내재적 동기와 영유아들에게 애정을 가지고 있어야만 가능하다. 하지만 일부 어린이집에서 발생한 영유아학대 사건들로 인해 보육교사에 대한 부모들과 국민들의 신뢰는 감소하고 있으며, 보육교사의 사회적 · 경제적 권위도 심각한 타격을 받고 있는 실정이다(최양미 외, 2015). 이러한 문제를 해결하기 위한 방안으로 어린이집의 폐쇄회로 텔레비전(CCTV) 설치의 의무화(「영유아보육법」 제15조), 보육교직원의 자격정지 기준(「영유아보육법」 제47조) 등을 강화하는 법이 개정되었다. 이러한 법적 조치는 보육교사에게는 보육현장에서의 자율성과 교육권에 있어서 위축될 수 있다.

보육교사는 영유아의 전인적 발달과 행복을 위해서 보육교사의 정체성 확립과 교사로서의 권리 신장이 우선적으로 선행되어야 할 필요가 있다. 그럼에도 불구하고 보육교사는 초 · 중 · 고등학교 교사들에 비해 권리 침해 수준이 더 심각하다(박은혜, 2009; 임승렬, 2007).

또한 보육교사는 보육현장에서 영유아에 대한 일차적 책임과 의무를 가지고 영유아가 안전하고 쾌적한 환경에서 성장과 발달을 할 수 있도록 다양한 역할을 수행하고 있다. 이러한 과정에서 보육교사에게 주어지는 기본적인 권리와 의무가 뒷받침 되어야 한다. 하지만 보육교사의 근무환경은 열악할 뿐만 아니라 언론 매체에서 보여주는 것처럼 사회적 인식은 낮고, 권리 침해 수준은 높아 교사로서 정체성마저 흔들리고 있다(송영미, 2016). 따라서 보육교사가 현실에서 부딪치는 권리와 의무를 법적인 측면과 전문성, 공공성, 근로성 측면에서 보육교사 권리와 의무에 대해 구체적으로 살펴보고자 한다.

1) 「법적」 측면에서 보육교사 권리와 의무

지금까지 교육부와 보건복지부의 협업을 통해 유보통합이 단계적으로 진행해 왔으나 2017년 새 정부가 들어서면서 100대 국정과제에 유보통합에 대한 논쟁이 뜨거워지고, '공공분야의 보육, 노인요양 등 양질의 사회서비스 일자리 창출 방안'을 위해 '사회서비스공단 설치법'을 마련하여 입법을 추진하는 등 활발하게 진행되고 있지만, 유보통합에 관한 국민 인식조사의 빅테이터 분석결과, 긍정 37.6%, 부정 62.4%로, 부정적인 여론이 우세하게 나타났다(교육플러스, 2022). 보육교사의 법적 지위가 불안하고 교사로서 사회 인식의 부족 등은 양질의 보육서비스를 제공하는데 걸림돌이 될 수 있다.

0~5세를 대상으로 하는 영유아교사로서, 「영유아보육법」에 근거한 보육교사와

「유아교육법」에 근거한 유치원교사의 법적 지위에 대한 차이점을 살펴보면 다음과 같다.

유치원교사는 (「유아교육법」 제20조)에 '교원'이라고 정확하게 명시하고 있는 반면, 보육교사는 (「영유아보육법」 제2조 제5호)에 '보육교직원'이라고 정의하면서 「교육법」 어디에도 법적 지위 면에서 교원이라는 명칭을 찾을 수 없다.

유치원교사는 교원으로서 사회 · 경제적 지위에 있어 보장을 받는다고(「교육기본법」 제14조 제1항) 규정되어 있어서 권리 확보가 비교적 잘 이루어져 있지만, 보육교사는 사회복지서비스의 일환으로 돌봄과 교육을 제공하면서 「근로기준법」을 따라야 한다(서영숙 외, 2014).

그로 인해 보육교사는 유치원교사보다 교원의 테두리 안에 있는 법적인 보호를 받지 못하는 상황이지만 '교사'라는 호칭 때문에 보육과 교육현장에서 법적 · 도덕적으로 불리한 상황에 놓여 있다(송영미, 2016). 다음 〈표 2-1〉은 보육교사와 유치원교사를 구분한 법적인 부분을 비교한 것이다.

〈표 2-1〉 보육교사와 유치원교사 비교

구분	보육교사	유치원교사
근거법	영유아보육법, 근로기준법	유아교육법, 사립학교법
조항	제2조 제5항(보육교직원) • "보육교직원"이란 어린이집 영유아의 보육, 건강관리 및 보호자와의 상담, 그 밖에 어린이집의 관리 · 운영 등의 업무를 담당하는 자로서 어린이집의 원장 및 보육교사와 그 밖의 직원을 말한다.	제20조 제1항(교직원의 구분) • 유치원에는 "교원"으로 원장 · 원감 · 수석교사 및 교사를 두되, 대통령령으로 정하는 일정 규모 이하의 유치원에는 원감을 두지 아니할 수 있다. • 유치원에는 교원 외에 촉탁의사, 영양사, 간호사 또는 간호조무사, 행정직원 등을 둘 수 있다(법제처, 2016).
소관부처	보건복지부	교육부
자격구분	보육교사(1급, 2급, 3급)	정교사(1급, 2급), 준교사
교육과정	총 51학점 이상 전공(48학점) / 보육실습(3학점)	총 72학점 이상 전공(50학점) / 교직(22학점)

출처 : 송영미(2016). 영유아교사의 권리와 의무에 관한 유치원교사와 보육교사의 인식 연구. p. 7.

〈표 2-1〉과 같이 유치원교사는 근로자이면서 교원의 자격을 갖고 있지만, 보육교사는 보육교직원으로서 근로자의 권리만을 가지고 있다. 또한 유치원교사는 「유아교육법」의 근거를 두고 있고, 보육교사는 「영유아보육법」에 근거를 두고 있어, 이원화된 구조 안에서 소관부처, 자격 체계 등이 구분되어 있다. 이처럼 영유아를 대상으로 하는 영유아교사인 보육교사와 유치원교사는 법적 지위뿐만 아니라 소관부처, 자격 체계 등이 다르지만 보육교사직의 특성에서 살펴보았듯이 교직의 특성은 서로 공유한다고 볼 수 있다.

보육교사는 영유아기의 신체적 · 인지적 · 정서적 · 사회적 욕구와 발달과업을 충족시켜야 하는 역할로 학습자가 어릴수록 교사에 대한 의존도가 높아 교사의 역할 범위는 광범위하고 역할경계선이 명확하지 않다(정옥분 외, 2015). 또한 송영미(2016) 연구에서 보육교사는 유치원교사에 비해 유아뿐만 아니라 영아도 대상으로 하여 돌봄과 교육의 기능까지 강조하고 있기 때문에 돌봄과 교육의 역할이 적절하게 균형을 이루는 것이 중요하다고 하였다. 이렇듯 보육교사는 돌봄과 교육이라는 두 가지 측면을 감당해야 하는 중요한 위치에 있지만 법적인 신분보장 또는 사회 · 경제적 지위 보장을 포함하여 '교원의 권리'는 보장되어 있지 않다.

(1) 보육교사의 권리

① 「영유아보육법」과 보육교사의 권리

권리[1)]는 교사가 직무를 수행하는데 있어 전문직으로서 원만히 수행하거나 요구할 수 있도록 법이 인정하는 힘을 말한다. 보육교사의 권리와 관련하여 「영유아보육법」에서 제시하는 보육교사의 신분과 권리 및 직무에 대하여 다음과 같이 규정하고 있다.

---

1) 권리 : 『법률』 어떤 일을 행하거나 타인에 대하여 당연히 요구할 수 있는 힘이나 자격, 공권, 사권, 사회권이 있다(국립국어원, 표준국어대사전).

제2조 제5항 (정의)〈개정 2008.12.18., 2011.6.7.〉
'보육교직원'이란 어린이집에서 보육, 건강관리 및 보호자와의 상담, 그밖에 어린이집 관리 · 운영 등의 업무를 담당하는 자로서 어린이집 원장 및 보육교사와 그밖에 직원을 말한다.

제17조 (보육교직원의 배치)
① 어린이집에는 보육교직원을 두어야 한다. 〈개정 2011.6.7.〉
② 제24조의 2 제1항에 따라 보육시간을 구분하여 운영하는 어린이집은 같은 항 각 호에 따른 보육시간별로 보육교사를 배치할 수 있다. 〈신설 2019.4.30〉
③ 어린이집에는 보육교사의 업무 부담을 경감할 수 있도록 보조교사 등을 둔다. 〈신설 2015.5.18.〉
④ 휴가 또는 보수교육 등으로 보육교사의 업무에 공백이 생기는 경우에는 이를 대체할 수 있는 대체교사를 배치한다. 〈신설 2015.5.18.〉
⑤ 보육교직원 및 그 밖의 인력의 배치기준 등에 필요한 사항은 보건복지부령으로 정한다. 〈개정 2008.2.29., 2010.1.18., 2011.6.7., 2015.5.18., 2019.4.30.〉

제18조 (보육교직원의 직무)〈개정 2011.6.7.〉
① 어린이집 원장은 어린이집을 총괄하고 보육교사와 그 밖의 직원을 지도 · 감독하며 영유아를 보육한다. 〈개정 2011.6.7.〉
② 보육교사는 영유아를 보육하고, 어린이집의 원장이 불가피한 사유로 직무를 수행할 수 없을 때에는 그 직무를 대행한다. 〈개정 2011.6.7.〉

제19조 (보육교직원의 임면 등)〈개정 2011.6.7.〉
① 특별자치도지사 · 시장 · 군수 · 구청장은 보육교직원의 권익 보장과 근로 여건 개선을 위하여 보육교직원의 임면(任免)과 경력 등에 관한 사항을 관리하여야 한다.
〈개정 2011.6.7., 2011.8.4., 2020.12.29.〉
② 어린이집 원장은 보건복지부령으로 정하는 바에 따라 보육교직원의 임면에 관한 사항을 특별자치도지사 · 시장 · 군수 · 구청장에게 보고하여야 한다.
〈개정 2008.2.29., 2010.1.18., 2011.6.7., 2011.8.4., 2020.12.29.〉

또한 「영유아보육법」에서 제시하는 보육교사의 직무에 대해 좀 더 구체적으로 살펴보면, 어린이집 운영시간은 오전 7시 30분~오후 7시 30분까지 12시간 운영을 한다고 되어있다.

2011년 7월 1일부터 도입된 「근로기준법」에 의하면 주40시간제에 '보육노동자'까지 확대되었고, 「영유아보육법」과의 상이한 문제점들이 발생하여 보육교사의 권리를 보장받는데 한계가 있다. 즉, 법의 테두리는 어린이집 운영을 12시간 보장하고 있고, 보육교사는 8시간 근무를 원칙으로 한다면, 남은 시간의 보육은 누가 할 것인지에 대한 대책이 필요하다.

일반적으로 「영유아보육법」에는 보육교직원의 근무시간은 평일 8시간을 원칙으로 하고, 「근로기준법」 등 노동관계 법령에 따라야 하며 이를 위반하는 경우가 발생하지 않도록 주의해야 한다고 명시되어 있다(윤매자, 2013). 하지만 실제로 보육교사의 하루 평균 근로시간은 1일 총 9시간 43분이며, 2018년 조사 9시간 7분보다 36분 늘어났다(보건복지부 · 육아정책연구소, 2021).

② 「근로기준법」과 보육교사의 권리

보육교사는 교사임에도 불구하고 법적으로 교원이 아니기 때문에 「근로기준법」에 의해 그 신분이 보장된다. 어린이집에 근무하는 보육교직원은 근로조건의 기준이나 기본생활 보장과 향상 등에 대해 여성 근로자가 많아 어린이집의 근로 규정의 토대가 될 수 있다. 즉, 근로자로서의 보육교사의 권리는 임금 수령권, 직업 중지권, 취업 청구권 등이 여기에 해당된다.

가. 임금 수령권 : 임금은 통화(通貨)로 직접 근로자에게 그 전액을 지급해야 하고, 매월 1회 이상 일정한 기일을 정해 지급해야 한다. 이를 임금지불의 4원칙(통화불의 원칙, 직접불의 원칙, 전액불의 원칙, 월1회 이상 일정기일 지불의 원칙)이라고 한다(「근로기준법」 제43조).

나. 직업 중지권 : 노동자는 제 몸을 지킬 권리가 있으며, 법은 위험이 있을 시 사업주가 즉시 작업을 중지해야 한다고 명시하고 있다(「산업안전보건법」 제26조).

다. 취업 청구권 : 근로 제공 의무가 있는 근로자가 근로 제공 의사와 능력이 있음에도 불구하고, 사용자가 업무를 주지 않는 경우, 근로자가 사용자에게 업무수행을 위한 보직을 청구할 수 있는 권리를 말한다(「근로기준법」 제19조).

뿐만 아니라 근로자로서 보육교사가 지니는 법적 의미로, 「헌법」에 규정되어 있는 최저임금제, 근로의 권리와 의무, 근로조건의 기준, 여성의 근로, 근로 3권 등 노동 질서의 내용을 제대로 구현시키기 위한 노력과 연구가 지속적으로 모색되어야 한다. 또한 교사로서 권리와 행동에 제약 받고 있는 보육교사의 신분보장과 지위와 관련된 법체계를 보완하고 개선하여 법적 지위뿐만 아니라 사회적 제고가 필요하며(서영숙 외, 2014), 「교육법」에 근거한 교원의 법제적 명칭의 보호가 필요하다. 다음의 <표 2-2>는 보육교사의 권리와 비교해 볼 수 있도록 서정화(1995) 연구에서는 '교원'의 권리를 적극적인 의무와 소극적인 의무로 구분하여 정리하였다. 그 내용은 다음과 같다.

<표 2-2> 교원의 권리와 내용

구 분	내 용	
적극적 권리	교육 자유권	교사가 교육활동을 수행함에 있어 자유롭고 창의성을 신장시킬 수 있는 직무수행에 대한 자율성을 신장함
	생활 보장권	교원이 안정된 생활기반 위에서 가르치는 일에 몰두할 수 있는 여건을 마련해 주어 사명감을 가지고 교육에 전념할 수 있는 기본적 권리를 보장함
	근무조건 개선권	교사가 본연의 임무인 교육활동에 전념할 수 있는 근무환경, 근무시간, 원아수, 기타 학급에 관한 업무개선
	복지 후생제도 확충권	교사가 교육활동에 전념할 수 있게 각종 부가 혜택을 주는 것으로 자녀교육비, 건강 및 각종 보험, 퇴직금, 연수비, 주택, 노후보장 지원 등 후생복지 개선함
소극적 권리	신분 보장권	「교육기본법」 제14조와 「교육공무원법」 등에 명시되어 교원의 신분을 법으로 보장함
	쟁송제기권	교육공무원이 법에 어긋나는 부당한 처분을 받았을 때 징계처분에 대하여 재심을 청구할 수 있음
	불체포 특권	교원은 현행법 제외하고 소속 학교 장의 동의 없이 교육현장에서 체포되지 않음
	교직단체 활동권	교원의 권리를 확보하고 직무를 효과적으로 수행하기 위하여 단체를 조직하고 회원들 간의 상호 유대 강화, 복지 및 자질 향상 등의 공동목표 추구할 수 있음

교원의 권리와 내용에서 살펴보았듯이, 같은 연령을 대상으로 하는 영유아교사인 유치원교사는 보육교사와 달리 '교원'으로 권리를 인정받고 있지만 보육교사는 법적으

로 그 권리를 보장받고 있지 않다는 점에서 향후 보육교사도 법적으로 '교원'으로서 권리를 보장받을 수 있도록 그 대책이 필요하다.

(2) 보육교사의 의무

의무[2]는 교사로서 요구되는 당위성이나 규범뿐만 아니라 법적인 의무를 포괄하는 의미로 사용된다. 「근로기준법」에 의한 보육근로자의 의무는 근로 제공과 충실 의무, 경영비밀유지 의무, 경업피지의무(競業避止義務), 사고대처 의무, 명령이행 의무, 직무전념 의무 등이 일반적으로 포함되어 있다. 보육교사가 지켜야 할 책임과 의무는 「근로기준법」에 의해 근로계약서를 작성함으로써 보육교사의 책임과 의무를 명확히 하여 보육활동에 차질이 발생하는 것을 방지할 수 있다.

근로계약서를 작성할 때에는 계약 기간, 근무 시간, 근무 조건, 급여, 복무 원칙, 계약 해지, 손해배상, 책임과 의무 등으로 구분하여, 각 항목에 정확한 내용을 기재하는 것이 바람직하다. 또한 「영유아보육법」에 의한 보육교직원의 의무를 살펴보면 다음과 같다.

제15조의4(폐쇄회로 텔레비전의 설치 등)

- 어린이집을 설치 · 운영하는 자는 아동학대 방지 등 영유아의 안전과 어린이집의 보안을 위하여 「개인정보 보호법」 및 관련 법령에 따른 폐쇄회로 텔레비전(이하 "폐쇄회로 텔레비전"이라 한다)을 설치 · 관리하여야 한다. 다만, 다음 각 호의 어느 하나에 해당하는 경우에는 그러하지 아니하다. 〈개정 2020.12.29〉

1. 어린이집을 설치 · 운영하는 자가 보호자 전원의 동의를 받아 특별자치시장 · 특별자치도지사 · 시장 · 군수 · 구청장에게 신고한 경우
2. 어린이집을 설치 · 운영하는 자가 보호자 및 보육교직원 전원의 동의를 받아 「개인정보 보호법」 및 관련 법령에 따른 네트워크 카메라를 설치한 경우

제18조의2(보육교직원의 책무)

① 보육교직원은 영유아를 보육함에 있어 영유아에게 신체적 고통이나 고성 · 폭언 등의 정신적 고통을 가

2) 의무 : 사람으로서 마땅히 하여야 할 일. 곧 맡은 직분(국립국어원, 표준국어대사전).

하여서는 아니 된다. 〈개정 2017.3.14〉

② 보육교직원은 업무를 수행함에 있어 영유아의 생명 · 안전보호 및 위험방지를 위하여 주의 의무를 다하여야 한다. 〈신설 2017.3.14〉

제23조의2(보육교사의 보수교육)

① 보건복지부장관은 보육교사의 자질 향상을 위한 보수교육(補修敎育)을 실시하여야 한다. 이 경우 보수교육은 집합교육을 원칙으로 한다. 〈개정 2015.5.18.〉

② 제1항에 따른 보수교육은 직무교육과 승급교육으로 구분한다.

③ 제1항에 따른 보수교육에는 다음 각 호의 사항에 관한 내용을 포함하여야 한다. 〈신설 2015.5.18., 2015.12.29.〉

1. 성폭력 및 아동학대 예방
2. 실종 · 유괴의 예방과 방지
3. 감염병 및 약물의 오남용 예방 등 보건위생 관리
4. 재난대비 안전
5. 교통안전
6. 보육교사의 인성 함양(영유아의 인권보호 교육을 포함한다)
7. 그 밖에 보건복지부령으로 정하는 사항

④ 보수교육의 기간 · 방법 등에 필요한 사항은 보건복지부령으로 정한다. 〈개정 2015.5.18.〉

한편, 보육교직원의 의무와 관련하여 대표적인 것이 영유아권리존중이다. 영유아의 권리와 관련하여 「유엔아동권리협약」은 영유아들을 위해 '최선의 이익 원칙'에 근간을 두고, 보육과 교육을 실천할 수 있도록 수립된 것인가에 대해 「영유아보육법」[전문개정 2007.10.17.](제4조)에서 살펴보면 다음과 같다.

첫째, 모든 국민은 영유아를 건전하게 보육할 책임을 진다.

둘째, 국가와 지방자치단체는 보호자와 더불어 영유아를 건전하게 보육할 책임을 지며, 이에 필요한 재원을 안정적으로 확보하도록 노력하여야 한다〈개정 2013.1.23.〉.

셋째, 특별자치도지사 · 시장 · 군수 · 구청장(자치구의 구청장을 말한다. 이하 같다)은 영유아의 보육을 위한 적절한 어린이집을 확보하여야 한다〈개정 2011.6.7, 2011.8.4., 2020.12.29〉.

넷째, 국가와 지방자치단체는 보육교직원의 양성, 근로 여건 개선 및 권익 보호를 위하여 노력하여야 한다〈신설 2015.5.18, 2020.12.29〉라고 보육의 책임을 명시하고 있다.

이는 「아동복지법」에서 가족, 국가 및 지방자치단체의 책임을 명시하고 있듯이 「영유아보육법」에서도 가족과 사회적 책임을 우선으로 하고 있음을 알 수 있다. 이러한 보육의 책임은 영유아의 이익을 최우선으로 고려한 보육이념으로 볼 수 있다. 또한 보육교직원은 「아동복지법」 제25조(아동학대 신고 의무와 절차)에 따라 아동학대를 알게 된 경우에는 아동보호전문기관 또는 수사기관에 신고할 수 있으며, 「영유아보육법」(제10조)에 따른 어린이집의 원장 등 보육교직원은 아동학대 신고의무자로서 명시되어 있다. 다음의 〈표 2-3〉은 보육교사의 의무와 비교해 볼 수 있도록 서정화(1995) 연구에서는 교원의 의무를 적극적인 의무와 소극적인 의무로 구분하여 정리하였다. 그 내용은 다음과 같다.

〈표 2-3〉 교원의 의무와 내용

구 분	내 용	
적극적 의무	교육 및 연구활동의 의무	학습자의 교과활동 및 특별활동 지도, 생활지도 의무, 지식의 전달, 교사 자신의 전문성 신장을 위한 연구활동을 할 의무
	전문직으로서의 품위유지의 의무	교사는 일반인과 다른 윤리적, 법률적 의무로서 성실, 품위유지를 해야 할 의무
	선서, 성실, 복종의 의무	「공무원법」에 준한 선서, 성실한 직무수행, 소속 상관의 직무상의 명령 복종의 의무
	비밀 엄수의 의무	직무상의 업무관련 사실에 대한 비밀을 엄수할 의무
소극적 의무	정치운동 금지	정당 가입 및 선거운동 금지
	집단행위 금지	노동운동, 공무 외 집단행위 금지
	영리업무 및 겸직 금지	공무 외 영리목적 업무 종사금지, 타 직무 금지

이처럼 교원의 의무와 내용을 살펴보면, 앞에서도 언급하였듯이 보육교사는 교원으로서의 권리를 보장받지 못하면서 교원의 의무와 책임은 동일하고 유사한 점이 많다는 것을 알 수 있다.

2) 「전문성」 측면에서 보육교사의 권리와 의무

전문성이란 장기간의 전문교육을 받고, 전문가 집단이 자격증을 가지고, 해당 전문 지식과 기술을 사용하는 것이며, 대중에 대한 신념, 자기규제, 소명의식, 전문적 자율성을 가지고(박영희, 2011), 고도의 창의성과 윤리의식을 지니고 있어야 한다. 보육교사의 전문성은 영유아에게 양질의 보육서비스를 제공해주기 위해서 보육교사가 갖추어야 할 전문적인 지식이나 기술을 필요로 하며, 충분한 경험을 가지고 보육교사로서의 특별한 역할을 행하는 것과 더불어 신념과 책임감이 중요하게 작용한다(Saracho & Spodek, 1993).

전문성에 대한 권리는 영유아를 가르치는데 있어 보육교사의 자율성 측면을 강조하고, 의무는 교사가 직무를 수행하는데 있어 지켜야 할 직업윤리 또는 의무 규정으로 되어있다(송영미, 2016). 보육교사로서의 전문성을 획득하기 위해서는 대학이나 양성교육 기관에서 체계적으로 보육과 교육에 대한 전문 지식과 기술, 태도 및 보육철학, 가치관 등을 발전시켜 나가도록 해야 할 것이며, 보육실습의 경험과 더불어 자격증 취득까지 끊임없는 노력과 반성적 사고로 자기 계발에 힘써야 한다. 따라서 전문성은 인간의 가치를 실현하고 사회 개혁과 발전을 위해 학습자의 능력과 소질을 최대한으로 개발하는데 필요한 것으로, 가르치는 것에 대한 권리와 의무를 나타내고 있다(박은혜, 2009).

전문성을 위한 유치원교사의 경우 「헌법」(제31조 제4항)과 「교육기본법」(제14조 제1항), 「교원지위 향상을 위한 특별법」(제11조) 등에서 교사의 전문직을 보장하고 있다(김광병 · 박소영, 2009). 하지만 보육교사의 전문성에 관한 법적인 보장은 미흡하며, 「영유아보육법」에 근거하여 국가적 차원에서 보육교사의 자격 강화와 보수교육 제도 등을 실시하여 보육교사의 전문성을 향상시키고자 노력하고 있다. 보육교사가 전문성을 향상시킬 수 있는 기회를 제공받는 것도 중요하지만, 전문성 개발에 따른 혜택이 함께 이루어질 필요가 있다(서영숙 외, 2014). 전문성 측면에서 영유아교사[3]의 권리와 의무에 대한 내용은 〈표 2-4〉와 같다.

3) 영유아교사 : 유치원교사 및 보육교사를 말함.

〈표 2-4〉 전문성 측면에서 영유아교사의 권리와 의무

구분	교육 · 보육상의 권리	교육 · 보육상의 의무
전문성	• 교육 · 보육과정 편성 및 운영권 • 교재선택 및 결정권 • 교육 · 보육내용 및 방법 결정권 • 영유아 지도권 • 영유아 평가권	• 엄격한 표준유지의 의무 • 연수의 의무 • 윤리강령 제정과 자율적 규제의 의무

출처 : 송영미(2016). 영유아교사의 권리와 의무에 관한 유치원교사와 보육교사의 인식 연구. p. 20

(1) 전문성과 보육교사의 권리

보육교사는 영유아의 전인적 발달을 도모하는데 있어 결정적인 영향을 주는 존재이므로 전문성이 필요하며, 반성적 사고, 자기계발, 윤리강령 준수 등 스스로 보육교사로의 역량을 발전시킬 필요가 있다.

앞에서 설명했듯이 교직의 특성에서 교직은 전문성을 지니고 있으며, 전문직으로서 각 분야의 전문 지식과 기술을 토대로, 자율성을 최대한 보장받는 직업이라고 하였다. 또한 보육교사직의 특성에서도 전문성이 요구되는 직업이며, 영유아의 발달을 촉진시켜주기 위해 각 연령별 발달 단계에 대한 전문적인 지식과 기술, 태도를 갖추어야 하며, 초등학교 이후 중 · 고등교사직과는 달리 보육교사직은 영유아의 잠재적인 흥미를 위해 주제를 탐구하고 조사하여, 통합된 보육과정을 계획, 실행, 평가에 이르기까지 전문직으로서 역량이 요구되는 직업이다. 따라서 교원과 마찬가지로 보육교사는 전문성이 요구되는 직업임은 분명하다.

전문성 측면에서 자율성 보장이란 교사가 교육연구 활동을 수행함에 있어 다른 사람의 지시나 간섭 없이 스스로 결정하여 추진하면서 정책적 · 종교적으로 중립적인 위치에서 학문의 자율성을 보장받으면서 창의성을 인정받을 수 있는 권리를 말한다(위미숙, 2005).

교원의 자율성 보장권은 「헌법」(제31조 제4항)에 교육의 자주성 및 정치적 중립성 보장에 대한 원칙과 함께 명시되어 있다(송영미, 2016). 하지만 보육교사는 전문성에 대한 직접적

인 법적 규정이 없어 취약한 법적 지위에 있다. 그럼에도 불구하고 국가수준의 표준보육과정과 누리과정을 보육활동에 편성하여 운영하고 있다. 또한 연령별 영유아의 발달수준에 맞는 주제와 교재 · 교구를 선택하고, 개별 영유아의 흥미와 관심에 따라 보육활동 내용을 결정해야 한다.

뿐만 아니라 자율적 판단에 따라 영유아의 생활지도를 할 수 있는 권리가 있으며(황보영란, 2011), 국가수준의 표준보육과정(누리과정)에 근거하여 기본생활지도를 하고 있다. 또한 교육적 활동에 대해 영유아들의 도달 수준을 관찰하거나 포트폴리오를 통해 평가하는 등 보육과 교육상의 권리를 모두 충족시키는 전문성이라고 할 수 있다. 그러나 구은미 · 정혜영(2015)의 연구에서, 최근 국가수준의 표준보육과정(누리과정) 수립이나 평가인증제도(현, 평가제)로 인해 보육과정의 선택권과 재량권이 한정되고 있는 실정을 지적하였고, 보육활동을 하는데 있어 어느 정도 보육교사의 자율성을 부여하고 지원하는 것이 필요하다고 하였다. 「영유아보육법」상에 제시된 보육교사의 전문성 및 예우에 관한 권리는 다음과 같다.

- 보수교육 및 승급교육, 특별직무교육 등의 재교육
- 폐쇄회로 텔레비전 설치에 따른 권리침해 및 사생활 침해 예방
- 보조교사 지원
- 어린이집 안전공제사업 혜택

(2) 전문성과 보육교사의 의무

보육교사에게 영유아를 보육하고 교육하는 전문가로서의 자질을 향상시키기 위한 연구활동은 교사의 역할 중 중요한 의무라고 할 수 있다(위미숙, 2005). 특히 보육교사의 보육과 교육상의 의무에 따르면, 엄격한 표준 유지의 의무, 연수의 의무, 윤리강령 제정과 자율적 규제의 의무로 강조하고 있다. 그 내용은 다음과 같다(송영미, 2016).

① 엄격한 표준 유지의 의무

「영유아보육법」(제18조의2)에 따른 보육교직원의 책무에 대한 규정이 있다. 그 내용으로는 보육교사가 보육과 교육의 업무를 수행함에 있어 영유아의 생명 · 안전보호 및 위험 방지를 위하여 주의 의무를 다하여야 한다고 명시되어 있다. 뿐만 아니라 영유아에게 적합한 양육을 제공하기 위한 보육환경을 구성하고, 건강이나 안전 등에 대해 최선의 의무를 다 하여야 한다. 또한 영유아에 대한 차별금지와 아동학대 관련 책임은 보육교사에게는 필수적인 의무로 되어 있다.

② 연수의 의무

「영유아보육법」(제8조 제1항)에 "보육교직원 연수 등의 업무를 위하여 보육개발원을 설치하거나 그 업무를 관련 연구기관에 위탁할 수 있다"고 하였고, 「영유아보육법」(제23조의2)에 의해 보육교사의 보수교육 체계를 규정하고 있다.

③ 윤리강령 제정과 자율적 규제의 의무

보육인의 윤리강령은 직무수행의 규준으로 삼아, 보육현장에서 발생하는 윤리적 갈등을 해결하고, 생존권, 보호권, 발달권, 참여권 등 영유아의 기본권리를 보장함으로써, 직무상의 윤리적 책임을 다하여 전문 직업인으로서의 위상을 공고히 하기 위함이라고 밝히고 있다.

윤리강령은 보육교직원이 직무를 수행하는 측면에서 윤리적 딜레마와 충돌하는 가치들 사이에서 우선적으로 어떻게 판단을 해야 하는지 결정하는 데 중요한 지침의 역할을 한다(서영숙 외, 2014). 영유아를 보육하고 교육하는 학문적 성격은 실제 보육현장에서 교사의 자율성이 크기 때문에 옳은 것에 대한 구체적이고 명확한 윤리강령은 가치판단의 좋은 근거가 된다. 즉, 보육교사는 다른 어떤 직업인보다 가르치는 사람으로서 더 높은 윤리의식이 필요하다(윤매자, 2013).

3) 「공공성」 측면에서 보육교사의 권리와 의무

공공성의 개념은 여러 분야에 걸쳐 쉽게 접하는 용어이지만 시대적, 사회적, 학문적 배경 등에 따라 다르게 사용되고 명확한 정의나 합의하기는 어렵다. 몇몇 학자들의 견해에서 살펴보면, 공공성의 의미를 세 가지로 구분할 수 있다. 첫째, 국가와의 관계성이며, 둘째, 모든 사람에 대한 공공성이며, 셋째, 개방성으로 정보 공개와 관련된 것이다(백선희, 2011).

공공성이란 공공복리의 이념을 실현하기 위한 것으로, 국민의 공익에 직접 책임져야 할 충성 의무를 가지면서, 한 개인이 아닌 일반사회 구성원 전체의 공익을 추구하는 것으로, 국가가 모든 국민들에게 정신적 · 물질적인 삶을 보장하여 인간다운 생활을 영위하게 하는 것을 말한다(권건일 외, 2007).

교육에서의 공공성은 근대사회 이전에는 일반적으로 사교육이었지만 근대 국가 성립 이후 시민의 균등한 이익을 보장하고, 교육의 기회균등을 실천하기 위해 국가가 학교를 설립 · 유지하고, 교원을 고용하는 등의 교육제도를 실현하고 책임지게 되었다(송영미, 2016). 그러면서 교육은 공교육으로 성립되었고, 교직은 공공성의 특징을 지니게 되었다(안정모, 1995).

보육의 공공성은 아동권리 보장이라는 개념에서 보편주의 보육을 추진하는 국가의 책임과 역할을 강조하는 데에서 비롯되었다(서문희 외, 2007). 보육의 공공성 관련 논의는 2000년 이후에 시작되어 다양한 연구들을 통해 사회적 책임을 수행하는 어린이집을 확충하는 방안에서부터, 2005년 '보육사업 안내'를 통해 본격적으로 보육의 공공성 개념을 도입하기 시작하였다. 보육이 공공서비스인가, 아닌가 하는 근본적인 질문에서부터(성희자, 2013), 보육서비스의 공공성이 무엇을 의미하는가, 보육정책에서 국가의 역할이 무엇인가와 같은 질문에 대해 여러 연구들을 통해 살펴보면 다음과 같다(백선희, 1999, 2012; 김종해, 2005; 최은희 외, 2013).

첫째, 보육의 공공성 개념에 대한 이데올로기의 접근이다. 이데올로기의 접근은 육아에 대한 관점과 태도가 개인주의적이냐 집단주의적이냐를 기준으로 접근할 수 있다.

둘째, 보육재정 측면에서의 공공성이다. 보육재정은 보육비용의 부담주체가 누구이냐를 기준으로 살펴볼 수 있으며, 공공 재정의 확대가 필수 조건이 될 수 있다.

셋째, 보육서비스 공급주체 측면에서의 공공성이다. 민간 공급구조에서는 공공성 확보가 제한적일 수 있으므로 보육서비스 공급주체에 따른 공공성 정도를 측정할 수 있다.

넷째, 보육재정의 지출방식이다. 보육재정 지출방식은 국·공립어린이집 확충을 통한 운영비 지원확대, 세액공제 등에 따른 기준을 적용할 수 있다.

다섯째, 서비스 제공자인 어린이집의 사회적 책임의 강조이다. 어린이집의 사회적 책임은 최근 중시되고 있으며, 시설 재정운영의 투명성 확보, 시설운영에 부모의 의사반영, 사회적 책임까지 요구된다.

여섯째, 보육서비스의 다양성과 수요자의 선택권 강조 등의 논의가 있다. 보육의 효과적인 발전을 위해 시장의 기능도 중요하게 다루어진다.

여기서 공공성과 관련한 보육교사의 돌봄 서비스는 사회복지서비스와 교육서비스가 결합된 영역에 있다고 볼 수 있다. 보육교사의 경우, 「영유아보육법」(제4조)에서 '국가와 지방자치단체는 보호자와 더불어 영유아를 건전하게 보육할 책임을 지며, 이에 필요한 재원을 안정적으로 확보하도록 노력하여야 한다'라고 명시되어 있다. 또한 '보육교직원의 양성 및 근로여건 개선을 위하여 노력하여야 한다'라고 규정하고 있다. 특히 「영유아보육법」(제21조)에 보육교사는 보건복지부장관이 검정·수여하는 자격증을 받은 자로 규정되어 있고, 보건복지부장관은 「영유아보육법」(제21조 제1항 및 제2항)에 따라 어린이집의 원장 또는 보육교사의 자격을 검정하고 자격증을 교부하여야 한다고 규정되어 있다. 이러한 국가 자격증은 공공성에 해당되며 보육과 교육서비스는 영유아발달에 심각한 영향을 미치기 때문에 공공성으로 인식해야 한다.

OECD 대부분의 국가에서 영유아 보육서비스의 상당부분은 공공의 재원으로 서비스에 대한 정부의 집중적인 규제가 시행되고 있다(송영미, 2016). 우리나라에서도 2012년 0세

~2세아, 5세아를 대상으로 무상보육을 실시하였고, 2013년 3월부터 3세, 4세를 포함한 모든 영유아를 대상으로 공공의 재원으로 보육과 교육서비스 제공하게 되었다. 이후 누리과정 도입에 따라 어린이집과 유치원의 재정지원에 대한 문제가 부각되었고, 각 부처 간의 갈등으로 확대되어, 2018년부터는 정부차원에서 전면 지원하겠다는 보육정책으로 공공성이 확보되었다고 할 수 있다.

이러한 근거에 비춰볼 때, 유치원교사뿐만 아니라 보육교사도 공공성을 인정하고 있음을 발견할 수 있고, 영유아의 보육과 교육에 대한 공공성을 공공부문에서는 국공립어린이집이, 민간부문에서는 민간어린이집이 각각 감당하고 있다(송영미, 2016). 이러한 보육의 공공성으로 인해 교사들도 공직자로서의 지위를 갖게 되고, 사회복지와 교육은 사회권에 해당되는 권리로써 모두 공공성에 기초로 한다(김광병 외, 2009). 또한 교사는 공익에 봉사하는 공무담당자로서의 위치와 책임을 갖게 된다. 즉, 신분상 성실하게 수행해야 할 지위에 놓이게 된다(송영미, 2016). 이러한 책임과 의무를 수행하기 위해서 신분상, 재산상의 보장이 기본적으로 우선 선행되어야 할 것이다(양다경, 2011).

(1) 공공성과 보육교사의 권리[4)]

앞에서 언급했듯이 공공성 측면에서 영유아교사의 권리에는 크게 신분상의 권리와 재산상의 권리로 나눌 수 있는데 신분상의 권리에는 신분 보장권, 소송 제기권, 불체포특권 등이 있고, 재산상의 권리에는 보수청구권, 실비 변상 청구권, 복지 및 후생 요구권 등이 있다.

유치원교사의 신분상 권리는 여러 가지 법에 의해 신분이 보장되고 있지만 보육교사의 신분상 권리는 「영유아보육법」과 「근로기준법」 등의 처우 및 지위 향상을 위한 법률에서 미흡하게 규정되어 있다. 신분상 권리에 있어 유치원교사와 보육교사에게 동일하게 규정된 부분은 비리사실 신고나 자격정지 등에 대한 부분이다. 즉, 관계 행정기관이나 수사기관 등에 신고, 고발하는 행위로 인해 신분상 불이익이나 근무조건상 차별을

4) 송영미(2016). 영유아교사의 권리와 의무에 관한 유치원교사와 보육교사의 인식 연구. pp. 27-33 요약.

받지 않는다고 권리 수준이 동일하게 나와 있다. 또한 자격증 박탈과 정지 및 자격취소에 대한 부분에서도 행정처분을 받기 전 청문의 기회를 가진다고 하였다.

보육교사의 신분 보장권은 「영유아보육법」(제15조의 4 제2항 21)에서 폐쇄회로 텔레비전 설치로 교사의 권리가 침해되지 않도록 보장되어 있을 뿐이다.

소송 제기권은 「영유아보육법」(제16조)에는 보육교사의 결격사유에 대해 나와 있지만, 김연 · 유재두(2012)의 실태조사 연구에서 보육교사 대부분이 부당한 경험에 대해 참고 지낸다는 의견이 77.7%로 가장 높게 나타났다. 송영미(2016) 연구에서도 보육교사가 95.2%가 권리 침해 수준이 보통이거나 보통 정도 이상으로 권리를 침해받고 있다고 응답하였다.

불체포 특권에 대한 공공성은 보육교사는 교육활동 침해 시 교원 예우에 관한 규정이 없어 유치원교사에 비해 불리한 위치에 있다.

재산상의 권리는 일에 대한 봉급과 각종 수당을 포함한 교사의 봉급은 보수의 기본적인 재산권이자 경제적 지위의 기초가 된다(김명숙, 1998). 그동안 정부는 보육교사의 처우를 개선하기 위해 계속적으로 노력해 왔다. 하지만 보육교사의 보수 수준은 과거에 비해 점차 향상은 되고 있지만 다른 전문직에 비해 아직도 미흡한 실정이다.

실비 변상 청구권은 보육과 교육을 담당하는 현장의 발전을 위해 직무수행상 소요되는 비용을 교육기관에 요구하는 권리로, 「국가공무원법」(제48조)에 규정되어 있지만 보육교사에게는 해당 사항이라고 볼 수 없다.

복지 및 후생 요구권의 경우에는 보육교사가 생활안정과 복지증진을 도모하기 위하여 한국사회복지공제회 회원자격을 가진다(김광병 외, 2015). 또한 보육교사는 「영유아보육법」(제31조의 2)에 '어린이집의 안전사고를 예방하고, 어린이집 안전사고로 인하여 생명 · 신체 또는 재산상의 피해를 입은 영유아 및 보육교직원 등에 대한 보상을 하기 위해 보건복지부장관의 허가를 받아 어린이집 안전공제사업을 할 수 있다'고 규정되어 있다(2012.6. 개정). 하지만 보육교직원의 경우 어린이집 안전공제회 가입은 어린이집 재산상의 피해 보상과 함께 어린이집 원장의 임의규정으로 되어 있어 안전사고에 대한 보장은 미흡하다.

(2) 공공성과 보육교사의 의무

공공성과 관련하여 보육교사의 의무는 비밀 누설의 금지, 품위 유지의 의무, 영리행위 금지의 의무 등이 있다. 교사는 직무와 관련하여 알게 된 비밀을 엄수해야 할 의무가 있으며, 비밀 엄수의 의무를 위반하는 경우 형법상의 범죄를 구성하게 되어있다. 보육교사는 「사회복지사업법」(제47조)에 비밀 누설의 금지가 규정되어 있다. 또한 어린이집 내 CCTV 등 설치 · 운영은 어린이집 내 안전사고 예방, 아동학대 등 아동의 인권보호의 목적으로 설치하되, 영유아와 보육교직원의 '사생활의 비밀과 자유' 등 인권침해를 최소화하는 범위 내에서 설치 가능하다고 규정되어 있다. 또한 보육교직원의 결격사유 조회에 관하여 취득한 정보에 대해서 발설하여서는 안 된다고 규정되어 있다(보건복지부, 2017).

품위 유지의 의무는 보육교사의 경우 자치단체별로 다르지만 대구광역시 사례에서 살펴보면, 대구광역시 서구 공립 보육시설 종사자 채용 및 복무에 관한 규정(제13조)에서 종사자는 직무 중 품위를 유지할 수 있는 언행 및 단정한 복장을 착용하여야 한다고 규정하고 있다(송영미, 2016).

영리행위 금지의 의무는 「영유아보육법」에 보육교사는 전임으로 다른 업무를 겸임할 수 없다고 규정하고 있고, 다만 어린이집 원장이 간호사나 영양사의 자격을 소지한 경우 간호사와 영양사를 겸임할 수 있으나 모두 겸임할 수 없고, 정원 20인 이하 가정어린이집의 원장은 보육교사를 겸임할 수 있다고 규정하고 있다(보건복지부, 2017).

4) 「근로성」 측면에서 보육교사의 권리와 의무

근로성이란 근로자의 직업적 특성을 뜻하는 것으로(한은주, 1989), 교사는 교육활동이라는 근로를 생활 수단으로 삼고 있어 이러한 관점에서 근로자라 할 수 있다(안정모, 1995). 또한 「헌법 」(제32조 제1항)에 "모든 국민은 근로의 권리를 가진다"라고 규정하고 있다. 즉, 근로의 권리란 국가에 대해 근로할 기회를 요구할 권리로, 취업중인 근로자에게는 취업의 안정을 보장받을 권리를 말한다(송영미, 2016).

근로자로서의 보육교사의 가장 주된 권리는 임금수령권 있고, 근로자의 부차적 권리에 속하는 직업중지권과 취업청구권이 있다. 또한「헌법」(제32조)에는 "모든 국민은 근로의 의무를 가진다. 물론, 국가는 근로의 의무 내용과 조건을 민주주의 원칙에 따라 법률로 정한다."고 규정하고 있다. 따라서 근로의 의무는 국가가 근로할 의사를 가지지 않는 자를 위해서 인간다운 생활을 확보하기 위한 시책을 마련하거나 강구할 의무가 없다는 것을 입법상의 지침을 표명한 것으로(송영미, 2016), 반드시 국민은 근로의 의무를 가지지는 않는다. 하지만 근로계약은 근로의 제공과 임금의 지급을 목적으로 하는 계약이므로,「근로기준법」(제2조 제1항 4호)에 의해, 근로계약의 체결에 따라 근로자는 명시적 합의가 없더라도 근로제공의 의무를 진다(송영미, 2016).

(1) 근로성과 보육교사의 권리

근로자로서 보육교사의 권리는 보육과 교육활동을 근로의 수단으로 삼고 어린이집과 영유아교육기관에 종속되어져 있는 근로자라 할 수 있다. 보건복지부의 보육통계(2021)에 따르면, 어린이집 보육교직원은 거의 대부분이 여성 근로자들이며, 309,855명으로 전체 96.5%를 차지하고 있으며, 남성 근로자는 11,261명으로 3.5%를 차지하고 있다. 어린이집에 근무하는 남성 근로자의 보육교사는 2020년 11,598명으로 전년대비 다소 감소되었다.

근로와 관련한 보육교사의 권리는 보육활동 업무를 효과적으로 수행하기 위해 보육교사의 자질 및 전문성 향상과 보육교직원 간의 상호 유대를 강화시켜 사회 · 경제적 지위를 향상시킬 수 있다. 교권으로서의 보장이 미흡한 어린이집 보육교사는 단체에 가입할 수 있으며, 전문단체의 활동을 통해 자신들의 권리 보장을 주장하고 있으며, 단체는 전국 보육교사총연합회와 사단법인 한국어린이집총연합회 등이 있다.

또한 근무조건 개선 요구권이란 교사가 본연의 임무인 교육활동을 하는데 있어 전념할 수 있도록 근무하는데 있어 보장받아야 할 권리 중의 하나로 효과적인 성취를 이루는데 영향을 준다(위미숙, 2005). 어느 직종이나 일에 있어서 직무성취도와 효율성을 높이기 위해 근무조건의 정비와 개선이 필요하다. 특히 보육교사의 경우 보육과 교육의 효과를 높이기 위해 적정한 수준의 근무량이 주어져야 한다. 그러나 국가인권위원회의 보육교사 인권상황 실태조사(2012)에 따르면, 보육교사의 근무시간은 8시간을 초과하여 대부분이 초과근무를 하고 있는 것으로 나타났다(김연 · 유재두, 2012; 육아정책연구소, 2014).

보육교사의 근무시간은 아침부터 저녁까지 점심시간을 비롯하여 휴식시간은 거의 없고, 보상은 매우 적은 것이 현실이다. 이에 2018년 2월 「근로기준법」의 개정으로 2018년 7월 1일부터 어린이집 보육교사 1시간 휴게시간 보장이 의무화되었다. 근무시간은 길고, 정서와 신체 노동의 강도에 비해 낮은 처우와 복지로 보육교사는 단기간에 소진되고, 이직하는 비율 또한 매우 높으며, 이로 인해 질 높은 보육교사의 전문성 제고에는 한계성이 존재한다(고미경 외, 2006). 더구나 보육교사의 근무환경은 같은 영유아교사임에도 유치원과 어린이집이라는 기관의 차이에 따라, 또한 기관 내에서도 설립유형에 따라 교사의 처우나 복지 수준의 편차가 심하다(차경주 외, 2011). 이러한 연구 결과들은 보육교사의 근무환경 개선에 대한 강한 메시지를 시사하고 있으며, 복리후생 개선으로 인턴교사 및 보조교사의 지원을 더 확대하여야 한다. 보육교사의 특성상 점심시간, 초과 근무시간 및 휴가, 교사의 보수나 승급교육 등 보육을 담당할 대체교사가 절실하며(박은순, 2015), 이는 근로성과 관련한 보육교사의 권리이기도 하다. 또한 구은미 · 정혜영(2015)의 연구에서도 어린이집 근무환경 개선은 정부의 정책적 노력에도 불구하고 근무환경이 너무 열악하고 미흡한 부분이 많기 때문에 앞으로 계속적인 관심과 노력이 필요하다고 하였다.

(2) 근로성과 보육교사의 의무

일반적으로 근로자로서의 의무에는 근로자가 직무수행과 관련된 정보에 대해 경영상의 비밀유지의무, 경업피지의무, 사고 대처의무, 명령이행의무, 직무전념의무 등이 있다(문혁준 외, 2014).

보육교사는 근로할 권리와 의무를 동시에 가지는데, 근로성과 관련한 근로조건 준수

의무는 근로자는 근로계약에 따라 자신의 근로를 제공하여야 할 의무를 말한다. 단순히 기계적으로 제공할 의무에 그치지 않고 성실하게 근로할 의무를 포함한다(송영미, 2016).

직무전념 의무는 「헌법」(제7조)에서 공무원은 국민 전체에 대한 봉사자로서 국민에 대하여 책임을 지므로 교원도 이와 같은 의무가 있다고 규정하고 있다. 보육교사는 국가공무원은 아니지만 「영유아보육법」령을 준수하며 성실히 직무를 수행하여야 한다.

보육교사는 「사회복지사업법」에 복지와 인권증진의 책임과 인권존중과 최대 봉사의 원칙 등이 있다고 하였다(황보영란, 2014). 또한 「영유아보육법」(제15조의4)에 폐쇄회로 텔레비전의 설치 · 관리하는 자는 영유아 및 보육교직원 정보주체의 권리가 침해되지 아니하도록 「개인정보보호법」 및 관련 법령에 따라 준수하여야 한다고 규정되어 있다. 따라서 보육교사는 보육과 교육에 대한 책임으로 차별 금지와 아동학대 신고의무자로 규정되어 있으며, 아동학대 관련에 대한 책임 내용은 「영유아보육법」(제47조, 제48조)에서 보육교사에게만 높은 수준으로 규정되어 있고, 유치원교사에게는 직접적인 규정이 없다고 하였다(김광병 · 김기화, 2015).

PART 2

보육교사의 인성과 윤리

보육교사의 인성은 영유아의 가치와 태도를 형성하는 모델로서 그 중요성이 더욱 높아지고 있다. 영유아를 위한 인성교육의 가장 좋은 방법은 교사의 모델링이므로 교사 스스로 바람직한 인성을 함양하는 것이 중요하다. 또한 '인성'은 하루아침에 형성되는 것이 아니기 때문에 지속적으로 인성에 대한 성찰과 인성교육이 필요하다. 이러한 인성교육은 보육현장에서 다양하게 발생할 수 있는 딜레마에 대한 어려움을 극복할 수 있는 원동력이 될 수 있다. 또한 그 원동력이 되는 기초는 보육교사가 가지고 있는 보육철학이나 아동관, 영유아권리존중, 보육교사의 윤리의식 등이 보육교사의 인성을 뒷받침 해 주고 있다. 제2부에서는 보육교사의 인성과 보육철학, 윤리에 대해 살펴보고자 한다.

Chapter 03

보육교사의 인성

모든 사람은 세상에 태어나 자신의 삶을 의미 있게 살려고 노력하고, 다른 사람으로부터 하나의 인격체로 존중받고 가치 있는 존재로 살아가기를 바란다. 이 바램은 올바른 인성으로 이루어질 수 있다. 일반적으로 인성의 요소는 동정심 있고, 정직하고 공평하며, 자기조절이 잘되고, 바르게 판단하며, 다른 사람을 존중하고, 신념을 지키기 위해 용기를 보이며, 책임감이 강하고, 지역사회에 대해 관심을 보이는 좋은 시민으로, 자아존중감을 지니고 있는 것으로 평가한다(김희진, 2012). 보육교사가 이러한 인성의 요소를 갖추고 있는지, 3장에서는 보육교사의 인성과 자질, 보육교사로서의 자신이 어떤 특성이 있는지를 살펴보고자 한다.

1. 보육교사와 인성

인성은 사전적 의미로 '사람의 성품'을 뜻하는 것으로, 각 개인이 가지고 있는 사고, 태도, 행동특성(character)으로 나타나는 보편적인 성품을 의미한다. 또한 선천적 혹은 후천적 요인에 의하여 형성되어 개인의 도덕적 판단기준이 되고, 외부의 사물이나 현상에 자극받아 일정한 경향의 반응을 보이는 개개인이 지닌 고유의 성품이다(최명희, 2016a).

보육교사는 부모들과의 만남은 말할 것도 없고, 아직 어리지만 영유아들에 대한 교사로서의 책임감에서 불안을 느낀다. 성공하기를 기대하지만 영유아의 안정적인 보육과 전인적인 발달을 촉진시키는 교육은 이후의 삶의 질을 좌우할 수 있다는 중요성을 감안한다면 적어도 보육교사가 되려는 의지와 더불어 보육교사로서의 적성에 맞는지, 인성은 어느 정도 갖추어진 사람인지를 확인하여 선발하는 것이 매우 바람직할 것이다.

보육교사는 보육철학을 가지고 보육활동의 방향과 내용은 물론이며, 영유아의 눈높이에 맞추어 개개인의 잠재력을 계발하고, 올바르게 성장하도록 돕는데 결정적인 역할을 담당한다. 이러한 보육교사의 역할수행에 무엇보다 중요한 것은 교사 자신이 가지고 있는 소명감과 인성이라고 볼 수 있다.

소명은 누가 '나를 부르는 것'이며, 자신이 '그 부름에 따르는 것'이다. 보육교사의 소명은 교사 자신의 의지나 교사 자신이 영유아를 선택함으로써 생기는 것이 아니라 영유아가 교사를 불렀을 때, 비로소 '소명'을 갖게 되는 것이다(여문환, 2009).

소명감(Calling)이란 보육교사로서의 헌신이 얼마나 가치 있는 것인지에 대한 확신을 요구한다. 보육교사가 자신이 살아가는데 필요한 생계유지의 직업(job) 수준에 있는지, 또한 사회적 성공과 명예를 얻기 위한 경로(career)인지, 아니며 열정과 헌신의 천직으로 여기는지 확인할 필요가 있다(강정원, 2017).

인성은 인간의 보편적인 본성으로 각 개인의 특성과 사람의 됨됨이를 의미한다. 즉, 개인의 가치관, 의식구조, 행동습관을 포함하고 있으며, 바람직한 인성을 지닌 성숙한 인간은 건강하고, 생산적이며, 자아 실현적이고 자신의 능력을 발현하는 사람이라고 할 수 있다(최명희, 2016a). 인성을 동양의 유학에서는 인간이 타고난 본성, 사람이 갖추어야 할 덕성으로 보고 있고, 서양의 심리학에서는 환경에 대해 개인이 나타내는 적응방식과 행동특성으로 정의하고 있다(송영선, 2017). 보육교사라는 직업은 다른 사람의 삶에 영향을 끼치도록 허락받은 존재이며, 특히 어린 영유아들의 교사는 자신으로 인해서 영유아들의 삶이 어떻게 전개될지에 책임져야 하는 존재이다(최명희, 2016b). 따라서 보육교사의 인성은 영유아의 미래를 바꾸며, 소소한 말과 행동이 영유아의 삶을 바꿀 수 있다고 믿는 것이다(강정원, 2017).

1) 보육교사 인성교육의 이해

최근 아동·청소년의 비행, 가출, 이지메, 등교거부, 학교폭력 등과 같은 문제행동이 점차 증가하고 있다. 이 같은 사회적 현상의 주요 원인으로 인성교육의 부족을 지적하고 있다. 특히 영유아기의 적절하고 효과적인 인성교육은 후기 아동·청소년기 비행이나 학교폭력을 사전에 예방할 수 있는 가장 효율적인 접근방법이라고 할 수 있다. 사후 문제 해결을 위한 치료적인 목적이 아니라 사전에 예방할 수 있는 접근방법으로서 인성교육의 중요성이 부각되었으며, 이는 미래사회가 요구하는 유능한 인재의 능력을 갖추는데 기본이 된다(강정원, 2017).

보육교사는 자신이 돌보고 가르치는 영유아를 무시한다면 자신도 존중받을 수 없을 것이다. 마찬가지로 내가 다른 교사를 존중하고 대접할 때 비로소 자신도 그렇게 존중받고 대접받을 수 있게 된다. 따라서 보육교사가 돌보는 영유아들은 물론 함께 일하는 보육교직원을 존중하고 대접하는 것은 우리가 숨 쉬는 것처럼 자연스럽게 몸에 배어 있어야 한다. 그래야 우리는 함께 행복할 수가 있다(노희연 외, 2017).

인성을 위한 인성교육은 어떤 점을 강조하느냐에 따라 매우 다양하다. 예를 들어, 한 인간이 속한 시대적, 문화적 테두리 안에서 인간다움을 인정하는 것, 생활연령에 적합한 기본생활습관을 형성하여 사회·정서적으로 유능하며 윤리·도덕적 행동을 수행하는 것, 또는 정서교육, 자아실현을 위한 가치교육, 더불어 살기 위한 도덕교육 등 다양한 측면에서 인성교육의 중요성을 강조하고 있다.

「인성교육진흥법」(제2조, 2015.7.21. 시행)에 따르면, 인성교육이란 자신의 내면을 바르고 건전하게 가꾸고 타인 · 공동체 · 자연과 더불어 살아가는 데 필요한 인간다운 성품과 역량을 기르는 것을 목적으로 하는 교육이라고 정의하고 있다.

핵심 가치와 덕목은 인성교육의 목표가 되는 것으로 예(禮), 효(孝), 정직, 책임, 존중, 배려, 소통, 협동 등의 8가지의 마음가짐과 사람됨과 관련되는 핵심적인 가치 또는 덕목을 말한다. 핵심 역량이란 핵심 가치와 덕목을 적극적이고 능동적으로 실천 또는 실행하는 데 필요한 지식 능력, 공감 능력, 소통 능력, 갈등해결 능력 등이 통합된 능력을 말하는 것으로 정의하고 있다.

긍정심리학에서는 인성과 행복에 대해 다음과 같이 말하고 있다. “행복한 삶이 목표라면 인성은 행복의 바탕이다.”, “개인이 지니는 주요 감정을 표현하면서 살아가는 것이 진정한 행복이다.”, “인성은 아무도 지켜보는 사람이 없을 때 스스로 행하는 것이다.”, “긍정적인 성품을 계발하여 일상적인 삶에 적용하는 것은 행복한 삶을 구현하는 가장 중요한 조건”이라 하였다(권성만, 2008; 노희연 외, 2017 재인용).

2) 인성을 위한 보육교사의 자세와 태도

보육교사는 영유아를 돌보고 가르치는 보육의 전문가로서 높은 수준의 지적 능력과 다양한 교수학습 능력, 고도의 윤리의식과 도덕성이 요구되는 전문적인 직업이다. 매 순간마다 자율적인 판단이 요구되며, 영유아의 권리를 존중하고 실천하는 직업이기 때문에 교수행위에 있어서 반성적 사고와 딜레마를 통하여 끊임없는 노력과 성찰이 필요하다.

인성은 인간답게 살고자 하는 마음으로 ‘인성의 텃밭’이라고도 할 수 있다. 그 안에 기쁨, 사랑, 즐거움, 희망 등의 긍정의 씨앗도 있고 미움, 분노, 절망, 좌절, 시기, 두려움 등 부정의 씨앗도 함께 있다. 우리가 어떤 씨앗에 물을 주어 꽃을 피울지는 보육교사 자신의 의지에 달려 있다(노희연 외, 2017). 그렇다면 보육교사로서의 지녀야 할 자기조절력과 긍정의 힘이 인성에 미치는 영향에 대해 살펴보면 다음과 같은 내용이 포함되어야 한다.

(1) 보육교사가 지녀야 할 자기조절력과 긍정의 힘[1)]

① 미소를 지어라

사람의 뇌는 자신의 얼굴 표정에서 스스로 즐거움을 감지한다. 웃으면 즐거워지는 것도 사실이다. 습관적으로 긍정적 미소를 지어보도록 노력한다.

② 긍정적으로 스토리텔링을 하는 습관을 들어라

역경과 어려움에 대해 어떠한 해석을 하고, 어떠한 의미로 스토리텔링을 하는가에 따라 우리는 불행해지기도 하고 행복해지기도 한다. 일상에서 힘들고 언짢은 일은 툭툭 털어버리는 연습을 많이 하면 자연히 그런 생각이 습관화되고, 행동으로 이어지는 행동의 습관이 형성된다.

③ 소통 능력을 향상시키자

영유아의 표현을 잘 이해하고 적극적으로 소통하고자 하는 교사의 노력은 상호작용을 원활하게 해주는 원동력이 된다. 영유아의 언어적 표현뿐만 아니라 몸짓이나 표정 등 비언어적인 표현에도 민감하게 주의를 기울이고, 경청해 줄 때, 영유아는 교사에게 친밀감을 느끼고 존중받는다는 느낌을 갖게 된다(김은기, 2017). 교사가 영유아에게 전하려고 하는 내용은 단지 7% 정도에 불과하고, 말투, 억양, 말의 속도, 목소리의 높낮이, 표정, 제스처로부터 93%로의 정보를 얻는다.

---

1) 송영선(2017). 보육교직원 역량강화를 위한 의무교육(교사인성교육). 경기 : 에듀케어아카데미. p. 69. 발췌함.

④ 깊고 넓은 인간관계를 유지하라

긍정적 정서는 타인과 내가 하나 되는 느낌을 강하게 해주는 원동력이며, 이를 위해 노력해야만 한다.

⑤ 행복의 기본 수준을 높여라

자신의 행복지수는 자동온도 장치처럼 내가 지정한 온도로 항상 되돌아온다. 행복의 기본 수준을 높이며 자율성과 자기효능감이 향상되고 삶을 능동적으로 이끌 수 있다.

⑥ 자신의 강점을 발견하라

자신이 잘할 수 있는 일을 통해 즐거움과 성취, 보람을 느끼는 것이야말로 진정 행복한 삶이 될 수 있다. 보육교사는 자신의 강점을 찾고 그것을 일상생활 속에서 꾸준히 수행하려는 노력을 해야 한다. 그러한 노력은 많은 긍정적 정서를 유발하게 되어 영유아와 함께하는 일상에서 행복감을 높이게 된다.

⑦ 매사에 감사하는 마음을 갖고 표현하라

감사하는 마음은 몸과 마음을 편안하고 이상적인 상태로 유지시켜 준다.

(2) 인성발달의 이론적 기초

보육교사가 영유아들을 위해 올바른 인성교육을 하기 위해서는 인성발달의 이론적 기초를 인지하고 보육현장에서 실천할 수 있는 능력을 가져야 한다.

① 양심의 발달

정신분석이론가들은 도덕성 발달의 정서적 측면을 강조한다. 프로이트(Freud)는 인간의 의식수준을 의식, 전의식, 무의식의 세 가지 수준으로 구분하였고, 인간의 성격구조는 원초아(id), 자아(ego), 초자아(superego)가 연령과 함께 발달해 가는 과정을 설명하면서 도덕성 발달의 근거를 보여주었다. 타고난 본능인 원초아는 쾌락을 추구하고 무의식에 위치한다. 즉, 본능적 욕구 충족에 자아가 제시한 해결방법이 도덕적으로 바람직한지 혹은 바람직하지 않는지를 판단하여 옳지 못한 행동일 경우, 자아로 하여금 죄책감, 수치감, 회의감 등을 가지게 함으로써 도덕적 선택을 하게끔 이끄는 힘으로, 초자아는 인간에게 양심으로 작용하는 기능을 한다(송영선, 2017).

Sigmund Freud

프로이트에 따르면, 초자아는 남근기(3~5세)에 발달하는데, 이 시기에 유아들은 이성부모에 대한 근친 상간적 욕망 때문에 동성부모에 대한 적대적 경쟁심을 경험하게 된다. 즉, 남아는 아버지의 두려움 때문에 오이디푸스콤플렉스와 적대감이 형성되고, 거세불안의 공포에서 벗어나기 위해 아버지를 동일시할 수밖에 없다. 따라서 동성인 아버지의 도덕기준을 포함한 여러 심리적 속성을 내면화하게 된다. 여아는 아버지의 애정을 두고 어머니와 경쟁을 하게 되는데, 남아가 느끼는 만큼 두려워하지는 않는다고 하였다. 여아는 남근선망의 불안을 가지고 있지만 최악의 상태에서 결코 거세할 수 없기 때문으로 추측한다. 여아도 남근선망에 대한 엘렉트라콤플렉스를 해결하기 위해 어쩔 수 없이 어머니를 동일시하면서 두려움을 해결하는 과정에서 초자아가 발달된다고 설명하였다. 그러나 프로이트는 여성의 초자아가 남성에 비해 약하다고 믿었고, 이후 여성이 남성보다 열등하다는 것에 대해 비판을 받게 된다.

이처럼 남근기에 발달하는 초자아는 양심과 자아이상의 추구한다. 또한 부모를 얼마나 좋아하는가가 부모의 도덕기준을 내면화하는데 영향을 준다. 그리고 부모의 도덕기준을 내면화한 아동은 그것을 위반했을 때, 죄책감, 수치심 같은 부정적인 정서를 경험하게 된다. 따라서 유아기는 자신의 잘못에 대해 죄책감을 느낄 수 있고, 수치심을 가질 수 있는 초자아를 발달시킬 최적의 시기로 도덕성 발달에 매우 중요한 시기라고 할 수 있다(송영선 2017). 따라서 보육교사는 영유아가 도덕과 양심을 발달시킬 수 있는 정서를 경험하게 될 때, 향후 바람직한 인성으로 발달하여 사회구성원으로서 도덕적 행동으로 할 수 있게 하는 원천이 될 수 있다.

② 도덕적 판단의 발달

Jean Piaget

인지발달이론가들은 도덕의 인지적 측면 또는 도덕적 추론을 강조하였고, 도덕에 대한 아동의 사고방식이 성숙하면서 도덕적 발달이 이루어진다고 주장해 왔다(송현주, 2014).

대표적인 학자인 피아제(Piaget)는 유아들이 구슬놀이 게임 규칙을 어떻게 이해하는지 살펴보거나 도덕적 갈등 상황에 대한 이야기를 유아들에게 제시한 후, 질문하는 개방형 임상면접법(clinical interviews)을 사용하여 도덕성 발달의 단계 이론을 제안하였다. 유아들에게 가상적인 딜레마를 제시하고 어느 주인공이 도덕적으로 나쁜지를 판단하게 하여 도덕성 발달의 단계를 전 도덕적(premoral) 단계, 타율적 도덕성(heteronomous morality) 단계, 자율적 도덕성(autonomous morality) 단계로 개념화하였다.

가. 1단계(전 도덕적 시기) : 옳고 그름의 차이를 알지 못한다.

- 5세 이전에 해당함
- 규칙이나 질서에 대한 도덕적 인식이 거의 없는 상태임
- 규칙 없는 가상놀이, 게임에 몰두함
- 옳고 그름을 판단하는데 일관된 기준이 없음
- 도덕적 갈등 상황에 대해 일관성 있는 도덕적 인식이 거의 불가능함

나. 2단계(타율적 도덕성) : 일상생활 속에서 자신이 따라야 할 규칙이나 질서, 사회적 정의가 있다는 것을 인식하고 존중하며 따르기 시작한다.

- 대체로 5~10세 해당함
- 규칙은 경찰, 하나님, 신과 같은 절대적인 권위자가 만들어 낸 것으로, 어떤 상황에서도 꼭 지켜야 하는 불변적이라고 생각함
- 옳고, 그름을 판단할 때 과정은 무시하고, 결과를 바탕으로 판단함
- 위급한 상황에서도 빨간 신호등을 지켜야 한다고 판단함

- 규칙과 법을 위반했을 때, 벌을 받아야 한다고 생각함
- 속죄적 처벌(예 : 창문을 깼을 때, 창문 값의 배상보다도 벌을 받아야 한다고 생각함)
- 내재적 정의를 믿음(규칙의 위반은 필연적으로 처벌 받는다고 생각함)

(예 : 동생의 장난감 빼앗은 후 나가다가 넘어짐. 방금 전 자신의 잘못으로 처벌 받았다고 생각함)

다. 3단계(자율적 도덕성) : 사회적 규칙은 임의적인 약속이며, 사회구성원의 합의하에 변경될 수 있다고 인식한다.

- 규칙은 사회구성원들이 서로 좋은 관계를 유지하기 위해 필수적임
- 옳고, 그름을 판단할 때 결과뿐 아니라 행위자의 의도를 고려한다는 것을 알기 시작함
- 잼을 훔치다가 1개의 접시를 깬 것이, 우연히 어머니를 도우려다 10개의 접시를 깬 것보다 결과는 경미하지만 의도가 옳지 못하므로 나쁘다고 생각함(타율적 도덕성과 반대의 결과)
- 상호적 처벌(처벌은 그 자체가 의미 있고, 임의로 결정되는 것이 아니라 위반 내용에 따라 결정되며 교훈을 위해 사용됨을 이해함)
- 내재적 정의가 사라짐(규칙을 위반하더라도 들키지 않으면 처벌을 받지 않을 수 있고, 설령 들킨다 하더라도 항상 처벌을 받는 것은 아니라고 경험함)

또한 콜버그(Kohlberg)의 도덕성 발달이론[2)]은 피아제의 인지발달 이론을 정교화하고 확장시켜 왔다. 아동이 도덕적 딜레마를 해결하기 위해 어떠한 논리를 사용하는지를 관찰하였다. 즉 규칙, 법, 권위적인 인물에 복종하는 것과 개인의 욕구를 충족시키기 위해 이러한 것들을 어기는 것 중 하나를 선택해야 한다. 이에 근거하여 도덕적 사고의 세 가지 수준을 제시하였다.

| Lawrence Kohlberg

2) 송영선(2017). 보육교직원 역량강화를 위한 의무교육(교사인성교육). 경기 : 에듀케어아카데미. pp. 72-73. 발췌하여 재구성.

가. 제1수준, 전 인습적 수준(전 도덕성) : 외부적 보상이나 처벌에 근거하여 도덕 판단을 한다.

1단계(주관화) (복종과 처벌 지향)	• 권위자의 벌을 피하고 권위에 복종함 • 도덕 판단은 주로 행동의 결과에 집중되며, 옳은 행동이란 소위 "말을 잘 듣는 행동'이라고 생각함
2단계(상대화) (상호교환 지향)	• 자신의 욕구충족이 도덕 판단의 기준임 • 욕구 배분의 동기는 있으나 자신의 욕구 충족을 우선으로 함 • 보상받을 일은 하고 처벌받을 일은 피함

나. 제2수준, 인습적 수준(타율적 도덕성) : 보통 타인이나 관습 등의 외부 요인에 의해 규정된 도덕관을 내면화시키는 시기이다.

3단계(객체화) (착한 아이 지향)	• 대인관계 및 타인의 승인을 중시함 • 옳은 일은 타인을 기쁘게 하고 도와서 그들로부터 인정받는 것
4단계(사회화) (법과 질서 지향)	• 사회적 질서를 지키는 행동이 도덕적 행동이라고 생각함 • 법과 질서를 준수하며, 사회 속에서 개인의 의무를 다함

다. 제3수준, 후 인습적 수준(자율적 도덕성) : 도덕적 가치를 완전히 내면화하여 외부 기준이 필요 없는 시기를 말한다.

5단계(일반화) (민주적 법률)	• 인간으로서 기본 원리에 따라 행동하고 가치 기준의 일반화를 추구함 • 개인의 권리를 존중하고 사회 전체가 인정하는 기준을 준수하는 것이 옳은 행동이라고 판단함
6단계(궁극화) (보편적 원리)	• 보편적 도덕원리를 지향함 • 법도 보편적 윤리 기준에 기초해야 정당하다고 판단하며, 자신의 양심이 가하는 처벌이 사회가 가하는 처벌보다 더 고통스럽게 생각함

이처럼 콜버그의 도덕성 발달이론에 근거하여 보육교사는 전 인습적 수준의 도덕성은 복종과 처벌에 의한 도덕 판단 즉, 이익이 선이 되는 호혜적 도덕성의 특징을 지닌다. 다시 말하면 이 수준의 유아에게 도덕적인 것은 행위의 결과에 따른 보상이나 처벌이 주어질 때 구분되는 것이기 때문에, 인지적으로 성숙하지 못한 유아들에게 옳고, 그름의 판단 사례들을 많이 경험하게 하는 것이 필요하다.

③ 친사회적 행동의 발달

사회학습이론은 도덕적 행동에 관심을 가진다. 영유아가 성인 모델의 행동을 관찰하고 모방함으로써 그 행동을 배우게 된다. 개인의 도덕적 행위에 어떤 이상적이고 보편적인 준거를 설정하지 않고, 그때마다 주어지는 사회적 규범들을 모방함으로써 도덕성이 발달한다고 본다.

또한 사회학습이론에서 직접적인 경험, 보상, 연습이 없이도 타인의 비도덕적인 행동 결과를 관찰함으로써 얻게 되는 대리학습의 결과를 중요시한다. 예를 들어, 친구를 때리는 아동을 잠시 집단놀이에서 제외시켜 생각하는 의자에 있게 했을 때, 이를 관찰한 유아들이 친구를 때리는 행위를 감소시킬 수 있는 학습의 효과를 얻을 수 있다.

반두라(Bandura)는 아동이 모방과정을 통하여 자기보상을 경험하면 외부적 권위가 없을 때에도 자신의 행동을 통제하고 도덕적 행동을 할 수 있다고 하였다. 뿐만 아니라 개인이 속한 사회나 문화가 제시하는 도덕적 규범을 직접 또는 간접적으로 경험하거나 모방, 보상, 벌을 통하여 도덕교육을 하는 것이 효율적이라고 하였다. 이러한 관점에서 친사회적 행동을 관찰하거나 모방함으로써 도덕성이 발달할 수 있다.

| Albert Bandura

친사회적 행동은 학자마다 다르지만 대체로 나누기, 돕기, 위로하기, 협동, 우정, 기부하기, 친절하기 등 친사회적 행동을 할 때, 관찰과정을 거쳐 모방행동을 하게 되고 도덕적 행동을 배우게 된다는 점에서 부모나 영유아교사의 중요성을 강조하고 있다. 도덕성 발달은 특정 사회가 지닌 가치, 규범, 관습 등을 내면화함으로써 이루어진다고 본다. 특히, 친시회적 행동을 촉진시키는 모델의 특성은 온화함과 애정으로 따뜻하고 자연스럽게 이타적 행동을 할 경우 유아의 친사회적 행동을 촉진한다(송영선, 2017).

④ 공감능력의 발달

다른 사람의 감정과 느낌을 공유하는 감정이입은 친사회적 행동의 정서적 기초를 제공해 준다(송영성, 2017). 공감능력은 가르쳐서 배우는 것이 아니라 어린 시기부터 일상생활에서 자주 경험하는 만큼 성장하게 되며, 공감능력이 발달하는 시기가 있다. 그러므로 공감은 영유아를 돌보고 가르치는 부모나 보육교사의 역할이 매우 중요하다.

호프만(Hoffman, 1977)은 공감능력을 타인의 감정에 대한 추론 및 그 감정에 대한 대리적 정서반응으로서 돕기, 공유하기, 협동하기 등 친사회적 행동과 관련성이 가지고, 연령에 따라 타인의 시각에 대한 이해, 그리고 자신의 정체성을 가지고 있으면서 타인을 이해하려고 하는 단계로 발전한다고 하였다. 호프만은 공감의 발달수준을 4단계로 구분하였는데, 어느 단계에서도 타인에게 동정을 느낄 수 있다고 하였다.

〈표 3-1〉 호프만의 공감 발달수준 단계

단계		내용
1단계	미분화적 공감 (0세)	• 자신과 타인을 구별하지 못함 • 타인의 고통을 자신의 불쾌한 감정과 혼동함 (예 : 다른 영아의 울음소리에 따라 운다)
2단계	자기중심적 공감 (1~2세)	• 다른 사람의 고통에 반응하지만 자기중심적 공감수준을 넘어서지 못함 • 눈앞에 보이는 상황에서만 공감능력을 발휘함 • 자신과 다른 타인의 감정이 있다는 것을 이해하지 못하기 때문에 다른 사람의 고통을 부적절하게 반응함
3단계	타인의 감정에 의한 공감 (3~5세)	• 다른 사람의 행복이나 고통에 공감하고 위로 할 수 있음 (예 : 우는 동생을 달래거나 아픈 사람을 돕는 모습을 볼 수 있음) • 간접적인 정보를 통해 획득한 정보를 사용하여 유아가 만나지 못한 사람과 감정이입을 할 수 있음 (예 : TV, 그림책, 그림을 통해서도 가능함)
4단계	타인의 삶에 대한 공감 (학령기 이후)	• 타인의 고통이 일시적이 아닌 고질적이라는 것을 알게됨 • 눈으로 목격하는 상황뿐 아니라 상상만으로도 공감능력을 발휘함 (예 : 가난한 사람, 아픈 사람, 사회적으로 고통받는 사람)

어린 영유아의 공감능력을 어떻게 키울 수 있을까, 아이들의 공감능력을 키워주는 보육교사의 역할은 영유아 개개인의 사소한 감정을 놓치지 않고 알아채는 것이 중요하다. 영유아의 감정이 잘 파악되지 않을 때는 직접 물어보는 것도 좋은 방법이다. 또한 보육교사가 먼저 공감능력을 발휘하는 것인데, 좋은 공감 훈련은 영유아 자신이 공감을 받아 본 경험에서 비롯된다는 것을 인식하고 있어야 한다. 먼저 교사가 구체적인 상황을 적절하게 감정 표현을 해 준다면 모방능력과 표현능력, 친사회적인 행동으로 공감능력을 발달시킬 수 있을 것이다.

3) 영유아기 발달과 인성발달

영유아기는 양심, 도덕적 판단, 친사회적인 행동, 공정성, 감정이입 능력의 기초가 형성되고 발달되는 시기로, 인성발달의 토대가 되는 시기이기도 하다. 즉 뇌발달, 인지발달, 정서발달, 사회성 발달과 연계되어 발달이 이루어진다. 이러한 영유아의 전인적인 발달을 촉진시키기 위해 보육교사는 적절한 역할을 수행하며, 유능한 선생님이 되고 싶어 한다. 여기에서 유능하다는 의미는 역할수행을 잘하고 있다는 의미로, 스스로 느끼는 자신감, 효능감, 앞으로 더욱 잘하게 될 것이라는 성장에 대한 믿음을 의미한다(송정은, 2017). 그러나 유능한 보육교사가 되기는 쉽지 않다. 학문적 지식이나 기술적인 능력을 가졌다고 해서 보육교사로서의 성공적인 삶을 보장하지는 않는다. 즉, 그들이 가지고 있는 인격과 삶을 통해 가르치며 배우는 사람들이기 때문에 보육교사의 인성은 매우 중요하다.

(1) 영아기의 인성발달

영아는 태어나면서 기본적인 정서를 가지고 태어나지만 미분화된 상태이며 영아기를 거치면서 점차 분화된 정서로 발달하게 된다. 생후 1년이 인생에서 가장 중요한 시기로, 신체적인 성장이 급격히 이루어지고, 타인과의 정서적 유대관계를 형성할 수 있는 애착을 형성하는 기초가 된다. 애착은 영아기에 일어나는 가장 중요한 사회적 발달이며 인성발달의 기초가 된다. 영아기에 발달하는 인성과 관련하여 기질, 애착, 정서, 대인관계 등에 대해 알아보고자 한다.

① 기질

기질이란 한 개인의 행동양식과 정서적 반응유형을 의미하는 것으로 활동 수준, 사회성, 과민성과 같은 특성을 포함한다(Bothbart & Bates, 1998; 정옥분 2013 재인용). 영아는 출생 직후부터 각기 다른 기질적 특성을 보인다. 어떤 영아는 잘 울고 자주 보챈다. 또 어떤 영아는 조용하고 행동이 느린 반면, 어떤 영아는 활기차고 민첩하다(이향숙 외, 2017). 기질 연구가들은 영아기의 기질을 형성하는 심리적 특성이 성인기 성격의 토대가 된다고 믿는다(송영선 2017). 즉, 기질은 대개 타고난 것이지만 절대적인 것은 아니며, 성장하면서 상당기간 동안 지속된다고 알려져 있다(이향숙 외, 2017). 따라서 영유아의 이상적 발달을 위해서는 영아의 기질과 조화를 이루는 부모나 보육교사의 일관성 있는 양육태도와 양육행동이 인성발달에 영향을 준다.

② 애착

애착은 특정 대상에게 강한 정서적 유대감을 형성하는 것으로서, 영아기에 안정된 애착을 형성하는 것은 사회적 발달에 지속적으로 긍정적인 영향을 미친다. 출생 후 주 양육자와 어떠한 관계를 맺느냐에 따라 안정애착을 형성하기도 하고 불안정 애착을 형성하기도 한다. 안정애착을 형성한 사람의 행동은 예측 가능하기 때문에 안전기지로서 영아의 분리불안을 감소시킬 수 있어 대인관계의 신뢰성과 믿음으로 발달되어 인성발달에 도움이 된다.

③ 정서

신생아는 제한된 정서표현을 하는데, 영아기 초기에 행복, 분노, 놀람, 공포(불안), 혐오, 슬픔, 기쁨 등 1차정서로 나타나며, 수치, 질투, 부러움, 죄책감, 자부심 등 2차정서 또는 복합정서라고도 하는데 첫돌 이후에 나타나며, 자신을 인식하고부터 출현하게 된다(이향숙 외, 2017). 출생 직후 영아는 소위 배냇짓이라 하여 반사적으로 웃거나 찡그리고 생후 6~8주가 되면 자신을 돌보는 사람에게 반응하는 웃음을 보이며, 8주 이후에는 엄마의 얼굴에 대해 특별히 반응하여 웃기도 하는데 이러한 애착발달로 인하여 구체적이고 분화된 인간관계의 형성 능력이 발달하게 된다(이향숙 외, 2017). 2세경에 되면 아직 미숙하지만 성인이 보이는 거의 모든 정서를 다 나타나게 된다. 이후 타인과의 정서 상태를 추론할 수 있게 되고, 나아가 자신이 처한 상황에 적절하게 표현을 조절할 수 있는 능력도 갖게 된다(송영선, 2017).

④ 대인관계

영아는 태어나 최초로 어머니와 사회적 관계를 경험하게 된다. 영아의 사회성 발달의 기본적 원천은 부모의 사랑과 따뜻하고, 친근한 긍정적인 관계를 통해서 영아는 사회화 과정에서 신뢰감이 형성된다. 이러한 부모와의 긍정적인 관계는 영아가 성장하면서 부모 이외에 타인과의 관계에서도 긍정적인 대인관계를 형성할 수 있다. 긍정적인 대인관계는 사회성을 발달시키고 인성의 발달로 이어질 수 있다.

(2) 유아기의 인성발달[3)]

유아는 어린이집이나 유치원 등의 유아교육기관에 입학하여 새로운 사회적 관계망을 형성해 나가면서 인성발달이 이루어진다. 또한 자아개념이 발달하면서 생활환경의 확대, 또래와의 접촉을 통한 사회적 기술 습득, 사물에 대한 호기심 증가, 직관적 사고 능력 등이 발달하는 시기이다(이향숙 외, 2017). 유아기에 발달하는 인성과 관련하여 뇌발달, 인지발달, 정서발달, 사회성 발달, 도덕성 발달 등에 대해 알아보고자 한다.

① 뇌발달과 인성

유아기의 가장 중요한 신체발달 중 하나는 뇌와 신경계의 계속적인 성장이다. 유아

3) 송영선(2017). 보육교직원 역량강화를 위한 의무교육(교사인성교육). 경기 : 에듀케어아카데미. pp. 77-78. 재구성.

기의 뇌 발달의 특징은 우뇌의 발달, 뇌량의 발달, 전두엽의 발달, 시냅스의 증가와 제거를 들 수 있다. 일반적으로 뇌는 좌뇌보다 우뇌가 먼저 발달하는데, 유아기는 특히 전두엽의 발달로 정서, 창의성, 상상력, 직관력, 통찰력 등과 관련이 있다(이항숙 외, 2017). 이러한 뇌의 기능은 인간을 인간답게 하며, 유아의 인지, 정서, 사회성 발달에 영향을 끼친다.

② 인지발달과 인성

인지는 인간이 살아가면서 발생하는 여러 가지 문제를 해결할 수 있는 능력을 말한다. 한마디로 지적 능력이라고 하며, 기분 좋은 경험이나 생각, 느낌은 유아의 인지발달을 촉진시킨다. 유아기에 사고력과 판단력을 담당하는 전두엽이 발달하면서 점차 사회적 맥락에서 올바른 판단을 내릴 수 있게 된다.

③ 정서발달과 인성

정서는 우리 마음에서 일어나는 다양한 감정을 의미한다. 매우 다양하나 보편적인 정서에는 기쁨, 슬픔, 분노, 공포, 흥미, 수치심 등이 있다. 긍정적인 정서가 발달하면 자기 자신에 대해 긍정적으로 이해할 수 있으며, 힘들고 부정적인 상황에서도 자신의 감정을 잘 다룰 수 있게 되어, 자신에 대해 긍정적으로 생각할 수 있는 힘이 된다. 또한 정서가 안정적으로 발달되면, 자신의 마음을 전달하고 타인의 마음을 읽을 수 있어 원만한 사회관계의 기초가 된다. 정서표현은 자신의 요구와 의도를 전할 수 있게 하고, 다른 사람의 정서를 읽음으로써 타인의 요구와 의도를 알게 되는데 도움이 된다.

④ 사회성 발달과 인성

사회성은 사회에 적응하는 개인의 소질이나 능력을 의미한다. 유아는 성장과 발달과정에서 만나는 많은 사람들과 관계를 맺으면서 사회적 행동을 배운다. 유아기에는 초자아의 발달로 양심이 발달하며, 사회적 약속을 인지할 수 있게 된다. 또한 양심이 발달하면서 유아들은 착한 아이가 되고자 하며, 규칙에 익숙해지고 규범을 어기면 양심의 가책을 느껴 책임감 있게 행동하고자 한다. 특히 형제나 또래와의 협동놀이를 통해 경쟁 또는 협력하는 과정에서 사회성이 발달한다. 또한 친구와 지속적인 우정을 맺을 수 있는 기초가 되기도 하며, 친구에 대한 관심의 증가로 타인의 생각과 감정을 이해하는 능력이 향상된다(송영선, 2017). 6~7세에는 문법적으로 정확한 합성어와 복잡한 문장 사용이 가능하여 타인과의 의사소통으로, 사회적 언어를 습득한다. 또한 혼잣말을 사용하여 개인적 언어로 자기 자신과의 의사소통을 하게 된다. 대체로 부가 의문문을 사용하므로 사회성이 발달하게 된다(이향숙 외, 2017).

⑤ 도덕성 발달과 인성

유아기는 사고방식이 성숙하면서 도덕성이 발달한다는 인지적 측면을 강조한다. 유아가 규범, 규칙, 가치관, 태도 등에 대해 이해해야 도덕성이 발달될 수 있으므로 인지적 발달이 도덕성 발달에 기초가 된다(이향숙 외, 2017).

콜버그(Kohlberg, 1976)는 '옳고 그름'에 관한 개인의 도덕적 사고가 나이에 따라 어떻게 변화하는지를 도덕적 딜레마 상황을 제시하고 그 상황에 판단과 판단의 이유를 근거로, 도덕성 발달단 계를 구분하였다(심성경 외, 2014 재인용). 또한 도덕성 발달을 사회학습이론에서는 유아가 어떻게 유혹에 저항하면서 바람직하지 않은 행동을 자제하고 도덕적인 행동을 하는가에 초점을 두고 있다(이향숙 외, 2017). 반두라(Bandura, 1977)는 인간의 모든 심리적 기능은 개인과 환경적인 요인에 의해 계속적인 상호작용이라는 관점에서 도덕적 행동은 관찰과 모방의 결과라고 하였다(심성경 외, 2014 재인용). 또한 행동주의 이론에서는 환경적 보상과 처벌에 대한 반응의 결과로 도덕성이 발달한다고 보았다.

4) 보육교직원의 인성교육

전문교육을 통해 교직에서의 전문적 지식이나 능력은 대부분 획득될 수 있지만, 교직에 대한 인성이나 적성은 전문교육을 받기 이전에 이미 상당부분 형성되어 있다고 볼 수 있다.

실제로 3~5세 누리과정을 함께 시행하고 있는 유치원교사는 초·중등교사와 함께 교사를 양성하는 대학과 기관에서 재학 중에 2회 이상의 교직인성 및 적성검사를 실시하여 적격 판정 여부를 확인한다. 이는 유아교사로 발돋움하기 전에 가장 기본적으로 필요한 적성을 갖추는 것이 필요하므로, 인성과 적성을 점검하여 교사 개인의 직업에 대한 만족과 자격 제도의 효율성을 높이고자 하는데 이유가 있을 것이다. 하지만 아직까지 어린이집에서는 보육교사 개인의 적성과 만족도에 대한 점검 없이 보육현장으로 배출하고 있다.

영유아기의 발달적 특성을 고려할 때, 이 시기의 영유아는 생활습관, 행동방식, 상황에 대한 이해 등 상당한 부분을 모방(modeling)을 통해 습득하게 되기 때문에 보육교사는 필요한 전문 교과지식이나 교수–학습방법 능력과 같은 전문성에 앞서 바람직한 인성을 바탕으로 한 전문성을 갖추는 것이 필요하다. 영유아를 위한 최고의 교수법은 어린이집에서 영유아 인성교육의 담당자인 교사가 영유아를 교육시키기 전에 스스로 올바른 인성을 갖추었는지에 대한 자기점검이 시급하고, 지속적인 교사의 인성교육이 이루어져야 한다(송영선, 2017).

〈표 3-2〉는 유아교사를 위한 인성 평가 도구의 범주, 구성 개념, 인성 요인에 대한 내용이다.

〈표 3–2〉 유아교사의 인성 평가 도구

범주	구성 개념	인성 요인
인간애	인간과 유아에 대한 사랑과 이해를 실천하는 인지적·정의적·행동적 특성	인간에 대한 사랑, 유아에 대한 사랑과 이해, 봉사, 이타심, 모성애, 용서
긍정적 자아개념	신체적·정서적 건강을 기본으로 자신의 능력을 지속적으로 계발하고 향상시키기 위해 노력하는 인지적·정의적·행동적 특성	자기계발, 긍정적 자아개념, 자아성취, 주도성, 리더십, 자기조절, 신체적 건강, 정서적 안정
사회관계	다른 사람을 배려하고 이해하며, 협력을 통해 더불어 사는 삶을 실천할 수 있는 인지적·정의적·행동적 특성	배려, 친절, 공감적 이해, 우정, 의사소통기술, 유머감각, 겸손, 협동, 기본예절, 공동체 의식

직무수행	유아교사의 직무를 잘 알고 맡은 바 직무를 수행하기 위해 필요한 직업 윤리의식을 실천하는 인지적 · 정의적 · 행동적 특성	성실성, 책임감, 사명감, 적극성, 일관성, 신뢰성, 인내심, 자발성, 열정, 활기, 신중성, 공정성, 시민정신, 도덕성, 직무 윤리의식
창의 및 인성	주변의 변화 및 문제 상황에 대해 능동적이고, 긍정적으로 대처하고 적응하는 인지적 · 정의적 · 행동적 특성	개방성, 비판에 대한 반응양식, 지혜, 창의성

출처 : 송영선(2017). 보육교직원 역량강화를 위한 의무교육(교사인성교육). p. 81.

한국보육진흥원(2017)에서는 보육교사 인성자기진단 및 인성교육을 통해 '보육교사 마음성장 프로젝트'를 실시하고 있다. 마음성장 프로젝트는 육아정책연구소(2016)에서 개발한 내용을 바탕으로, 보육교사의 자존감, 소명감, 정서능력, 대인관계 등 보육교직원을 대상으로 마음근력을 키우는 위한 인성교육이다.

2. 보육교사의 자질과 인성

영유아는 대부분의 시간을 보육교사의 보살핌 속에서 하루 일과를 보내게 된다. 영유아가 받는 보육의 질을 결정하는 데 있어 결정적 역할을 하는 것이 교사의 자질이다. 그렇다면 어떤 자질을 갖춘 교사가 훌륭한 교사일까? 보육교사의 인성과 관련된 개인적 자질과 인성영역의 자질을 알아보고, 보육과정에서 영유아의 인성교육과 연계된 학습영역을 구체적으로 살펴보기로 한다.

1) 개인적 자질과 인성

보육교사가 된다는 것은 무엇을 의미하는지, 훌륭한 자질과 바람직한 인성을 지닌 보육교사가 되기 위해서는 어떤 노력을 기울여야 하는지 진진하게 고민해봄으로써 올바른 보육교사의 자세를 확립할 수 있다. 보육교사의 자질은 영유아에 대한 효율적인 양육과 교육활동을 하기 위해 갖추어야 할 보육교사의 개인적인 특성을 총망라한 것으로, 특히 교사 개인의 사람됨과 관련해서 인격, 애정, 경험, 열정, 사명감 등 인성적 측면의 자질이 강조된다.

(1) 개인적 인성의 중요성

① 보육에 대한 사회적 책임자로서, 본인의 결혼상태와 무관하게 대리양육자의 역할을 하여야 한다.

② 부모들보다 더 이른 시간에 출근하여 어린이집에서 영유아를 맞이하게 되고, 한결같은 모습으로 영유아에게 심리적인 안정감을 줄 수 있어야 한다.

③ 어린이집에서는 보육교사가 영유아의 보호자이므로 영유아를 둘러싼 환경, 건강, 영양, 안전을 기본으로, 전인적인 발달을 통해 올바른 인성을 형성할 수 있도록 돕는 조력자의 역할을 하여야 한다.

④ 보육교사는 원만한 대인관계를 할 수 있어야 하며, 영유아에게 사랑과 관심을 주는 온화함을 지닐 필요가 있다.

⑤ 보육교사는 영유아 인성발달에 대한 지식과 교사 자신의 행동 실천에 따라 크게 달라지며 교사의 정서적 영향에 의해 좌우된다.

⑥ 영유아는 기본적으로 신체적, 정서적 요구가 필요하기 때문에 보육교사는 민감하고 즉각적인 반응이 중요하다.

⑦ 보육교사는 성실한 태도를 가지고 있어야 하며, 정신적 · 육체적으로 건강을 유지하고 있어야 한다.

2) 인성적 자질

영유아에게 보육교사는 특별한 존재이다. 앞에서도 설명하였듯이 이 시기의 영유아들은 생활습관, 행동방식, 상황에 대한 이해 등을 교사의 모방을 통해 자연스럽게 습득하게 된다. 교사가 모델링의 대상으로서 영유아에게 생활습관, 모방학습, 인성에 지대한 영향을 끼친다.

특히, 영유아교사의 행동, 태도, 말투, 외모 등에 대한 모방 행동이 강하게 나타나는 시기이기 때문에 보육교사의 인성적 자질이 매우 중요하다고 할 수 있다. 다음은 보육교사가 지녀야 할 인성적 자질에 대한 요소들을 설명한 것이다.

(1) 인간에 대한 사랑

① 보육교사는 자신의 풍부한 인간성을 겸비하기 위해 항상 노력해야 한다.

② 영유아와 인간적인 관계를 맺게 될 때, 영유아는 마음을 열고 자기다움을 표현하게 된다.

③ 인간에 대한 사랑, 인내심, 따뜻함, 온화함 등의 필요하다.

(2) 성실성, 자발성, 봉사성, 사려성, 도덕성

① 영아는 발달 특성상 수유, 배변, 낮잠, 휴식, 이유식, 세면 등과 같이 즉각적인 관심과 일상생활에 필요한 것이 요구된다.

② 우는 영유아를 달랠 수 있어야 하며, 무엇을 요구하는지 영유아의 표정만 보고서 행동을 실천해야 한다.

③ 영유아에게 문제가 있더라도 영유아의 신체적인 문제는 보완해주고, 정서적인 감정을 수용해 줄 수 있어야 하며, 충분한 스킨십을 하며 보살펴 줄 수 있어야 한다.

(3) 원만한 인간관계 형성

① 영유아에 대한 이해와 수용은 일방적으로 이루어지는 것이 아니라 보육교사와 영유아와의 상호 신뢰성에 의해 가능하다.

② 보육교사는 자신에 대한 신뢰와 긍정적인 자아개념을 바탕으로, 영유아의 부모들과 좋은 관계를 지니고 이야기를 나누며 정보를 교환해야 한다.

(4) 영유아의 잠재력 발견

① 영유아의 놀라운 능력을 일상에서 발견하여 긍정적으로 이끌어갈 수 있는 능력이 필요하다.

② 영유아 자신이 스스로 생각하는 능력을 키울 수 있도록 칭찬과 격려가 필요하다.

3) 보육과정과 인성교육의 자질

보육교사는 영유아의 인성발달을 위해 인성덕목에 대해 구체적으로 인식하고, 보육과정을 통해 영유아들에게 일상생활 속에서 그 내용이 발현될 수 있도록 노력해야 한다.

「인성교육진흥법」에서 제시하는 8가지 인성의 핵심 가치와 인성 덕목에 대해서는 앞에서 설명하였듯이 사람의 마음가짐이나 사람됨과 관련되는 항목으로 구성되어 있다.

보육교사는 어린 영유아에게 인성발달에 필요한 내용에 대해 교사 자신이 먼저 습득하고 접목할 수 있어야 하며, 적극적이고 능동적으로 실천하고 실행하여야 한다. 영유아와의 일상생활에서 존중, 책임, 소통, 배려, 절제, 협동, 기본생활 등 제4차 표준보육과정(누리과정)의 영역과 내용범주에서도 인성 덕목과 관련된 요소를 찾아볼 수 있는데, 그 내용은 다음과 같다.

(1) 존중

영역	내용범주	내용
사회관계	나를 알고 존중하기	• 나를 알고 소중히 여긴다.
	더불어 생활하기	• 서로 다른 감정, 생각, 행동을 존중한다. • 친구와 어른께 예의 바르게 행동한다.

(2) 책임

영역	내용범주	내용
사회 관계	더불어 생활하기	• 친구와의 갈등을 긍정적인 방법으로 해결한다. • 약속과 규칙의 필요성을 알고 지킨다.
자연 탐구	생활 속에서 탐구하기	• 물체의 수량에 관심을 가진다.

(3) 소통

영역	내용범주	내용
의사 소통	듣기와 말하기	• 다른 사람의 말이나 이야기를 관심 있게 듣는다. • 자신의 경험, 느낌, 생각을 말한다. • 상황에 적절한 단어를 사용하여 말한다. • 상대방이 하는 이야기를 듣고 관련해서 말한다. • 바른 태도로 듣고 말한다. • 고운 말을 사용한다.

(4) 배려

영역	내용범주	내용
사회 관계	더불어 생활하기	• 가족의 의미를 알고 화목하게 지낸다. • 친구와 서로 도우며 사이좋게 지낸다.

(5) 절제

영역	내용범주	내용
신체 운동 · 건강	안전하게 생활하기	• 일상에서 안전하게 놀이하고 생활한다. • TV, 컴퓨터, 스마트폰 등을 바르게 사용한다. • 교통안전 규칙을 지킨다. • 안전사고, 화재, 재난, 학대, 유괴 등에 대처하는 방법을 알고 행동한다.

(6) 협동

영역	내용범주	내용
예술 경험	창의적으로 표현하기	• 노래를 함께 즐겨 부른다. • 극놀이로 경험이나 이야기를 표현한다.
자연 탐구	생활 속에서 탐구하기	• 규칙성을 경험한다.

(7) 기본생활

영역	내용범주	내용
신체 운동 · 건강	건강하게 생활하기	• 자신의 몸과 주변을 깨끗이 한다. • 몸에 좋은 음식에 관심을 가지고 바른 태도로 즐겁게 먹는다. • 하루일과에서 적당한 휴식을 취한다. • 질병을 예방하는 방법을 알고 실천한다.
사회 관계	나를 알고 존중하기	• 나의 감정을 알고 상황에 맞게 표현한다. • 내가 할 수 있는 것을 스스로 한다.
자연 탐구	탐구과정 즐기기	• 사물과 자연 탐색하기를 즐긴다.
	자연과 더불어 살기	• 주변의 동식물에 관심을 가진다. • 날씨의 변화를 감각으로 느낀다.

3. 보육교사의 인성적 보육 실천

보육교사에게 요구되는 인성적 특성들은 교사의 역할에 대한 책무감과 만족도를 높일 수 있는 것과도 관련된다. 영유아의 인성교육은 교사가 의도적으로 계획한 활동을 중심으로 이루어지기도 하지만 비공식적 측면에서도 인성교육이 이루어진다고 볼 수 있다. 보육교사로서 먼저 자신의 인성적 특성을 살펴보고, 스스로 인성교육의 책무성에 대한 인식이 강화될 때 기여한 바가 크다고 할 수 있다.

1) 보육교사의 인성적 특성

(1) 신체적으로 건강해야 한다

보육교사는 영유아와 상호작용을 일으키는 가장 능동적이고 중요한 인적자원으로, 영유아의 지적·정서적·사회적 발달에 지대한 영향을 미친다. 보육교사의 신체적·정신적 건강은 교육환경과 보육서비스의 질에 직접적인 영향이 있다. 그러므로 보육교사는 신체적으로 건강해야 한다. 왜냐하면 영유아의 눈높이에 맞도록 몸을 낮추어야 하고, 좁은 공간에서 많이 움직여야 하며, 말을 많이 하는 등의 장시간 노동이 요구되는 직업이기 때문이다.

특히, 영아교사는 수유 및 안기, 목욕, 기저귀 갈기 등 직접 들어올리고, 근육긴장 상태에서 일정 시간 영아가 원하는 것을 해야 하는 보육업무의 특성상 건강해야 한다. 또한 유아교사 역시 유아들의 눈높이에 맞추어 다양한 보육활동을 제공하기 위해 끊임없는 움직임으로 활동할 수 있는 에너지가 필요로 하기 때문에 건강해야 한다.

(2) 긍정적인 자아관을 가지고 있어야 한다

보육교사는 양육과 교육에 대한 확고한 보육철학과 신념을 가지고 있어야 한다. 예를 들어, 영유아를 접할 때, 항상 웃음으로, 긍정의 마음으로 대응하고 바라보아야 하며, 영유아와 친근한 관계를 형성하여 영유아의 행복함을 추구해야 한다.

(3) 타인에 대한 긍정적인 사고로 바라보아야 한다

영유아와의 공감력, 희망적이고 긍정적인 사고로 생활하는 습관이 필요하다. 영유아를 있는 그대로 받아들이고 영유아의 감정을 수용해줄 수 있어야 한다. 뿐만 아니라 영유아의 생각, 느낌, 반응 등을 이해하고, 수용과 공감을 해 줌으로써 영유아가 긍정적인 사고방식과 자아존중감을 기르도록, 느긋하게 여유를 가지고 인내하며, 허용적으로 돌보아 줄 수 있어야 한다.

(4) 건강한 생활습관을 유지할 수 있어야 한다

보육교사는 다양한 근무환경과 다양한 가정환경에서 자란 영유아를 돌보기 위해서는 건강한 생활습관을 가지고 자신의 건강을 유지하고 있어야 한다. 특히, 자신만의 생활 스트레스를 해소할 수 있는 방법을 가지고 있어야만 한다.

(5) 정서적으로 안정되어 있어야 한다

영유아의 하루 일과를 도와주고 배려해야 할 부분이 상당히 많으므로 보육교사는 심리적으로 안정되어 있어야 한다. 또한 정서적으로 안정된 교사는 영유아와 보육교직원을 편안하게 해 줄 수 있다.

2) 보육교사의 인성적 보육 실천[4)]

사람다운 사람을 어떻게 길러야 하는가, 「인성교육진흥법」(제13004호 제2조)에서는 인성교육, 핵심가치 · 덕목, 핵심 역량, 학교라는 용어의 뜻을 제시하고 있다. 인성교육의 목표는 국가와 사회의 발전, 개인의 삶, 행복, 인격적 성숙이며, 핵심가치 · 덕목과 핵심역량은 모두 긍정적인 면을 강조하고 있으며, 학교란 「유치원 및 초 · 중등교육법」 제2조에 따른 학교를 말한다고 하였다. 그렇다면 인성은 유치원 이전에는 교육할 필요가 없는가, 또한 인성교육만으로 교육이 되는가라는 의문점이 있다.

영유아의 인성은 생애초기부터 온정적인 훈육을 통해 그들의 인성 특성의 기초가 자연스럽게 발현되도록 지원해 줄 수 있다(이완정 외, 2015). 보육교사에 있어서 인성적 보육을 실천해야 할 대상을 영유아, 가족, 동료교사 등으로 나누어서 윤리적 책무의 필요성과 내용에 대해 알아보고자 한다.

4) 송영선(2017). 보육교직원 역량강화를 위한 의무교육(교사인성교육). 경기 : 에듀케어아카데미. pp. 85-87. 발췌함.

(1) 인성적 보육 실천의 필요성

① 영유아에 대한 윤리적 책무

가. 영유아기는 급속한 발달이 이루어지고, 연령에 따른 발달과 개인차가 크게 나타나며 생애 발달의 결정적인 시기이다.

나. 보육교사가 제공하는 정서적 돌봄과 안전한 환경 제공, 교육적 자극은 생애 전반에 걸쳐 영향을 끼친다.

다. 영유아기는 스스로 권리를 주장하고 자신을 보호하기 어려운 시기이므로, 보육교사가 영유아의 권리를 보호하고 인격적인 관계를 형성해 주어야 한다.

라. 영유아가 무한한 가능성을 발휘하며 성장할 수 있도록 영유아를 대하는 교사의 모든 행위에는 윤리적 가치 판단과 실천 기준이 필요하다.

② 가족에 대한 윤리적 책무

가. 영유아가 어린이집에서 지내는 시간이 길기 때문에 보육교사와 부모는 서로 소통하여 양육하고 교육하는 과정에서 발생하는 문제에 대해 함께 해결하는 동반자가 되어야 한다.

나. 보육교사와 부모는 긍정적인 관계형성으로, 도움이 필요한 가족에 대해서는 문제해결을 위한 조언과 개입이 필요하다.

다. 부모에 따라 욕구가 다양하고 예측하기 어려운 상황이 발생하는 경우가 많기 때문에 부모, 가족과의 문제해결 과정에서 딜레마를 해결할 윤리적 기준이 필요하다.

③ 동료교사에 대한 윤리적 책무

가. 원장, 주임교사, 동료교사 및 보조교사, 영양사, 조리사, 간호사, 차량 기사 등 다양한 보육교직원으로 구성되어 있어 윤리적 기준이 필요하다.

나. 개인의 신념과 배경에 따라 다른 보육관과 교육관을 가질 수 있으며, 대부분

의 업무가 분리되어 있어서 소통이 어렵고 갈등 상황에 놓이기 쉽기 때문에 윤리적 책무가 필요하다.

다. 보육교사는 개인적인 주도성이 보장되는 보육 업무와 전체적으로 협력해야 하는 보육 외 업무를 동시에 수행해야 한다.

라. 어린이집 내 보육교직원 간의 상호 이해와 존중에 대한 윤리적 기준이 필요하다.

(2) 인성적 보육 실천의 내용

① 영유아에 대한 실천 내용

가. 개별 영유아를 인간으로서의 존엄성을 인정하고 고유성, 독특성, 잠재력을 이해하고 존중한다.

나. 영유아의 자발성을 인정하고 동시에 의존성이 있음을 이해하고, 돌봄과 자율성을 균형적으로 제공한다.

다. 영유아의 전인적인 발달을 촉진시키기 위하여 건강과 영양, 안전하고 발달에 적합한 환경을 제공한다.

라. 개별 영유아에 대한 관찰을 통해 영유아의 눈높이에 맞게 보육활동을 계획하고 실행하며, 평가를 통해 개별적인 지도방법을 모색한다.

마. 장애영유아와 비장애영유아가 통합된 환경에서 놀이하고 학습할 수 있도록 영유아의 권리를 보장하고 영유아권리존중 보육을 실천한다.

바. 특별한 도움을 필요로 하는 영유아에게 개별적인 지원과 프로그램을 제공하며, 부모나 관련 영역의 전문가와 협력한다.

사. 개별 영유아의 가족, 문화, 종교, 인종 등을 인정하고 이를 편견 없이 반영한다.

아. 신입 영유아는 영유아와 가족이 안정적으로 기관에 적응할 수 있도록 돕는다.

자. 아동학대와 관련하여 신체, 정서, 성학대, 교육 및 의료에서의 방임적 징후가

나타나는지 확인하고 학대 신고의무자의 역할을 수행한다.

차. 타인이 아동학대의 징후를 알려올 경우, 이에 적절히 대응 행위를 취할 수 있어야 한다.

카. 영유아의 건강, 안전 등 행복을 위협하는 위험을 감지하고 영유아를 보호한다.

② 가족에 대한 실천 내용

가. 법적인 제한이 있지 않는 한 가족이 보육실이나 보육프로그램에 참여할 수 있는 기회를 제공한다.

나. 어린이집의 보육철학, 운영, 프로그램, 평가방법 등 어린이집과 학급의 정보를 구체적으로 제공한다.

다. 가족의 경제적 수준, 가족구조, 문화, 언어, 관습, 집안 분위기 등을 존중한다.

라. 어린이집 운영위원회 등 중요한 결정이 있을 때, 가족이 참여할 수 있도록 한다.

마. 다문화가정이거나 의사소통의 어려움이 있는 가족일 경우 적절한 도움을 제공한다.

③ 동료교사에 대한 실천 내용

가. 동료의 성별, 출신지, 학력, 종교, 독특한 삶의 방식, 나이, 가족구조, 결혼유무, 장애 등에 따라 편견을 가지고 대하지 않도록 한다.

나. 동료와 상호존중, 신뢰, 확신, 협동, 조력하는 관계를 만들고 유지한다.

다. 동료의 결정에 관여해야 할 때는 먼저 상대방의 입장을 존중하고, 동등하고 정중한 태도로 대화한다.

라. 개인적인 의견이나 전문적인 제안을 하고자 할 때, 정확한 정보를 토대로 말하고 영유아와 프로그램에 관련하여 제시한다.

04 Chapter

보육교사의 보육철학과 윤리

보육철학을 보육에 대한 근본 원리와 본질이라고 본다면, 보육의 본질은 보육이 갖고 있는 본래의 모습일 것이다. 「영유아보육법」(제3조)에 의하면, 보육은 영유아의 이익을 최우선으로 고려하여 제공되어야 하고, 안전하고 쾌적한 환경에서 건강하게 성장할 수 있도록 해야 함을 명시하여 보육의 이념을 밝히고 있다. 4장에서는 보육의 역사 속에서 아동존중사상을 발전시킨 학자들을 토대로 보육의 역사와 철학, 외국 국가의 보육사업이 어떻게 전개되어 왔는지에 대해 알아보고, 보육교사 직업윤리의 필요성과 윤리강령, 그리고 영유아권리존중 보육에 대해 살펴봄으로써 영유아의 권리를 존중하는 보육철학에 대한 인식을 높이고, 스스로는 교사로서의 윤리를 준수하는 올바른 자세를 갖도록 한다.

1. 보육의 역사와 철학

보육철학은 보육의 의미, 지식, 가치 등 보육의 근본 원리와 삶의 본질 따위를 연구하는 학문으로 보육의 이상과 목적을 제시한다. 그렇다면 보육의 본질은 무엇인가? 보육이라고 하면, '그 무엇'이라고 정의될 수 있는 성질이며, 본디부터 갖고 있는 보육의 모습이다(서영숙 외, 2013). 보육은 영유아를 건강하고 안전하게 보호하며, 그들의 발달적 특성을 고려하여 행복한 삶을 살아갈 수 있도록 전인적 발달과 성장을 촉진시키는 돌봄과 가르침을 의미한다.

그렇다면 보육의 본질 즉, 근본 원리는 영유아를 바라보는 아동관에서, 영유아를 수동적인 존재가 아니라 능동적인 존재로 존중해야 하며, 발달의 개인차를 고려하여 발달 수준에 적합한 활동과 프로그램, 교재 및 교구를 제공하는 것이며, 또한 연령과 발달에 맞는 보육환경을 제공하여 통합적인 발달에 초점을 두고, 교사와 영유아 간의 상호작용을 통해 신뢰할 수 있는 정서적 안정감을 도모하는 것이며, 교사의 다양한 교수-학습방법으로 영유아의 흥미와 관심에 집중하며, 보육교사와 영유아, 부모, 지역사회 등과 밀접한 연계를 통해서 영유아가 '행복한 삶'을 영위할 수 있도록 성장과 발달을 도모하게 하는 것이다. 이처럼 어린이집이나 영유아교육기관에서 영유아들에게 행해지는 모든 것은 보육의 본질에 근간 두고 이루어진다고 볼 수 있다.

1) 우리나라 보육사상과 역사

우리나라의 보육사상과 역사를 살펴보면, 현대사회와 전통사회에서의 아동을 바라보는 관점이 어떤가에 따라 차이가 있음을 보여주고 있다. 전통사회에서는 영유아를 미성숙한 존재로 성인으로부터 보호를 받아야 할 존재, 무기력하고 수동적 존재로 보았다면, 현대사회에서는 영유아를 주변 환경에 대해 탐색하고 적응할 수 있는 능동적인 존재로 바라보고, 스스로 문제해결방법을 찾을 수 있다는 자발적이고 적극적인 존재로 보고 있다. 따라서 시대가 변함에 따라 보육철학 및 근본 원리 등이 변한다고 볼 수 있다. 다음은 우리나라 전통사회에서 시대의 변화에 따른 영유아를 바라보는 아동관에 대해서 세 가지 측면으로 요약할 수 있다.

첫째, 민주주의 사상의 팽창이다. 개인의 독특한 개성을 인정하고, 개인이 가지고 있는 잠재능력과 가능성을 최대한으로 개발하는데 큰 가치를 두게 되었다(강문희 외, 2006).

둘째, 기독교 사상의 전파이다. 모든 사람은 하나님 앞에 평등한 인간관을 강조하게 되었고, 이로 인해 어린 영유아 역시 성인과 동등한 평등의식을 가지게 되었다.

셋째, 외국의 선교사들에 의한 진보주의 교육철학이다. 존 듀이(John Dewey)의 영향을 받은 선교사들은 영유아를 바라보는 관점을 변화시키는데 크게 기여하게 되었다(서영숙 외, 2013).

(1) 전통적인 보육사상

전통적으로 우리 사회에서는 어린 시절은 어머니가 중심이 되어 가정에서 영유아를 보호하고, 부모를 통해서 가정교육을 하는 것이 당연시 되어 왔다. 그러나 영유아를 바라보는 관점은 그 사회를 지배했던 가치관, 사상과 종교와 밀접한 관계가 있다. 이는 영유아를 양육하는 태도나 교육하는 방법에 영향을 미치게 된다. 즉, 양육자가 아동을 어떤 존재로 인식하느냐에 따라 아동이 요구하는 것, 제공하는 것, 기대하는 것이 달라진다(서영숙 외, 2013). 우리나라 전통사회의 아동교육사상은 다음과 같은 공통점이 있다고 하였다(안경식, 2005).

① 아동을 우주적 · 신적인 존재로 보고 아동 자체를 완성된 하나의 인간으로 인정하였다.

② 태교와 조기교육을 매우 중요시 하였다.

③ 영유아 교육에 있어 부모의 역할을 중요시하며, 특히 어머니의 역할과 가정을 중요한 교육적 공간으로 보았다.

④ 보육과 교육방법에 있어 정성이 필요함을 강조하였다.

(2) 시대별 아동관과 교육사상

전통사회에서의 아동교육사상은 공통점도 있지만 각 사상 고유의 아동관이나 교육사상도 간과할 수 없다. 즉, 시대적 흐름에 따라 전통사회의 불교, 유교, 근대에 와서는 소파 방정환의 아동중심 사상으로 발전하였다.

① 불교의 아동관과 교육사상

고대사회는 생활과 생존을 위협하는 여러 자연현상으로부터 자신과 가족의 안전을 기원하는 무속적 민간신앙이 주를 이루었다. 이후 삼국시대에는 통치이념에 강력한 영향을 준 것은 불교이며(서영숙 외, 2013), 불교에서의 아동은 우주관과 진리관을 가지고 있는 독자적인 존재라고 보았다(정옥분 외, 2012). 또한 불교에서의 아동관은 아동의 마음속에 불성이 있으며, 여래[1]와 같은 순수성을 가지고 있다고 보았다. 즉, 불교적 관점에서 아동은 그 마음이 세속에 물들지 않고 잡념이나 편견이 없이 순수한 존재라 하였다(박선영, 1983). 특히 어린 영아의 마음과 행동이 부처의 것과 같다고 보는 견해는 『대일경(大日經)』에 제시된 해탈[2]로 나아가는 여덟 가지 마음에서 마지막 제8단계인 '영동심(嬰童心)'의 단계라고 하였다(정옥분 외, 2012). 따라서 불교적 사회에서의 아동보육의 궁극적인 목적은 순수성을 바탕으로 깨달음을 통해 부처의 인격을 닮아 지혜와 자비를 갖춘 올바른 인간으로 성장하도록 돕는데 있다고 한다(황옥자, 2009). 이처럼 불교에서는 누구나 깨달음이 가능한 존재로 보고, 이 깨달음을 통해 부처가 될 수 있다고 보았기 때문에 불교가 지배적인 사회에서는 깨달음이 아동보육과 양육의 주요 목표가 되었다(서영숙 외, 2013). 그러나 깨달음은 교육이나 훈련, 부모나 타인을 통해 성취하거나 얻을 수 있는 것이 아니라 스스로가 내면의 순수한 본성을 이해하고 수련과 노력으로 이루어질 수 있다고 보았다.

불교사상이 지배적이었던 전통사회의 아동관과 보육적 특성은 다음과 같다(서영숙 외, 2013).

---

1) 여래 : 부처의 여러 칭호 가운데 하나이자 역사상 석가모니가 자신을 가리킬 때 가장 자주 사용한 칭호임.

2) 해탈 : 번뇌와 속박에서 벗어나서 속세간의 근심이 없는 편안한 심경에 이름을 뜻함.

첫째, 불교에서 모태 속의 태아를 한 인간으로서 주체적 인격과 독자성을 인정하고, 태교를 통해 임신과 출생 과정을 중요시 하였다.

둘째, 아이의 놀이는 올바른 인간으로 발달하는데 바람직한 면을 지니고 있음을『법화경』에서 찾아볼 수 있으며(이유갑, 1992), 현대에서 놀이의 중요성을 강조하는 것과 일치한다.

셋째, 부모와 교사는 진리탐구의 동반자, 모범적인 인격자, 지혜의 전달자, 깨달음의 조력자 등의 역할을 강조한다(김승환, 2006). 즉, 보살이 중생을 진심으로 돌보듯이 아동을 돌보아야 하며, 보살이 중생의 참된 행복을 위해 희생하며, 베푸는 일을 마다하지 않고, 아동의 행복을 빌어주고, 함께 진리를 연마해 나가는 진정한 벗으로서의 관계를 말한다.

② 유교의 아동관과 교육사상

고려시대에 들어와서 시작된 억불정책(抑佛政策) 또는 배불정책(排佛政策)이라고 하는 불교 탄압정책은 조선 왕조(1392~1897) 500년 동안 지속되었다. 즉, '억불숭유정책'에 의해 불교가 박해받고, 유교가 생활의 지표가 되기 시작했다. 유교는 공자에 의해 창시되어 맹자와 순자 등을 거치면서 기초 체계를 다지게 되었다. 종교이라기보다 윤리적 성격을 띤 사상으로 오랫동안 우리사회를 지배해 왔다(서영숙 외, 2013). 유교에서는 이상적인 성인(成人)으로 정해놓고 이에 도달하기 위해 지식을 습득하고, 습득한 것을 일상생활에 실천하는 것을 중요시 여겼다.

또한 중국의 宋(송)대와 明(명)대에 번성한 유교의 한 계통인 성리학(性理學)은 우주의 본체와 인성(人性)을 논한 철학이다(정옥분 외, 2012). 성리학에서는 인간의 본성은 선하다고 보는 긍정적인 인간관을 바탕으로, 인간의 본성에 충실하는 것을 삶의 목표로 보고 있다. 그러나 인간의 본성은 기질에 따라 선악의 차이가 생길 수 있는데, 교육을 통해 바람직한 기질을 형성할 수 있다고 보았으며, 교육은 어린시기일수록 효과적이라고 생각하였다(이순형 외, 2011).

조선시대의 아동교육과 관련된 교훈서로는『내훈(內訓)』,『사소절(士小節)』,『격몽요결(擊

蒙要訣)』 등에서 태교와 아동교육에 대한 내용을 찾아볼 수 있다.

『내훈(內訓)』은 1475년(성종 6)의 어머니인 소혜왕후(昭惠王后)가 부녀자의 훈육을 위하여 편찬한 책으로, 자녀교육 방법에 있어 연령에 따라 다르게 교육해야 한다는 점을 강조하였다. 『사소절(士小節)』은 조선 후기의 실학자 이덕무(李德懋)가 선비 · 부녀자 · 아동교육 등 일상생활에 있어서 예절과 수신(修身)에 관한 책으로, 남녀 모두가 교육의 중요성과 태교를 강조하였는데 특히, 어머니의 교육적 역할과 교수방법으로서 이해와 설득에 대한 내용을 강조했다. 즉, 아동에게 글을 가르칠 때 다음과 같은 교수방법을 권장하였다(안경식, 2005).

첫째, 글공부를 시킬 때, 아동의 능력을 고려하여 분량을 조절한다.
둘째, 성품에 따른 교육을 하되 지나친 엄격함은 금한다.
셋째, 아동기의 특성을 고려해서 복잡한 것보다 간략한 해설을 위주로 한다.
넷째, 부모나 스승은 아동에게 글을 가르칠 때 인내하고 위엄과 사랑으로 대한다.

『격몽요결(擊蒙要訣)』은 조선시대 학자이자 정치가였던 율곡 이이가 교육서로서 지은 책이다. 학생들에게 도학(道學)의 입문을 지시하기 위해서 저술한 책으로서, 修身(수신)교육, 家庭(가정)교육, 社會(사회)교육 등 아동들의 학습을 위한 실천적 입장에서 지침서를 만들었다고 볼 수 있다. 어린 영유아기부터 삼강오륜(三綱五倫)의 덕목을 실천하도록 요구되었다. 즉, 자녀는 부모에게 효도하고, 부모는 자녀를 사랑하며, 형제간에 우애 있고, 부부간에는 분별이 있고, 젊은이는 늙은이에게 공손하고, 친구 사이에는 믿음이 있어야 한다는 것을 실천하도록 하였다. 이것은 비록 어린 아이라 할지라도 일상생활에서 마땅히 해야 하는 일이라고 했다. 따라서 수신교육을 통해 기본생활습관을 올바르게 형성하게 하고, 가정교육을 통해서는 인성 함양을 도모하며, 사회교육을 통해 사회에 관심을 두고 적응해 나갈 수 있는 인성을 기를 수 있도록 지도하였다(배복자, 2013).

출처 : 한국민족문화대백과사전. 한국학중앙연구회

출처 : 한국민족문화대백과사전. 한국학중앙연구회

출처 : 보물 제602호, 이율곡의 『격몽요결 (擊蒙要訣)』 표지 (문화재청)

유교적 사회에서는 아동양육과 교육의 특성은 태교와 기본생활습관 교육과 예절교육, 인성교육 등을 강조하였다. 하지만 조선시대는 가문중심의 문화가 주를 이루었기 때문에 아동 개인의 자율적인 의지보다는 윗사람을 공경하고 복종하며 순응하는 인간으로 육성하는 것에 초점을 두었다는 것을 알 수 있다(서영숙 외, 2013).

조선 후기에 와서 성리학의 모순된 측면을 비판하면서 실학사상이 대두되었다.

실학의 인간평등사상은 아동의 자발적 능력을 인정하고 자율적 존재로의 아동관을 가지고 있었다. 하지만 그 당시 수직적, 종속적 위계질서를 극복하지 못한 봉건체계 때문에 아동은 관심의 대상이었지만 존중받는 대상이 되지 못했다. 또한 실학사상에서는 사물에 대한 일관성 있는 이해, 이치에 맞는 합리적인 사고를 가르치는 데 초점을 두고 있지만, 실학사상에 기반을 둔 아동교육에 대한 확고한 이론체계가 세워지지 않았기 때문에 실제로 적용하는데 있어 여러 가지 한계점이 있었다(서영숙 외, 2013).

이후 조선 말 개화기에 봉건체계의 청산을 요구하면서 일어난 동학은 인간은 누구나 '한울님(天)'을 모신 평등한 존재로 인식되는 긍정적인 인간관을 가지고 있다고 보았다. 즉, 만민평등사상을 기반으로 모든 아동은 존중받으며 양육되어야 한다고 보았다. 또한 아동이 성인을 가르칠 수 있다고 보는데, 이는 동학에서 아동의 능력은 성인의 능력과 마찬가지라고 인정하고 있기 때문이다. 또한 성리학과 실학의 입장과 다르게 아동에 대한 처벌은 어떠한 경우라도 금하고 있다(이순형 외, 2011). 따라서 이 시기부터 아동은 태어날 때부터 존엄한 존재로 인식되었다고 볼 수 있다. 이와 같은 동학사상의 인식은 근대적인 아동관을 의미하며, 소파 방정환의 아동중심사상으로 이어져 발전하게 되었다.

③ 근대(아동존중)의 영유아관과 교육사상

존 듀이의 진보주의 교육론이 우리나라에 본격적으로 소개되기 이전에는 전통사상인 성리학, 실학, 동학의 아동존중사상을 바탕으로 우리나라는 자생적인 아동교육을 펼쳤다.

소파 방정환

천도교의 인간존엄과 인간평등 사상에 근거한 아동존중사상은 소파(小波) 방정환(1899~1931)에 의해 근대적 아동관을 확립하게 되었다. 그는 아동의 고유한 세계를 인정하고, 그 세계에 잠재된 가능성을 높이 평가하였다(정옥분 외, 2012). 그의 다양한 아동교육활동과 작품에서 드러난 그의 사상은 일관되고 분명하였다.

1899년 출생한 방정환은 어린 유년시절에는 어물전과 미곡상을 하는 방경수(方慶洙)씨의 장남으로 태어나 대가족이 함께 생활하는 넉넉한 가정환경에서 자랐다. 8세 때는 보성 소학교에 입학하여 신서당식 교육을 받게 되었으나 10살 때쯤 함께 살던 증조부의 사업실패로 인해 그때부터 배고픔과 가난의 설움을 맛보게 되었다. 1917년 그가 19세 되는 해, 천도교 교주이자 독립운동가 손병희(孫秉熙)의 딸과 결혼하게 되었고, 이것은 가난한 소파 방정환에게 있어 생애 전환점이 될 수 있는 계기가 되었다. 이후, 그는 동학에 뿌리를 둔 천도교를 통해 민중운동 활동을 하면서, 그해 청년운동단체인 '청년구락부'를 조직하고 기관지인 '신청년'을 등사판으로 발행하였다(원호영, 2006).

1919년 3 · 1운동이 일어났던 해, 방정환은 21세 나이로 한때 중단했던 학업을 다시 이어 보성전문학교에 다니고 있었는데, 윤익선 교장이 체포되자 교내 신문인 〈독립신문〉을 교장을 대신하여 등사판으로 인쇄하여 배부하가다 일본 경찰에 검거되어 고초를 당하기도 하였다.

이듬해인 1920년 소파 방정환은 일본유학 길에 올라 동양철학을 공부했으나 주된 관심분야는 아동문학과 아동심리학이었다. 이것이 아동에 대한 사랑과 이해를 깊게 하는 계기가 되었고, 그해 3월『신여성』지의 창간 동인이 되었으며(원호영, 2006), 이후 출판과 교육사업을 위한 신문화 운동을 전개해 나가면서 소파 방정환은 '어린이'라는 용어를 본격적으로 쓰기 시작하였다(이순형 외, 2011).

1921년 '천도교소년회', '개벽사' 등을 조직하고, 이때부터 어린이에게 존댓말 쓰기 운동 등 소년운동을 조직하고 체계화시켰다. 1923년 3월, 아동문제연구회인 '색동회' 창립을 위한 모임을 주도한 후, 5월 1일을 어린이날로 정하고, 국내에서 제1회 어린이날 기념행사가 성황리에 개최되기도 하였다. 어린이날은 1946년에 5월 5일로 바뀌었다. 또한 〈동아일보〉, 〈조선일보〉의 후원으로, 천도교 성당에서 소년문제 강연회가 열렸고, 이날 배부된 선전지에는 '취지', '소년운동의 기초조건', '어른에게 드리는 글', '어린이날의 약속', '어린 동무들에게' 등의 주제로 내용이 구성되었다(원호영, 2006). 이러한 내용들은 1924년 세계 최초의 국제아동권리선언인 '아동권리에 관한 제네바 선언'이 채택된 해보다 무려 1년 전의 일이다(안경식, 1994). 따라서 이날 발표된 선언문은 세계 최초의 어린이 헌장이라고 할 수 있다.

1924년 일본에서 귀국한 후, 그는 아동을 위한 다양환 교육활동, 동화구현, 강연회 등 전개하면서 열정을 쏟았다. 이 무렵 일제의 탄압도 더욱 심해져 강연이나 동화구현마저도 중단하게 되었고, '개벽사'의 새로운 월간지 '혜성'을 발간했으나 부채에 대한 정신적 고통과 육체적 피로와 무리한 활동으로 1931년 7월 23일 향년 33세 젊은 나이로 세상을 떠났다.

소파 방정환의 아동관은 아동의 본성이 어떤 것인가, 아동은 어떤 존재인가, 아동과 환경의 관계는 어떠한가에 대한 세 가지 측면에서 설명될 수 있다(이순형 외, 2011). 첫째, 아동을 선하고 고귀한 존재로 보고, 아동의 행복을 옹호하고, 천진난만하고 순진한 천사로 보는 천사주의에 입각하여 아동인권 회복과 향상을 추구하였다. 둘째, 오랜 유교적인 가족제도 하에서 아동을 어른의 소유물이나 축소판으로 보는 것이 아니라 하나의 개성을 지닌 독립적인 인격체로 보았다. '어린이에게 존댓말 쓰기 운동'과 같은 구체적인 실천은 실제로 자기 자녀에게 존댓말을 썼던 것으로 아동존중사상을 잘 나타내고 있다. 셋째, 아동과 환경과의 관계에서 자신의 신분과 지위에 벗어나 좋은 환경을 능동적으로 개척할 수 있을 뿐만 아니라 그 아동이 갖는 환경과 고유한 경험을 통해 나름대로 독특하게 성장할 수 있는 존재로 보았다.

그의 아동관은 아동의 올바른 성장과 아동 본위의 교육 추구라는 교육이념으로 발전하게 되었지만 아쉽게도 소파 방정환은 그의 아동관과 교육사상의 핵심을 체계적인 이론으로 정리하지 않았다. 그러나 다양한 아동교육운동과 작품을 통해 드러난 그의 사상은 일관되고 매우 진보적인 아동관을 보여주었다(김자영, 2006). 소파가 중시한 아동을 위한 교육방법과 원리를 정리하면 다음과 같다(원효영, 2006 ; 이순영 외, 2011).

첫째, 발달 단계에 맞는 교육이다.

아동의 연령에 따라 발달 수준을 고려하여 아동에게 기쁨과 흥미를 주고, 쉽게 이해할 수 있도록 하여야 한다.

둘째, 자발성과 흥미를 통한 교육이다.

성인이 아동을 위해 할 수 있는 일은 아동이 요구하는 것을 들어주고, 성장을 돕고, 보호해 줄 뿐이지 어떠한 경우라도 강제로 교육을 행해서는 안 된다. 아동이 흥미를 느끼는 동화나 동극을 통해 정서를 순화시키고, 스스로 감동을 받아 자연스럽게 도덕교육이 이루어질 수 있도록 하여야 한다.

셋째, 칭찬과 대화를 통한 교육이다.

가정교육이라는 명목 하에 꾸지람과 지나친 훈육, 부모갈등이 많은 가정에서 자라온 아이들은 자라서 용기 없고 비굴해질 수 있기 때문에 아이다움이 없이 자랄 수 있다. 아동에게 체벌을 금지하고 체벌보다는 칭찬과 대화를 통한 교육방법이 강조되어야 한다.

넷째, 놀이를 통한 교육이다.

아동들이 가장 큰 기쁨과 즐거움을 느낄 때는 자유로운 활동을 할 때이다. 자유로운 활동은 곧 놀이이며, 놀이는 아동들에게 있어 생활의 전부이다. 놀이는 육체뿐만 아니라 정신도 함께 성장하게 하는 교육이다. 즉, 재미있게 노는 동안 저절로 깨끗하고 착한 마음을 길러질 수 있도록 교육한다는 것이다.

다섯째, 견학을 통한 교육이다.

견학을 통한 교육은 실생활, 감각, 직관에 의한 교육방법의 원리를 강조하는 것으로써, 교육은 실생활을 중심으로 하는 실제적인 교육이 되어야 한다.

여섯째, 동화 및 동극을 통한 교육이다.

동화나 동극을 통해 아동이 스스로의 생각이나 현실을 꾸밈없이 느낀 대로 표현함으로써, 자기표현을 증진시킬 수 있다. 이러한 교육방법은 교육에 적극적으로 활용되어야 한다.

일곱째, 사진을 통한 교육이다.

사진을 통한 교육은 아동에게 실물교육과 감각교육을 시킬 수 있는 중요한 교수-학습방법이며 이러한 실물교육이 우선되어야 함을 강조하였다.

2) 보육사업의 역사

우리나라의 보육사업은 고려시대 이전까지 대부분 불교와 유교의 가르침에 준한 가정중심의 보육이었다. 고려시대에 향교라는 지방학교가 7~8세 아동을 위하여 만들어졌고, 조선시대에 이르기까지 비형식적인 가정교육이 주를 이루었으며, 형식적인 유아교육기관으로서는 고려시대부터 이어온 서당이 있었다(이순형 외, 2011). 21세기에 들어와서 일제 강점기와 한국전쟁 등 격동기 시대의 보육사업은 구조적 차원에서의 아동구호사업이었고, 1961년 「아동복리법」이 제정되어 본격적인 보육사업이 실시되었다. 우리나라의 보육제도의 변천과정을 초창기의 보육사업, 아동복리법과 보육사업, 「유아교육진흥법」과 보육사업, 「영유아보육법」과 보육사업 등으로 구분하여 보육사업의 역사를 살펴보고자 한다.

(1) 초창기의 보육사업(1921~1960년)

우리나라 최초의 보육사업은 1921년 서울에 있는 '태화여성관(현 태화기독교사회복지관)'에서 빈민아동을 위한 보육서비스를 제공함으로써 시작되었다. 그 후 1926년에 빈곤가정의 아동들을 보호하고 양육하는 것을 목적으로 부산공생탁아소와 대구의 은총탁아소가 설립되고, 1937~1941년 사이에 인보관이 설립되면서 요보호 아동에 대한 구빈적 성격을 띤 아동보호구제사업의 일환으로 보육사업을 실시하게 되었다(윤매자 외, 2012).

1945년 광복 이후부터 1960년까지는 한국전쟁을 전후한 정치적 · 사회적 혼란기로 정부가 보육사업에 대한 뚜렷한 방침을 세우지 못하였다. 즉, 전쟁고아 및 기아 · 미아의 수용보호를 목적으로 설립된 육아시설 등은 구호적인 아동복지정책에서 벗어나지 못했다.

1961년 12월, 「아동복리법」이 제정되면서 본격적인 보육사업이 실시되었다고 볼 수 있다.

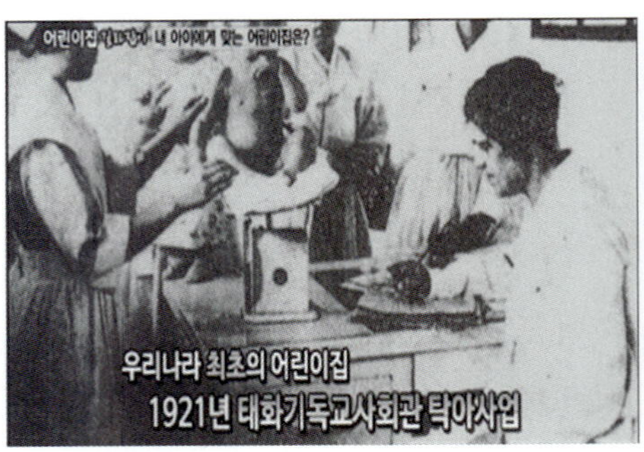

우리나라 최초의 어린이집[3)]

3) 출처 : https://blog.naver.com/j1_edu/220326604722

(2) 「아동복리법」과 보육사업(1961~1980년)

1961년 제정된 「아동복리법」 시행령 제2조에 의하면, 탁아소는 '보호자가 근로 또는 질병 등으로 인하여 양육하여야 할 아동을 보호할 능력이 없는 경우에 보호자의 위탁을 받아 그 아동을 입소시켜 보호함을 목적으로 하는 시설'이라고 규정하고 있다. 이 법은 탁아소의 설치기준, 직원배치 기준, 보육시간 및 보호내용 등이 구체적으로 제시되어 있어, 비로소 법적인 아동복지시설로 정부의 지도와 감독을 받게 되었고, 보건사회부가 관장하게 되었다.

1968년에 들어와서부터 경제개발계획이 활기를 띠게 되었고, 이로 인해 근로여성이 증가하여 보육수요가 늘어남에 따라 「아동복리법」 시행령 제12조 9항에 근거하여, 「미인가 탁아시설 임시조치령」을 공포하여, 민간시설의 설치를 용이하게 함으로써, 민간이 주도하는 탁아사업을 적극적으로 권장하게 되었다. 이 시행령은 빈곤층 아동을 대상으로 민간 보육시설의 설치를 가능케 하였고, '탁아소'를 '어린이집'으로 그 명칭도 바꾸었다. 당시의 어린이집이란 아동을 보호하고 양육하는 기능만을 담당하였다. 현재의 양육과 교육을 담당하는 어린이집의 의미와의 다소 다르다고 볼 수 있다. 또한 그동안 외국의 원조에 의존했던 아동양육시설에 대한 지원을 정부가 지원하기 시작하였다. 이러한 과정에서 보육시설(2011년 영유아보육법 개정 이전까지 사용, 현 어린이집 이하 동일)은 양적으로 크게 증가하였지만 질적인 수준은 미흡하여 많은 문제점이 제기되었다. 이러한 문제점을 개선하기 위해 또 다시 정부는 1977년 「사회복지사업법」 시행규칙 제6조2항을 개정하여, 「미인가 탁아시설 임시조치령」을 폐지하고, 보육시설의 질적 향상을 위하여 탁아시설의 복지 법인화를 유도하였다. 그러나 법인화 조치 이후 정부의 재정지원의 미흡과 시설운영자의 운영 기피현상 등으로 보육시설의 양적 성장은 둔화되었다.

1978년 후반 경제발전에 힘입어 취업모가 점차 늘어나고, 입소 대상 아동이 증가하자 정부는 어린이집 입소 대상을 빈곤층과 농촌지역 등의 요보호아동에서 일반 가정의 아동까지 확대하는 '탁아시설 운영방안'을 발표하여 수익자 부담 원칙을 제시하였다(윤매자 외, 2012).

1980년 제5공화국이 출범하면서 정부는 유아교육을 개혁의 주요시책으로 어린이집 대신에 새로운 유아교육체계를 모색하게 되었다. 1981년 「아동복리법」을 「아동복지법」으로 전면 개정하여 사회복지사업의 대상을 아동, 장애인, 노인 등 세분화하였고, 부녀아동국을 가정복지국으로, 아동과를 아동복지과로 개칭하는 등 행정조직개편을 도모하여 보육사업을 실시하였다.

(3) 「유아교육진흥법」과 보육사업(1981~1990년)

1980년대 들어서면서 보육사업은 보호기능 이외에 교육기능을 더욱 강화해야 한다는 목소리가 높아지자, 정부는 「아동복지법」 시행령을 개정하여 보육시설의 설치 근거를 삭제하고, 내무부가 주관부서가 되어, 1982년 3월 '유아교육진흥종합계획'을 수립하고, 그 해 12월 31일에 「유아교육진흥법」을 제정 · 공포하였다. 이 법안은 아동의 보호기능보다도 유아교육에 중점을 두었기 때문에 보육시설은 아무런 법적 근거를 갖지 못하였다.

그리하여 보건사회부가 관장하는 691개소의 어린이집과 농촌진흥청에서 관장하던 382개소의 농번기 탁아소, 새마을사업의 일환으로 내무부에서 설치하여 관장하던 263개의 새마을 협동유아원 및 개인의 의해 설립된 38개소의 민간 유아원 등 총 1,374개소의 보육시설 모두가 '새마을유아원'으로 통합되어 내무부에서 관장하게 되었다(김경희 외, 2016; 이순형 외, 2011). 이로써 우리나라에는 공인된 탁아시설은 없어지고, 문교부의 유치원과 내무부의 새마을유아원만이 존재하는 이원화된 유아교육의 대중화를 맞이하게 되었다.

1982년부터 1987년까지 새마을유아원의 양적 증대에도 불구하고 궁극적으로 취업모와 저소득층 자녀의 유아교육과 보육문제를 해결하는데 한계가 있었다. 다시 말하면, 저소득층의 복합적인 사회적, 경제적, 가정적 문제를 교육이라는 한 차원에서만 해결하려 하였다. 즉, 종일제 아닌 반일제 형태로 기존의 유치원과 유사하여 저소득층 맞벌이 근로자의 보육부담을 들어주는데 충분치 못하였다.

3세 이하의 영아보육을 꺼려하였고, 대부분 도시주택가에 위치하고 있어 저소득층이 이용하는데 어려움이 있었다. 또한 새마을유아원이 점차 늘어나자 정부에서 지원하던 운영비 지원을 100%, 80%, 60%, 40%로까지 점자 줄여가자 비싼 보육료로 인하여 저소득층보다는 오히려 중산층이 주로 이용하게 되어 본래의 보육사업의 목적을 상실하게 되었다. 이처럼 새마을유아원의 운영상의 여러 가지 문제점으로 인해 저소득층의 보육수요를 충족시키지 못한다는 비판을 받게 되었다.

1987년 노동부에서는 「남녀고용평등법」을 제정 · 공포하여 공단지역 중심으로, 근로자 자녀를 위해 21개소의 시범탁아소를 운영하여 직장탁아제도를 도입하게 되었다. 이와 별도로 영세민지역에서 법적인 근거 없이 운영되는 '지역탁아소'가 자생적으로 생겨나 '지역탁아소연합'이 형성되었다. 이에 1988년 서울시에서는 영세민의 생활안정을 돕는다는 목적 아래 저소득층 밀집 지역에 '88시립탁아소' 140개소를 설치하여 운영하였다. 이 시설은 0~5세 영유아를 대상으로 오전 7시 30분부터 오후 7시 30분까지 12시간 운영을 기본으로, 1세 이하의 영아를 돌보게 하였으며 교사인건비와 건물유지비를 시에서 부담하고 저렴한 보육료를 받게 하였다.

이 조치로 인해 비영리 민간 탁아소가 운영에 어려움을 겪자 보건사회부는 「아동복지법」 시행령을 개정하여, 1982년에 삭제된 탁아시설 설치 · 운영 근거를 부활하여, '88시립탁아소'의 법적 근거를 마련하였다(정옥분 외, 2012). 그러나 「아동복지법」 시행령은 시설 설치주체가 법인으로 한정되어 있고, 보육사업을 담당하는 부처가 보건사회부, 내무부, 문교부, 노동부 등으로 다원화되어 있어 예산 중복과 시설종사자 기준이 상의하고, 보육수요가 증가함에 따른 보육정책과 주관 부처의 일원화 등의 보편적 보육정책의 필요성이 대두되었고, 따라서 체계적이고 효율적인 보육사업을 추진하기 위해 1990년 12월 정기국회에서 「영유아보육법」이 통과되어, 이로써 체계적이고 본격적인 영유아 보육사업이 전개될 단독법이 마련되었다.

1983년 새마을 유아원[4)]

(4) 「영유아보육법」과 보육사업

1991년 「영유아보육법」이 제정 · 공포됨으로써, 새마을유아원은 1990년 11월 내무부, 교육부, 보건사회부의 합의하에 1993년까지 「교육법」에 의한 유치원이나 「영유아보육법」에 의한 보육시설로 전환함으로써 보육사업의 체계화를 확립하였다.

① 제1시기(1991년~2003년)

효율적이고 체계적인 보육사업을 추진하기 위해 1991년 1월 14일 보육사업을 위한 독립법인 「영유아보육법」을 제정 · 공포하게 되었고, 1991년 8월 1일 「영유아보육법」 시행령을 공포함으로써 영유아 보육정책은 새로운 발전과 도약의 계기를 마련하게 되었다. 이에 따라 '탁아시설의 설치 · 운영규정'은 폐지되었다. 「영유아보육법」(제10조)에 의한 보육시설의 종류는 국공립, 민간, 직장, 가정 보육시설로 나누어 규정함으로써, 자생적으로 생겨난 기존의 민간 보육시설과 놀이방 등이 법정시설에 포함될 수 있는 계기가 되었다.

이후 1997년까지 급속한 경제 성장과 여성의 경제활동이 증가하면서 가정 내에서 자녀양육이 어렵게 되어가고, 영유아기의 조기교육 중요성이 제기되면서, 자녀양육과 교육의 문제는 사회와 국가적 차원에서 해결해야 한다는 사회적 요구에 부응하기 위

4) 출처 : https://blog.naver.com/kbnavi/220337310846

해, 정부는 '어린이집 확충 3개년 계획을 수립'하여 보육사업의 양적 확대를 가져오게 되었다. 하지만 보육시설의 양적인 확대에는 성공하였지만 짧은 시간 동안 많은 보육시설들이 생겨나다 보니 민간보육시설에 의존하게 되었고, 이로 인해 보육서비스의 질 저하, 영아보육의 미흡, 보육시설의 지역별 불균형, 다양한 보육서비스의 부재 등 여러 가지 문제점이 나타났다. 정부는 이러한 문제점을 개선하고 보육의 질적 수준을 제고하기 위해, 1998년부터 보육사업의 질 개선, 보육서비스 향상, 장애아전담어린이집 강화, 민간어린이집 교재 · 교구비 지원 등을 계획하여 추진하였으나 미흡한 수준에 그쳤다.

IMF외환금융위기 이후, 우리나라의 경제가 회복되면서 2001년 말부터 '보육'이 사회적인 이슈로 부각되면서 여성인력 활용이 곧 국가경쟁력이라는 인식과 함께, 보육에 대한 국가 책임과 지원을 강화해야 한다는 목소리가 높아졌다. 보건복지부는 2001년 12월 보육발전기획단을 구성하여 '보육사업 중 · 장기종합발전계획'을 발표하였다.

2002년 3월에는 보육관련 3개 부처, 즉 보건복지부, 노동부, 여성부가 공동으로 보육의 공공성 확립, 보육대상 유형의 다양화, 보육서비스의 질적 수준 향상(이주연, 2008)을 제시한 '보육사업 활성화 방안'을 추진하였다(윤매자 외, 2012). 이처럼 1991년 「영유아보육법」 제정 이후, 10차례의 법령 개정을 통해 보육사업을 개선하고 질 향상에 노력하였으나 보육현실의 문제해결에는 크게 도움이 되지 않았다. 따라서 법이 현실을 따라가지 못하고 오히려 보육사업발전에 장애가 되고 있다는 평가를 받게 되어, 2004년 1월 29일 「영유아보육법」을 전면 개정하게 되었다.

② 제2시기(2004년~2008년)

보육사업의 발전을 위해 논의되었던 보육정책 개선사항에 대한 해결책으로, 정부는 '보육의 공공성 강화, 수요자 중심의 효율적 보육서비스 제공, 보육현장에 기초한 양적 확충 및 질적 향상의 균형, 보육참여문화 형성 및 확대'라는 목표를 위하여 2004년 1월 29일 「영유아보육법」을 전면 개정하였고, 2004년 6월에는 보육업무가 여성부로 이관되었다. 부모들이 영유아를 안심하고 맡기고 일할 수 있는 공보육의 기반이 될 「영유아보육법」 시행령은 보육시설 관계자, 학부모 등 각계의 의견수렴을 거쳐 2005년 1월 30일부터 시행하게 되었다.

개정된 「영유아보육법」의 주요 내용을 살펴보면, 보육시설의 설치가 신고제에서 인가제로 바뀌고, 국가수준의 표준보육과정(누리과정), 보육교사 국가자격제도 도입, 영아 · 장애아보육을 위한 취약보육 활성화, 차등보육료 지원 확대, 직장보육시설 설치, 평가인증제도 도입 등이 제시되었다. 이 법안이 공포되면서 보육서비스의 질적 수준 향상과 공적 책임강화를 통해 보육사업이 더욱 발전할 수 있는 계기가 되었다(이현미 · 박종구, 2015).

2005년 12월, 「영유아보육법」 시행규칙 일부의 개정으로, 원장의 국가자격증 도입과 보육시설운영위원회 설치 의무화로 보육시설 운영의 책임성과 투명성을 강화하였고, 보육시설 설치 사전 상담제도의 도입과 평가인증제도를 실시하였다.

2006년 7월, 여성가족부에서 공보육 강화를 위한 중장기 보육계획인 '새싹플랜(2006~2010년)'을 발표하고, 보육의 공공성 강화와 양질의 보육서비스 제공을 통해 그 목적을 달성하고자 하였다. 이러한 목표를 달성하기 위해 새싹플랜은 5개 정책분야, 20개 주요 정책과제를 제시하였다. 5개 정책분야는 보육의 공공성 강화를 위한 공보육 기반 조성, 부모의 육아부담 경감, 다양한 보육서비스 제공과 질 높은 보육서비스 제공을 위한 아동중심의 보육환경 조성, 보육서비스 관리체계 강화 등이다(윤미례 · 김태일, 2017).

2007년 1월부터는 「영유아보육법」 전면 개정 이후, 2005년부터 2006년까지 국가수준의 표준보육과정(누리과정)을 개발하여, 영유아가 건강하고 안전하게 성장 · 발달할 수 있도록 연령별, 수준별로 표준화된 보육내용을 제공하여 보육서비스의 질적 향상을 도모하였고, 보육의 공공성이 강조되었으며, 16개 시 · 도에 '보육정보센터(육아종합지원센터)'가 확충되었다. 또한 보육지원 대상을 저소득층에서 중산층까지 확대하여 보편적 보육을 실천하여, 공급자중심의 보육정책에서 수요자중심으로 전환되는 계기가 되었다.

2008년에 들어와서는 여성가족부의 보육정책국이 맡았던 보육사업을 다시 보건복지부 보육정책관으로 이관하여 보육의 질적 향상과 수요자 중심의 보육사업을 추진하였다.

③ **제3시기**(2008년~2012년)

2008년 2월, 정부조직법이 개정되어 여성가족부가 보육사업을 보건복지부로 이관되어 저출산 · 고령사회정책실 보육정책관에서 담당하였다. 보육사업은 수요자 중심의 보육정책으로, 보육료 지원확대, 양육수당 도입, 수요자 욕구에 맞는 보육서비스 제공, 보육서비스의 질제고, i-사랑카드(아이행복카드) 도입, 국공립어린이집 확충 등을 제시하였다.

정부는 범국가적인 '제2차 저출산 · 고령사회기본계획(새로마지플랜 2015)'을 발표하였는데, 종전에 발표한 '제1차 저출산 · 고령사회기본계획(새로마지플랜 2010)'은 「저출산 · 고령사회기본법」(2005. 5.18) (제20조)에 의해, 5년마다 수립하여야 하며, 연도별 시행 계획은 중앙행정기관을 포함하여 지방자치단체도 수립 의무가 있다(동법 제21조). 발표된 기본계획 시안의 핵심은 저출산 정책의 기본 방향이 기존 저소득층 위주의 지원에서 중산층까지 확대된다는 것이라고 밝혔다(한국직업능력개발원, 2006). 이번에 발표한 제2차에서는 다음과 같은 내용을 추가하여 제시하였다(보건사회연구원, 2010).

첫째, 자녀 양육 가정의 양육 부담을 덜어주고 아동복지 수준을 높이기 위한 아동수당 도입을 적극 검토한다.

둘째, 국공립어린이집을 중장기적으로 이용아동 대비 30% 수준으로 확충할 계획이다.

셋째, 다자녀 가정의 주택마련 부담을 줄여주기 위해 인센티브를 제공하고, 결혼을 앞둔 예비부부와 신혼부부에게 초기 주거비용 부담을 덜어주기 위한 주거문제 지원방안을 추진한다.

2010년 2월, 어린이집평가인증사무국과 보육자격관리사무국, 중앙보육정보센터(육아종합지원센터)를 합쳐 보건복지부의 위탁사업을 수행하는 기관으로 한국보육진흥원이 출범하였다.

2012년 3월부터는 '5세 누리과정'을 실시하게 되었고, 0~2세까지 보육지원을 하게 되었다. 가정양육은 보육지원 대상에서 제외되었는데, 주로 어린이집에 다니는 3~4세가 보육지원 대상에서 제외되어 형평성에 문제가 있다는 지적에 전면 무상보육 시기를 2013년으로 앞당기고 양육수당 지원도 확대하기로 하였다. 또한 무상보육 대상자를 장애아, 다문화가족의 자녀, 조손가족 등으로 확대하여 운영하였다.

④ **제4시기**(2013년~현재)

2013년 3월부터는 모든 영유아를 대상으로 무상보육을 실시하게 되었고, 3차 표준보육과정 개정과 3~5세 누리과정의 도입으로 어린이집과 유치원이 연계된 보육과정을 시행하게 되었다.

한편, 양육수당은 어린이집이나 유치원을 다니지 않는 영유아에게 지급하는 수당이다. 미취학 아동의 가정양육을 지원하고 어린이집과 유치원의 불필요한 수요를 줄이기 위해, 2013년 3월부터 도입되었다. 「영유아보육법」(제34조의2 제1항)에는 '국가와 지방자치단체는 어린이집을 이용하지 않는 영유아에 대해 연령과 보호자의 경제적 수준을 고려해 양육비용을 지원할 수 있다'고 명시하고 있다.

2014년 3월부터는 보육교사의 인성 및 자질 향상을 위한 보육교사 자격기준을 강화하여 기존의 보육교사 2급 자격취득 교과목이 12과목(35학점, 보육실습 2학점)에서 17과목(51학점, 전과목 3학점)으로 변경되었다.

2015년 3월에는 '가정양육수당' 지원사업을 실시하였고, 지원대상은 어린이집 · 유치원 · 종일제 아이돌봄서비스를 이용하지 않는 취학 전 84개월 미만의 가정양육아동으로, 국적과 주민등록번호를 유효하게 보유하고 있는 아동에게 월령별로 10~20만원으로 차등 지원하였다.

2016년 1월에는 보육교사 자격취득을 위해 17개 교과목 중 9개 교과목을 대면교육으로 지정하고, 대면교과목에 대해서는 8시간 출석 수업 및 1회 이상의 출석시험을 의무화하였다. 또한 같은 해 9월에는 「영유아보육법」 시행규칙(보건복지부령 제439호) 일부 개정에 의해 '부모협동어린이집' 명칭을 「협동조합기본법」 상 사회적 협동조합 등 조합의 설립 형태와 무관함에 근거하여, 자격이 되는 자는 누구나 협동어린이집을 운영할 수 있다는 조항이 성립되어 '협동어린이집'으로 그 명칭이 변경되었다(보건복지부, 2016).

2016년 3월부터는 직장어린이집 설치 의무 및 의무 미이행 시에 이행명령 및 이행강제금 부과, 위탁보육 시행 등을 통해 직장어린이집의 설치 및 확대를 강화하였다.

2017년 3월부터 국공립어린이집 위탁제 선정관리에 필요한 권장 표준안을 마련하여 인가절차와 인가 제한 시 주의사항을 개정하였다. 또한 어린이집 안전관리에 있어 어린이집에서 차량을 운행하는 경우, 운전자는 통학차량 내부에 안전수칙을 부착하고 차량용 소화기, 구급상자를 의무적으로 비치해야만 한다. 같은 해 11월부터 3차 어린이집 평가인증 통합지표 및 운영체계를 개선하여 운영하였는데, 평가인증제도란 평가인증을 신청한 어린이집이 평가인증지표를 기준으로 질적 수준을 자체적으로 점검 · 개선하도록 한 후, 공정한 평가과정을 수행하여 인증을 부여하는 제도이다. 개정된 제3차 어린이집 평가인증 통합지표는 4개 영역에서 21개의 지표(79개의 평가항목), 123개의 평가단위로 구성되어 있으며, 인증결정은 현장평가 결과(100%)를 바탕으로 인정 또는 불인정으로 평가하였다. 그러나 4차 어린이집 평가제에서는 등급판정(4등급 : A, B, C, D)하며, 인증유효기간은 'A등급'어린이집은 인증유효기간을 1년 연장(4년), 'B, C등급'의 어린이집은 3년, 'D등급' 불인증을 받게 된다. 구체적인 내용은 〈표 4-1〉과 같다.

〈표 4-1〉 평가제 평가등급 기준

등급 구분(정의)		등급 부여 기준	주기
A	국가 평가에서 제시하고 있는 기준을 모든 영역에서 충족함	4개 영역 모두 '우수'인 경우 (필수지표 및 요소 충족)	3년
B	국가 평가에서 제시하고 있는 기준을 대부분 충족함	'우수' 영역이 3개 이하이며, '개선필요' 영역이 없는 경우	
C	국가 평가에서 제시하고 있는 기준 대비 부분적으로 개선이 필요함	'개선필요' 영역이 1개 있는 경우	2년
D	국가 평가에서 제시하고 있는 기준 대비 상당한 개선이 필요함	'개선필요' 영역이 2개 이상인 경우	

또한 2018년 8월부터 아동양육의 국가적 책임을 강화하고, 영유아에 대한 투자확충을 통해 영유아의 건강한 성장을 지원하기 위해 아동수당제도를 도입하게 되었다. 지급기준은 2018년 9월부터 3인 이상 가구로, 소득선정기준에 적합한 가정의 0~5세(최대 72개월) 아동을 대상으로 아동 한 명당 월10만원 지급되었다. 또한 2019년 1월부터는 소

득수준에 상관없이 7세(84개월 미만) 아동에게 월 10만원이 지급되었고, 2022년 4월부터 8세(96개월미만)까지 아동수당 지급대상 연령을 확대하였다. 구체적인 내용은 〈표 4-2〉와 같다(보건복지부, 2022b).

〈표 4-2〉 연령별 수당의 종류

<table>
<tr><th>구 분</th><th>양육수당</th><th>영아수당</th><th>아동수당</th></tr>
<tr><td>0~11개월</td><td rowspan="2">없음</td><td rowspan="2">30만원</td><td rowspan="4">10만원</td></tr>
<tr><td>12~23개월</td></tr>
<tr><td>24~83개월</td><td>10만원</td><td rowspan="2">없음</td></tr>
<tr><td>84~95개월</td><td>없음</td></tr>
</table>

※ 아동수당: 아동이 90일 이상 해외 체류 시 중단됨.

또한 2023년에는 부모급여(부모수당)이라는 새로운 제도가 도입되어 2023년 출생아부터 부모급여를 받을 수 있게 된다. 구체적인 내용은 〈표 4-3〉과 같다(보건복지부, 2022b).

〈표 4-3〉 부모급여

연령	2023년	2024년
0~11개월	월 70만원	월 100만원
12~23개월	월 35만원	월 50만원

※ 부모급여: 영아수당+아동수당.

2. OECD국가의 보육사업

세계 여러 나라의 보육사업은 자국의 정치, 경제, 아동을 보는 관점, 그리고 전통적으로 그 사회에 전해 내려오는 이념이나 사상에 의해 그 국가가 채택하고 있는 제도에 영향을 받으면서 변화하여 왔다. 19세기 초 영국에서 시작한 산업혁명, 경제 대공황,

세계1 · 2차 대전과 같은 세계적인 사건들이 각국의 보육제도에 영향을 미쳤다. 초기에는 자선사업이나 빈민구제, 여성 노동자의 자녀보호, 노동력을 착취당하는 아동들의 보호에 두었지만, 20세기 들어와서는 산업화, 도시화, 취업여성의 증가, 가족구조의 다양화 등으로 인한 보육에 대한 다양한 요구가 사회적으로 반영되어 왔다(김경희 외, 2011).

1) 미국

미국에서의 보육사업 역사는 탁아소(Day Nursery)의 흐름과 유아원(Nursery School)의 두 흐름이 있다. 첫째, 미국에서의 탁아는 주로 사립기관에 의해 운영되면서, 100년 이상의 역사를 갖게 되었다. 초기의 탁아기관은 1850년대에 사회복지기관으로 빈곤층을 대상으로 운영되었다. 탁아에 연방정부가 개입하게 된 것은 탁아가 고용진흥기관의 한 분야로서 인정된 1933년부터로, 목적은 취업하지 못한 교사, 간호원, 보건소 직원, 사회사업가 등에 관계하고 있는 사람들을 구제하고자 하는 데 있었다. 1960년대 초에 기본 경제구조와 취업기회의 변화로 말미암아 더 많은 여성이 취업하기 시작하였으며, 이 같은 경향은 그 후 계속 증가세를 보였다. 둘째, 탁아소가 기본적으로 빈곤한 사람들의 문제를 해결하기 위한 것으로 생각된 반면에 유아학교는 부유한 사람들에게 풍요로움을 제공하는 것으로 생각되었다.

최초의 협력 유아학교는 1915년에 시카고 대학교 교수 부인들에 의해 개설되었다. 이 학교 개설의 목적은 그 부인들이 자녀들에게 건전한 놀이기회를 제공하고 어른들에게는 자녀로부터 벗어나서 여가시간을 가지게 하는 사회사업을 시도하자는 것이었다. 이 아이디어가 급속히 일반인들에게 받아들여져 그 후 20년 동안 많은 유아학교가 설립되었다. 그리하여 1930년대부터 1960년대까지 유아학교의 보육은 중산층의 가족들 사이에 널리 보급되었다.

이러한 흐름과 1933년 경제 대공황에 따른 실업문제를 해결하기 위한 고용촉진의 일환으로 긴급 탁아소가 전액 국고 부담으로 증설되기도 하였으나 경기가 회복되자 바로 폐쇄되었다. 또한 2차 세계대전 중 연방정부는 다시 보육시설의 공급에 개입하기

되었는데 그 이유는 징병으로 남성의 노동력이 줄어든 방위 산업체를 가동시키기 위해 여성 노동자를 동원하는 것이 필요했기 때문에 많은 여성인력이 방위산업에 투입되면서, 국가적 차원에서 많은 예산을 영유아 보육에 할당하게 되었다.

이 시기에 통과된 랜함법(Lanham Act)은 각 주에 보육시설을 설치, 지원하도록 하는 것이었다. 경기회복이 되자 긴급탁아소가 폐쇄되었던 것과 마찬가지로, 2차 세계대전이 승리하자 랜함법에 준한 기금은 즉시 중단되면서, 산업현장의 여성인력이 가정으로 복귀하고, 정부지원 유아원에 대한 재정지원 감소로 폐원 유아원 발생하게 되었다. 또한 이 시기에 시설 수용이 아동에게 미치는 우려의 목소리가 높아지고, 볼비(Bowlby)의 모성실조에 대한 연구 결과가 발표되면서, 가정 양육의 중요성이 다시 강조되면서 전쟁 후, 취업여성들은 가정으로 돌아가도록 권장되었고 램함 센터(Lanham center)들은 문을 닫고 말았다.

그 후 1965년까지 보육사업은 가난한 사람들을 위한 사회사업이나 문제가정을 위한 사업정도에 머물렀다. 또한 공립 유아원 폐원으로, 저소득 가정은 친지나 이웃에 자녀를 맡길 수밖에 없는 처지로 보육문제가 발생하게 되었다.

「경제기회법」에 의한 헤드스타트(Head start)는 가난한 유아나 소수 민족의 유아와 가족을 위한 포괄적 지원을 정부 차원에서 제공함으로써 유아의 학업 성취도를 높이고자 하였다. 헤드스타트는 저소득층 아동을 위한 정규 유아교육 프로그램으로 인정된 포괄적인 발달적 프로그램으로 유아에게 매일의 생활 속에서 성공적인 경험을 통해 인생에 대한 긍정적인 견해를 갖도록 하는 프로그램이다.

1970년대에는 아동에 대한 백악관회의에서 미국인 가정이 당면한 가장 심각한 문제로 보육문제를 선정하였다. 이 백악관회의는 루즈벨트 대통령(1909)이 아동을 위한 가정과 부모역할의 중요성을 강조하고 있다. 그 내용은 다음과 같다.

첫째, 가난함을 이유로 하여 아동이 가정을 이탈하지 말아야 한다.

둘째, 부득이하게 가정을 떠나야 할 이유가 있다면 위탁가정이 바람직하다.

셋째, 시설수용을 하는 경우에는 소숙사형을 권장한다.

넷째, 아동국을 설치하여 10년마다 사회 변화에 따라 아동복지정책을 모색한다.

1975년 「사회보호법」이 제정됨에 따라 보육은 정부 사회사업의 일부가 되었고, 여러 가지 법안의 제정으로, 보육을 위한 정부 기금을 합법적으로 사용할 수 있게 되었으나 기금의 수혜 대상은 저소득층 자녀들에게만 제한되었다. 그러나 아동보육서비스에 대한 요구가 계층과 소득에 상관없이 계속적으로 증가하였으나, 1980년 정부는 오히려 보육에 대한 연방 정부의 개입을 줄이는 반면, 보육비에 대한 세금을 공제해 주는 정책을 실시하였다.

1987년 ABC(Act for Better Child Care)법안을 통과시켰는데, 유아 보호에 대한 재정적 지원이 핵심이었다. 1990년에 클린턴 대통령은 교육개혁의 첫 단계로 국가교육 목표를 설정하였고, 취학 전 유아에게 동등한 기회를 제공하기 위해 소외된 계층의 자녀를 위한 유아교육을 강화하고자 교육 공약을 발표하였다. 클린턴 정부는 의회 승인을 얻어 저소득층 유아와 유아 조기교육의 질을 개선하기 위해 '조기교육신탁기금'을 설립하였으며, 이 기금은 저소득층 아동 보육서비스에 상당히 기여하였다. 그러나 2002년 부시 행정부에 이르러서는 '학교개혁'이라는 슬로건 하에 5세 이하 유아보육에 대한 예산을 삭감하기도 하였다(김연진 외, 2012). 또한 공립학교 교육을 강화시키기 위해 효과적인 교수법을 적용시키고, 취학전 교육에 대해서도 그동안 소홀히 했던 3R(읽기, 쓰기, 셈하기)에 대한 기본교육을 강조하였다.

미국은 지방분권정책을 실시하는 나라이므로 영유아보육정책을 단일한 체계로 설명하기는 어렵다. 행정부의 정책에 따라 예산 증감이 거듭되는 등 여러 가지 미비한 점이 많고, 또한 문제점도 가지고 있다. 그러나 보육사업이 미래를 위한 투자라는 인식하에 연방차원이나 각 주마다 특색 있는 프로그램을 마련하고 있으며, 보육의 전문화와 질적인 혁신을 위해 노력을 기울이고 있다(김연진 외, 2012).

2) 영국

영국의 보육제도는 상당히 자유주의적인 성격을 띤다. 영국에서는 보육을 기본적으로 각 가정의 사적인 문제로 간주하고, 영유아의 건강과 건전한 발달을 위한 가장 좋은 양육환경은 집에서 어머니와 같이 있는 것이란 인식이 지배적이었다. 또한 보육을 하고자 한다면 자발적이고 영리를 목적으로 하는 사립기관이 주도하며, 공립유아원은 경제적으로 빈곤하고 문제가 있는 아동을 대상으로 제한된 보육을 제공하였다.

1816년 오웬이 자신이 경영하는 방직공장 내에 빈곤가정 아동들을 위한 유아원을 창설한 것이 보육의 효시로 기록되고 있다. 그러나 1870년 취학연령에 대한 논의가 이뤄지기 전까지 영국의 보육제도는 매우 미비한 수준에 머물렀다. 1870년 「교육법」에서 취학연령 7세에서 5세로 낮추었는데, 이 법을 지금까지도 존중해 5세 아동의 취학을 허용하고 있다.

영국의 보육제도에 큰 영향을 미친 것은 18세기 말의 산업혁명과 20세기에 일어난 두 차례의 세계대전이다. 이 사건들은 모두 그 당시에는 여성 노동력을 집중적으로 필요로 하게 되어 취업모의 증가를 불러왔고, 이로 인해 대리양육의 필요성도 인식되었으나, 여성 인력에 대한 수요가 감소되자 다시 이전 수준으로 돌아가게 되었다.

유아원과 유아학급과 같은 보육유형이 본격적으로 주목받기 시작한 것은 두 차례 세계대전을 계기로, 전쟁으로 인해 많은 여성들이 공장에서 일하게 되자, 학교부설 유아원들이 급증하였다. 그러나 종전과 함께 이 유아원들은 다시 문을 닫았는데, 이는 취학전 아동은 부모와 함께 생활해야 건강하게 자랄 수 있다는 신념이 영국사회에 지배적이었기 때문이다.

1970년대 들어 3~4세 아동을 둔 부모들이 보육시설에 대한 요구가 커지자 국가는 이에 대한 대응책으로 도시원조 프로그램을 시행하여 사회적 요구가 필요한 아동들을 위한 보육시설을 세우기 시작했다. 그러나 이는 빈곤 아동을 위한 프로그램이었으며, 스웨덴의 보육제도와 같은 보편적 서비스는 아니며 크게 확대되지 못했다.

한편 1980년대 후반부터 1990년대 초반 동안 영국 사회에 커다란 변화가 일어났다. 즉, 1980년대 초반까지 지속된 오랜 경기침체에서 벗어나면서 경제가 성장하는데 반해, 1960년대 중반부터 시작된 출산율의 저하로 경제인구로 유입되는 청년층이 감소함에 따라 다시 여성들이 일터로 유입된 것이다(양옥승, 1998). 그러나 정부는 고용주들과 민간 보육시설에 의존함으로써 최소한의 개입이라는 정책을 고수하면서 소극적인 태도로 일관하였다. 1998년 노동당이 집권하면서 교육의 질적 향상, 여성취업 확대를 통한 국가경쟁력 제고 등을 위해 보육을 국가중요 전략사업으로 정하고 정부가 적극 나서게 되었다.

1989년 제정된 「아동복지법」은 지금까지의 보육정책, 즉 자녀를 위한 보육은 시설보육 중심보다는 가족중심이 되어야 한다는 입장은 취하고 있다(김연진 외, 2012). 이에 따라 지방 정부는 보육서비스에 대해 공적 지원을 점차 철수하고 민간과 비영리 부분에서 제공하는 보육서비스에 대한 공적 규제를 위한 법적 틀을 확대하고 있다.

영국은 전통적으로 보육과 유아교육을 가족의 책임으로 돌려 공보육이 미약한 편이었으나, 1998년 노동당이 집권하면서 '보육과 육아가 교육의 뿌리'라는 믿음으로 과감히 사회화를 시도하고 있다. 교육고용부에서는 보육과 유아교육을 맡아 1998년 4세아 전원에 대한 무상 유아교육을 정착시켰으며, 2004년까지 3세아 전원에 대한 무상 교육 혜택이 돌아가게 하였다. 새로운 보육 세금 크레디트(Childcare Tax Credit)는 가정 밖의 보육을 지원하며, 특히 저소득층과 중산층 가정에 보육서비스를 더욱 가능하게 해 주고 있다(김경희 외, 2012).

3) 스웨덴

스웨덴 보육의 기본적 책임은 부모에게 있지만 국가가 공동의 책임과 역할을 수행해야 한다는 입장을 취하고 있다. 또한 다른 선진국에 비해서 진보적인 이념을 가지고 있다. 스웨덴은 사회보육이 정착되어 있는 대표적인 나라로, 보육은 사회정책의 일환으로 국가적 수준에서 시행되고 있으며, 가족 수당 및 부모보험제도와 함께 핵심적인 가족정책 중 하나가 된다. 이러한 영향으로 하여 선진국에서 경제성장의 저하와 실업 등의 증가에 의하여 사회복지예산을 삭감하는 방향으로 변화하였음에도 불구하고 예외적으로 아동 및 가족 복지정책을 꾸준히 발전시켰다. 예를 들어, 부모의 취업 여부나 소득 수준, 합법적 결혼 여부 등과 관계없이 모든 아동에게 보육을 제공한다는 보편주의 보육 이념 하에 보육비용의 대부분을 국가나 지방자치단체가 부담하고 있다. 뿐만 아니라 장기간의 유급 육아 휴직을 통해 영아가 가정에서 부모에 의해 양육될 수 있게 함으로써 아동의 권익을 최우선으로 하여 다양한 사회복지 및 아동복지 제도 속에서 보육정책을 실시하고 있다. 또한 구조적 질이나 과정적 질 그리고 소비자의 질 관점에서도 스웨덴 보육의 질은 세계 최고의 수준으로 평가되고 있다.

스웨덴의 초창기 보육사업은 빈민아동과 기아문제를 해결하기 위한 대책으로서의 보육제도로부터 스웨덴 전체의 아동들의 보호와 교육에 대한 사회적 책임을 수행하기 위한 공적 제도로 단계적으로 발전하였다

1836년 종일제 유아학교(infant-school) 시작으로 빈민구제와 영유아기 교육을 목적으로 시작되었으며, 이 유아학교의 특징은 특별하고 엄격한 프로그램을 실행했는데 식사와 놀이, 20분간의 수업 진행 등 비교적 체계적인 집단교육이 제공되었다. 이 프로그램에는 독일의 프뢰벨(Fröebel)의 영향을 받은 교사들이 종사하였으며 영유아에게 지식을 주입한다는 사회적 비판을 받기도 하였으나 1950년대까지 보육시설로 공존하다가 일부는 유치원으로 전환하였다. 프로그램은 유치원과 유사하며 나중에 탁아소(creche)로 전환되었다. 탁아소는 일하는 여성의 유아보호를 목적으로, 점차 전국적으로 탁아소가 확대되었고, 빈민층 자녀를 대상으로 저렴한 비용으로 보호하는 것이 목적이며, 주로 자선단체에 의해 운영되었다.

1944년 탁아소에서 보육시설(child care center)로 개칭되었고, 1960년 말까지 국가는 노동력 확보를 위하여 보육의 책임을 맡을 수밖에 없었다. 이에 따라 아동 양육비 지급(1948년), 출산 수당 지급(1955년), 아동복지사업에 대한 공적 지원의 공식화(1960년) 등의 방안들이 마련되기 시작하였다(양옥승 외, 1998). 그러나 이러한 방안들이 가시화되기 시작한 것은 1965년 이후로 1968년 전국보육위원회(National Commission on Child Care)가 보고서(the Pre-school)를 제출함으로써 정부의 의해 교육적, 사회적, 장학적 요소의 통합방안을 제시하여, 스웨덴의 공립 보육체제가 확장되는 출발점이 되었다. 1972년 국회에 가족정책위원회가 구성되었고, 1973년에 제정된 「취학전 교육법」은 공립보육시설의 설립을 가속화시켜 유치원이 보육시설로 통합되어 일원화되었다(김연진 외, 2012).

이 법은 6세까지의 영유아를 대상으로 하여 보육을 목적으로 '가정과 밀접하게 협조

하여 아동의 전인적 인격발달과 신체적 · 사회적 발달을 도모함'으로 규정하고, 아동에게 최소한 1년간 취학 전 무상교육을 제공하도록 규정하고 있다.

특히 스웨덴은 1980년대 이후 선진화된 복지모형을 추구하기 위해, 1985년 공립 보육시설의 지속적인 확대 안을 통과시켰다. 국회 결의안에 의하면, 모든 영유아들은 부모가 법적으로 육아 휴직을 얻을 수 있는 18개월 이후부터 공립 보육서비스를 받을 권리가 있도록 하였다(윤매자 외, 2017a).

1995년 「유아학교법(National Pre-school Act)」 개정으로, 시의 책임을 강화하였고, 유아교육과 보호시설 확충 및 공급까지 확장하여 시는 취원 신청 후, 3~4개월 이내에 시설을 제공할 것을 명시하였다. 또한 「사회복지법」이 개정됨에 따라 지방정부는 부모가 취업하거나 학업 중일 경우 1세부터 12세까지의 아동을 위한 보육서비스를 제공해야 할 책임을 지게 되었으며, 1997년 「교육법(Education Act)」이 개정됨에 따라 영유아 보육기관에 대한 감독과 책임이 보건복지부에서 교육부로 이양되었다(한국유아교육학회, 2000; 김경희 외, 2011 재인용).

스웨덴의 보육정책이 지속적으로 발전할 수 있었던 것은 첫째, 여성의 정치적 영향력을 한 가지 요인으로 지적하고, 지난 20년간 여성국회의원수가 2배 이상 증가하였으며 전체 국회의원의 30~40%에 이른다. 둘째, 낮은 출산율에 대한 적극적인 대처로 볼 수 있다. 스웨덴에서는 한때 여성 취업의 증가에 따른 자녀출산율 저하가 심각한 사회문제로 대두되어 이 문제를 보편주의 아동보육제도를 통해 해결하고자 하였다. 셋째, 행정부서가 보건사회부로 일원화되어 있다. 모든 학령 전 아동에 대해 교육과 보호를 담당하는 행정부서가 일원화되어, 비교적 짧은 기간에 아동보육제도가 효과적으로 발전하는데 큰 몫을 담당했을 것이다. 넷째, 연령의 특성에 따라 다양한 제도를 채택하였다. 영유아의 연령별 보육서비스를 다양하면서도 영아 보육시설의 확대보다는 가정에서의 양육을 지원하는 부모 휴직제도와 같은 양육지원 프로그램을 발달시킨 것이다. 다섯째, 공립 보육시설의 중점적 확충으로 현재의 보편주의적 보육제도로 발전할 수 있었던 것이다(김연진 외 2012).

4) 일본

일본에서 보육이라는 말은 아동을 보호와 육성한다는 통합적 개념으로 사용되어 왔고, 복지와 교육을 종합한 실체로서 취급되어 왔다. 일본의 보육제도는 1875년 초등학교가 의무교육화되고, 1904년부터 보육시설을 '보육소'로 개칭하여 지금까지 사용하고 있다. 제 1차 세계대전 후에는 도시의 저소득층을 위해 공립보육소가 설립되었다. 제2차 세계대전 중에는 많은 여성이 군수공장의 노동력으로 흡수되면서 보육시설이 증가되었다. 패전 후 뉴딜(New Deal) 정책론자들이 주류를 이룬 연합군 점령정부는 미 본토에서 보다 진보적인 포괄적 「아동복지법」을 제정토록 일본정부에 영향을 미쳤다. 그 결과 최소한 법 규정에 있어, 보호가 필요한 영유아를 위한 보육소의 설비와 운영에 대한 지방자치단체장의 의무와 중앙정부와 지방정부의 재정 부담률을 명문화시켰다(김연진 외, 2012).

1947년에 「아동복지법」이 제정되어 유아를 위한 보육이 법적으로 정비되었고 유치원과 보육소로 이원화되는 계기가 되었다.

1960~1970년대에는 보육소를 양적으로 늘리는 데 치중했지만, 1980년대 이후로는 기혼 여성의 취업 증가로 인한 출생률 감소와 취업시간의 다양화, 영유아교육에 대한 의식변화 등을 이유로 보육소의 질적 향상에 주력하였다.

1975년 12월 18일 유엔 총회에서 채택된 "여성에 대한 모든 형태의 차별 철폐에 관한 협약"은 많은 나라의 여성들의 삶에 영향을 미쳤다. 협약의 중요 내용에는 결혼 또는 모성을 이유로 한 여성에 대한 차별을 방지하며, 여성의 근로에 대한 유효한 권리를 확보하기 위하여 적절한 조치를 취하여야 한다고 명시하고, 임신 또는 출산휴가를 이유로 한 해고 및 혼인 여부를 근거로 한 해고에 있어서의 차별금지가 포함되어 있다. 일본은 1985년 이 협약에 비준하였고(한국, 1987년) 여성의 사회진출이 일반화되는 과정에서 육아에 대한 보다 다양하고 포괄적인 지원이 요구되었다. 이에 따라 영아보육, 야간보육, 연장보육에 대한 욕구가 점점 커지게 되었다.

1990년대에 들어와서 그동안 진행되었던 핵가족화와 저출산의 문제는 아동양육환경의 새로운 변화를 초래하였다. 보육소는 맞벌이 가정으로부터 조치된 아동만을 담당하는 것이 아니라 지역사회 아동들의 양육문제에도 관심을 가지게 되었다. 저출산의 문제 또한, 단순히 맞벌이라는 이유만이 아니라 아이를 낳고 키우는데 어려움이 있다고 생각하는 많은 여성들이 출산을 기피하면서 나타난 측면이 있기 때문에 양육에 대한 다양한 지원책이 마련되어야 할 필요성이 제기되었다. 그러나 보호자의 개별적 보육욕구가 다양화되면서 각 보육소에서 거의 비슷한 보육내용을 중심으로 진행되어온 조치 제도상의 보육제도는 한계를 가지게 되었다.

1995년대에 들어와서 엔젤플랜(1995~1999년)을 발표하였는데, 엔젤플랜은 1990년대 이후의 일본의 소자화(少子化)문제에 대한 대책으로 1994년 12월 16일 문부성, 후생성, 노동성, 건설성의 4개 부처 장관들의 합의를 얻어 만들어진 자녀양육지원 정책이다. 물론 엔젤플랜 이전에도 출산, 양육 지원과 관련한 정책들이 있었다. 엔젤플랜의 내용은 어린연령아(0~2세) 보육의 추진, 오후 6시 이후의 연장보육시설의 증설, 긴급 일시보육시설의 증설, 영유아 건강지원 데이서비스사업의 촉진, 방과후 아동클럽의 증설, 다기능 보육소의 정비촉진, 가족지원센터의 증설 등의 항목이 포함되었다.

1999년 12월에 엔젤플랜의 후속으로, 2000년 4월부터의 5개년 소자화 대책을 위한 신엔젤플랜이 발표되었다. 대장성, 문부성, 후생성, 노동성, 건설성, 자치성의 6개 부처의 장관의 합의에 의해 만들어졌다. 엔젤플랜 때보다 2개 부처 장관이 더 참가하였다는 것은 그만큼 일본의 소자화 문제가 국가, 사회적인 위기 요소이며 이에 대한 대응이 정부주도로 대대적으로 추진되고 있다는 것을 말해주고 있다.

신엔젤플랜의 주요 내용으로는 첫째, 보육서비스 등 자녀양육지원 서비스의 충실, 둘째, 일과 자녀양육을 위한 고용환경의 정비, 셋째, 일하는 데 있어 고정적인 성별역할분업이나 직장 우선의 기업풍토 시정, 넷째, 모자보건의료 체제의 정비, 다섯째, 지역에서 아이를 키울 수 있는 교육환경의 정비, 여섯째, 아이들이 잘 자랄 수 있는 교육환경의 실현, 일곱째, 교육에 따른 경제적 부담의 경감 등 주택 만들기와 지역 만들기에 의한 자녀양육지원의 7개 항목으로 나누어져 있다(후생노동성, 2022).[5)]

이와 같은 일련의 정책들은 소자화 영향, 교육과 보육 요구의 다양화, 증가하는 보육소의 대기아동의 수를 감소하기 위해, 또한 감소하는 유치원 상황 등으로 유보 일원화가 본격화되면서 '취학 전 아동에 관한 교육과 보육 등의 종합적인 제공의 추진법에 관한 법'이 제정되어 종합시설을 '인정어린이원'으로 명명하고, 2007년 일본 전역에 94개의 인정어린이원에서 취학 전 영유아를 위한 교육과 보육을 담당하고 있다(이기숙·강민정, 2007).

3. 보육교사의 직업윤리

다변화 사회에 있어서 보육교사는 영유아와 그들의 가족, 동료교사들에 대한 윤리적 책임(Ethical Responsibilities)이 있으므로 전문가 윤리(Professional Ethics)가 필요하다(이순형 외, 2012). 보육교사는 직무 역할을 수행하는 과정에서 윤리적 책임이 따르기 때문에 바람직한 역할 수행과 전문적인 직업인으로서의 윤리관을 내면화할 필요가 있다. 보육교사도 사회적으로 전문가로서의 인정을 받고, 개별 영유아의 가정생활에 개입할 수 있는 전문직이 되기 위해 보육교사 스스로가 자신에게 부과하는 일정한 규범을 필요로 하여야 한다.

1) 보육교사 직업윤리의 필요성

윤리란 사람으로서 마땅히 행하거나 지켜야 할 도리를 일컬으며 인간으로서 도덕을 포함하는 개념이다. 즉, 다른 사람과 더불어 사는 가운데 인간관계, 사회관계 속에서 마땅히 지켜야 할 것으로 기대되는 사회적 규범을 윤리라고 정의한다(최명희, 2016a). 또한 직업윤리란 사회에서 직업인에게 요구하는 직업적 양심이나 사회적 규범의 하나로, 그 직업의 지속과 번영을 위해 요구되는 습관화된 행동 규범이 필요한데 그것이 직업윤리

5) 일본 후생노동성 : https://www.mhlw.go.kr.

이다. 보육교사라는 직업은 앞에서 언급하였듯이 영유아의 삶에 있어 지대한 영향을 미치는 존재이므로 교사 개인의 인성적 자질을 바탕으로, 보육과 교육이라는 특수한 상황에서 교사로서 마땅히 행하고 지켜야 할 도리이며, 사회적 역할 수행 과정에서 내적 · 외적으로 지켜야 할 실천 규범이라고 할 수 있다. 또한 보육교사의 직업윤리는 자발적이고 능동적인 성격을 띠고 있다. 하지만 법률적으로 강제성을 가지고 있지 않기 때문에 교사 자신이 스스로 직업윤리에 대한 책임과 확고한 신념이 필요하다.

다음과 같은 경우 보육교사는 어떻게 해야 하는가?

- 부모들이 교사가 좋아하지 않는 훈육방법을 요구해 올 때
- 어린이집 원장이 잘못된 지식을 고집할 때
- 부모들이 동료교사의 행동에 대해 불평할 때
- 영유아가 가정에서 범법적인 행동을 했다는 사실을 이야기할 때
- 부모가 개인적인 고충을 늘어놓을 때

이런 종류의 질문들은 얼마든지 있을 수 있다. 하지만 이 질문들에 대한 해답은 연구보고서나 영유아발달에 대한 지식이나 보육철학을 통해서도 해결할 수 없다. 제기된 질문들과 해답은 윤리적인 문제 영역에 속한다.

전문가의 특징 중 하나는 어떤 윤리강령에 관해 서로 이해를 같이하며, 그것을 잘 개발하고 증진시키며, 동료들에 의해 경고를 받게 되는 것이다. 따라서 보육교사라는 직업은 참으로 전문적인 것이지만 언제 전문적이 되는가에 대한 합의를 이루기는 어렵다. 여기서 전문(profession)이란 용어는 이익추구의 직업이나 관료적인 조직이 직업과는 구별된, 일반적 의미에서 봉사 중심의 직업을 나타내기 위해 사용되었다(Katz, 1989).

카츠(Katz, 1989)는 보육교사의 직업 특성상 발생할 수 있는 윤리적 문제의 4가지 특별한 측면 때문에 윤리기준과 윤리강령이 필요하다고 하였다. 즉, 보육교사의 힘과 지위의 모호성, 영유아 개인과 가족 및 환경의 다양성, 보육교사 역할의 다양성, 영유아 프로그램 특성의 다양성 등을 제시하였다. 카츠가 제시한 내용을 바탕으로 직업윤리의

필요성을 구체적으로 정리하면 다음과 같다(박은혜, 2013; 이순형 외, 2012; 조미영 외, 2016).

(1) 보육교사의 힘과 지위의 모호성

보육교사의 힘과 지위는 영유아에게 있어 절대적인 위력을 가진 권한이라고 볼 수 있다. 대부분의 교사들은 영유아의 인격을 존중하고 그들의 욕구를 들어주기 위해 많은 노력을 한다. 하지만 경우에 따라서는 영유아를 함부로 대하기도 하고, 공평하지 못하게 일을 처리하는 경우가 발생하기도 한다. 즉, 영유아에 대한 둔감한 반응을 보이거나 무시, 편애, 부정적인 상호작용 등으로 인해 영유아들에게 마음에 상처를 줄 수 있으며, 그들의 성장과 발달을 저해하는 요인으로 작용할 수 있다. 이와 같은 상황에서 영유아들이 불만을 제기하거나 이를 적절하게 수정하도록 교사에게 요구할 수 있다면 문제가 없겠지만 아직 스스로 자신을 방어할 수 있는 능력이 부족하다(성미영 외, 2015). 모든 영유아들은 보육교사로 하여금 동등한 가치로 대우받을 수 있어야 하며, 영유아의 권리와 인권을 보호하기 위해서 보육교사의 윤리강령이 필요하다. 때로는 부모들이 무리한 요구를 해 올 수 있다. 이때 보육교사의 윤리강령은 어떤 선택을 하는 것이 바람직한 것인가에 대한 올바른 가치 판단을 내릴 수 있도록 도와주는 기준이 될 수 있다.

(2) 영유아, 부모, 보육교사의 다양성

영유아의 발달은 모든 영역에서 보편적 기준에 따라 발달되는 것이 아니라 영유아 개인에 따라 발달의 개인차가 있다. 보육실 상황이나 보육활동에 따라 보육교사는 어떤 아이에게는 관심을 더 기울여야 하는 경우가 있다. 인지능력이 잘 발달된 아이가 있는가 하면 그렇지 못한 영유아들도 함께 있기 때문에 보육활동을 할 때 어느 수준으로 해야 할지, 또는 개인으로 할지, 집단으로 할지, 어느 쪽을 선택해야 올바른 선택인지, 망설이거나 딜레마에 빠지기 쉽다. 부모 또한 가족구조의 변화와 함께 과거보다 더 많은 요구를 하게 되고, 다양한 가족구조의 출현에 따른 부모의 요구도 매우 다양하다. 이러한 다양성을 무시하고 보편적 가족구성원으로 영유아를 대하게 되면 영유아와의 갈등뿐만 아니라 부모와의 갈등도 초래하게 된다. 보육교사는 영유아와 그의 가족과 협력하여 영유아의 올바른 성장을 위해 노력해야 하므로, 서로 다양한 요구를 가진 영유아나 부모로 인해 발생하는 윤리적 딜레마를 효과적으로 해결하기 위해 윤리강령이 필요하다(조미영 외, 2016). 또한 보육교사도 가족구조의 다양성만큼이나 다양한 성장 배경을 가지고 있고, 또한 경력에 따른 자격증을 가지고 있다. 대학이나 양성교육기관에 따라 짧게는 1년 6개월에서 길게는 4년 정도 각기 다른 교육과정을 통해 보육교사 국가자격증을 취득하고 있기 때문에, 보육현장에서 부딪치는 윤리적 딜레마를 잘 해결하기 위해서 보육인의 윤리강령이 필요하다.

(3) 보육교사 역할의 애매성

영유아는 과거에 비해 어린 시기에 어린이집이나 영유아교육기관에 다니게 된다. 어린 영유아에게 부모의 역할을 대신하여 먹이고, 입히고, 씻기고, 재우는 등 일상생활은 물론이고, 교육적 측면까지 감당해야 하는 등 보육교사의 역할은 매우 다양해졌다. 이런 돌봄의 과정에서 부모의 역할과 구분이 어려워지는 문제에 봉착할 수 있다. 특히 부모와의 의견이 일치하지 않는 경우, 부모와 영유아 사이에서 교사의 역할 경계가 분명하지 않아 혼란스러워서 보육교사 역시 올바른 판단을 내리기 어려워 고민할 때가 있다. 이런 혼란에 대해 방향을 잡아주는 지침이 윤리강령이다. 윤리강령은 딜레마 상황에서 교사가 올바른 판단을 내리도록 도와준다.

(4) 영유아 프로그램 특성의 다양성

영유아를 위한 국가수준의 표준보육과정(누리과정)은 0~1세, 2세, 3~5세로 구분하여 각 영역의 목표, 내용범주 및 구체적인 내용을 제시하고 있다. 하지만 보육현장에서는 반드시 가르쳐야 할 내용이 미리 결정된 것으로만 진행되는 것이 아니라 보육환경, 날씨, 보육실 상황에 따라 탄력적으로 운영해야 하는 경우가 발생할 때는 교사 스스로 의사결정을 해야 한다. 또한 영유아를 위한 보육활동은 초등학교의 교육과정과 달리 영유아의 흥미와 관심에 따라 다양한 경험과 과정을 중시하고 있다. 이에 영유아의 흥미와 관심에 따라 같은 영역과 수준일지라도 보육교사의 가치관에 따라 보육내용과 방법이 달라질 수 있다. 이때 윤리강령은 교사의 주관적인 판단에 치우치지 않도록 불확실성에 대한 철학적 기초를 제공해 줌으로써, 영유아의 전인적인 발달을 위해 적절한지, 가정과 지역사회의 요구를 반영한 것인지에 대한 옳은 결정을 내릴 수 있도록 도와준다.

이와 같이 직업윤리에 필요한 구체적인 이유를 볼 때, 윤리강령은 전문직과 비전문직을 구분하는 척도 중의 하나이다. 직업에 있어 책임이 큰 직종일수록 보다 더 윤리적이고 도덕적인 자세를 요구하기 때문이다. 보육교사는 인간의 성장과 발달을 다루고 있으므로 다른 전문직보다 높은 윤리성이 요구된다고 할 수 있다(성미영 외, 2015).

2) 보육교사의 윤리강령

보육은 영유아를 건강하게 양육하고, 안전하게 보호하며, 발달 특성에 적합한 교육을 제공하는 복지서비스이며, 보육인은 사랑과 존중과 전문지식을 바탕으로 영유아의 전인적 성장에 영향을 미치는 전문직업인이다. 그러므로 보육인은 윤리적 의식과 태도를 가지고 사회적 본분에 임해야 한다(한국어린이집총연합회, 2013).

보육교사가 가져야 할 영유아에 대한 윤리적 책임은 영유아의 발달을 지원하고 개인간 차이를 존중하며 협동적으로 생활하고, 영유아로 하여금 자신의 흥미와 관심에 초점을 맞추어 계획하고 문제를 해결할 수 있는 방법을 배울 수 있도록 도와주고 지원하며, 영유아의 건강과 안전, 자기존중감, 즐거움, 자기인식, 잠재력, 친화력 등 긍정적인 자아개념을 증진시켜 주는데 편견 없이 전념하는 것이다. 따라서 보육교사는 윤리강령을 직무수행의 규준으로 삼아, 보육현장에서 발생하는 윤리적 갈등을 해결하고, 생존권, 보호권, 발달권, 참여권 등 영유아의 권리를 보장함으로써, 직무상의 윤리적 책임을 다하여 전문직업인으로서의 위상을 공고히 하고자 2010년에 제정된 것이다. 한국어린이집총연합회(2010)에서 발표한 『보육인 윤리강령』은 다음과 같다.

(1) 보육인 윤리 선언

나는 영유아의 건강한 성장과 발달을 지원하는 보육교사(어린이집 원장)로서, 직무상의 윤리적 책임을 다하여 다음 사항들을 지킬 것을 다짐한다.

1. 나는 내가 영유아에게 지대한 영향을 미치는 존재임을 잊지 않으며, 항상 스스로의 말과 행동에 신중을 기한다.
1. 나는 영유아의 인격과 권리를 존중하며, 어떠한 경우에도 영유아에게 해가 되는 일을 하지 않는다.
1. 나는 영유아 가정의 다양성을 이해하고 존중하며, 상호 신뢰하는 동반자적 관계를 유지한다.
1. 나는 동료를 존중하고 지지하며, 서로 협력하여 최상의 보육서비스를 제공하기 위해 노력한다.
1. 나는 보육의 사회적 책임과 역할을 인식하고, 영유아의 권익과 복지를 위한 활동에 앞장선다.
1. 나는 「어린이집 원장 · 교사 윤리강령」을 직무수행의 도덕적 규준으로 삼아 진심을 다하여 충실히 이행한다.

(2) 어린이집 원장 및 보육교사의 윤리강령

범 주	상 세 내 용
영유아에 대한 윤리	1. 영유아에게 고른 영양과 충분한 휴식을 제공하여, 몸과 마음이 건강한 사람으로 자라도록 돕는다. 2. 성별, 지역, 종교, 인종, 장애 등 어떤 이유에서도 영유아를 차별하지 않고, 공평한 기회를 제공한다. 3. 영유아는 다치기 쉬운 존재임을 인식하여 항상 안전하게 보호한다. 4. 영유아에 대한 정서적 · 언어적 · 신체적 학대를 행하지 않는다. 5. 어린이집 내외에서의 영유아 학대나 방임을 민감하게 관찰하며, 필요한 경우 관련 기관("아동보호전문기관" 등)에 보고하고 조치를 취한다. 6. 영유아의 인격을 존중하고, 개인의 잠재력과 개성을 인정한다. 7. 개별적 상호작용 속에서 영유아의 요구를 수용하기 위해 노력한다. 8. 영유아의 사회 · 정서 · 인지 · 신체 발달을 통합적으로 지원하는 보육프로그램을 실시한다. 9. 특별한 도움을 필요로 하는 경우, 전문가와 협력하여 영유아의 입장에서 최선의 대안을 찾는다. 10. 보육활동을 계획, 실행, 평가하는 모든 과정에 영유아의 흥미와 의사를 반영한다. 11. 영유아의 개인적 기록과 정보에 대해 비밀을 보장한다.

가정에 대한 윤리	1. 상호 신뢰를 바탕으로 영유아의 가정과 동반자적인 관계를 유지한다. 2. 각 가정의 양육가치와 의사결정을 존중한다. 3. 경제적 수준, 가족형태, 지역, 문화, 관습, 종교, 언어 등 어떤 것에 의해서도 영유아의 가정을 차별 대우하지 않는다. 4. 보육활동 및 발달 상황에 관한 정보를 정확하게 제공하여 영유아에 대한 가정의 이해를 돕는다. 다문화, 심신장애 등으로 의사소통에 도움이 필요한 경우 문제를 해결할 최선의 방법을 도모한다. 5. 어린이집 운영 전반에 관한 정보를 공개하여 영유아 가정의 알 권리에 응한다. 6. 보육프로그램과 주요 의사결정에 영유아의 가정이 참여하도록 안내한다. 7. 필요한 사회적 지원, 전문서비스 등 관련 정보를 제공하여 영유아 가정의 복리 증진을 돕는다. 8. 영유아 가정의 사생활을 보호하고 익명성을 보장한다.
동료에 대한 윤리	• 어린이집 원장 1. 최상의 보육서비스 제공에 필요한 인적, 물적 환경의 조성 및 유지를 위해 노력한다. 2. 보육교사를 신뢰하고 존중하며 전문성과 자율성을 인정한다. 3. 성별, 학연, 지연, 인종, 종교 등에 따라 보육교사를 차별하지 않는다. 4. 업무 관련 의사결정이 필요한 경우, 보육교사의 의견 개진 기회를 보장한다. 5. 보육교사에게 지속적 재교육 등 전문적 역량 제고의 기회를 부여한다. 6. 보육교사에게 적정 수준의 보상(보험, 급여 등)을 안정적으로 제공하며, 복지증진에 힘쓴다. 7. 보육교사 개인의 기록과 정보에 대한 비밀을 보장한다. • 보육교사 1. 존중과 신뢰를 바탕으로 협력하며, 서로의 전문성과 자율성을 인정한다. 2. 상호 간 역량계발과 복지증진에 부합하는 근무환경이 되도록 힘쓴다. 3. 어린이집 원장 및 동료와 영유아 보육에 대한 신념을 공유한다. 4. 보육교사로서의 전문성 향상을 위해 스스로 노력한다. 5. 어린이집 내에서 영유아 및 보육교사의 인권과 복지를 위협하는 비윤리적 사태가 발생한 경우, 법률규정이나 윤리기준("한국보육시설연합회 윤리강령위원회" 참조)에 따라 조치를 취한다.
사회에 대한 윤리	1. 공보육에 대한 책임을 인식하고, 항상 질 좋은 보육서비스를 제공한다. 2. 영유아의 안전을 위협하는 환경이나 정책이 발견될 시, 관계기관과 협의하여 개선한다. 3. 공적 책임이 있는 어린이집으로서 재정의 투명성을 유지하고, 부정한 방법으로 사적 이익을 취하지 않는다. 4. 영유아의 권익보호를 위해 관련 정책 결정 및 법률 제정에 적극 참여하며, 사회적으로 이를 널리 알리는 데 앞장선다. 5. 지역사회 실정에 맞는 어린이집의 책임과 역할을 인지하고, 실천하고자 노력한다.

출처 : 한국어린이집총연합회 · 육아정책연구소(2010). 어린이집 원장 및 보육교사 윤리강령. 발췌함.

4. 영유아권리존중 보육

영유아권리존중 보육은 영유아가 호기심 어린 마음으로 자신과 자기주변을 탐색하고 느끼도록 지원하는 것이며, 영유아가 느끼는 생각을 잘 표현하도록 돕는 것이다. 또한 영유아가 자신의 의견을 자유롭게 표현할 수 있도록 격려하며, 그 목소리를 귀담아 경청하고 존중하며 영유아의 의견이 실천되도록 함께 탐색해 나가는 과정이라고 할 수 있다(서영숙 외, 2009).

1) 영유아권리존중과 보육교사[6)]

영유아기는 자신에 대한 이해로 자아개념이 발달하고, 자기중심성에서 점차 또래와의 관계를 통해 사회성, 의사소통, 대인관계, 도덕성 등이 발달하는 시기이기 때문에 주변에 대한 이해를 기초로 하여 타인에 대한 배려와 존중이 발달하는 최적의 시기로 보고, 보육교사는 영유아권리존중의 보육을 실천하여야만 한다.

그리핀(Griffin, 1995)에 따르면, 영유아 권리를 존중하고 인성 발달을 지원하기 위해 보육교사들은 끊임없이 자신의 직무에 대해 반성해 보고, 점검함으로써 이를 보육과정에 환류시켜야 한다고 하였다. 뿐만 아니라 보육교사의 재교육과 보수교육 내용에는 직무에 대한 반성(reflection)과 피드백 과정을 다룬 부분이 반드시 있어야 한다(이완정 외, 2015 재인용). 보육교사의 반성적 사고는 끊임없이 영유아에 대한 권리존중으로 나아갈 수 있는 원동력이 될 수 있다. 따라서 영유아권리존중 보육은 영유아의 권리를 보육교사가 존중해 주고 찾아줄 뿐만 아니라 보육교사와 함께 권리를 찾아가는 것이다. 이때 보육교사는 영유아의 권리를 존중하는 교수-학습방법을 실행하고, 개선해야 하며 끊임없는 자기반성과 성찰의 노력이 필요하다.

6) 윤매자(2010). 영유아권리존중 보육에 관한 자율장학의 효과와 의미. pp. 13-29 요약 및 재구성.

2) 영유아권리존중 보육의 실천

영유아권리존중 보육을 실천하기 위해 보육교사는 영유아권리존중을 위한 감수성을 키우고, 영유아권리와 관련된 권리교육을 실천하여야 한다. 영유아권리존중의 감수성을 키우기 위해서는 영유아에 대한 이해, 발달에 대한 이해, 보육과정에 대한 이해 등 영유아권리존중이라는 새로운 패러다임을 통해 영유아권리존중의 감수성을 키울 수 있다. 그 내용을 살펴보면 다음과 같다(서영숙 외, 2009).

(1) 보육교사의 영유아권리존중 감수성 키우기

① 영유아에 대한 패러다임의 변화

보육교사의 영유아권리에 대한 민감성에 따라 영유아권리존중 보육을 실천하고 실현되는 정도가 달라질 것이다. 그러기 위해서는 영유아권리존중 보육의 중요성을 바탕으로 보육교사가 가지고 있는 아동관과 영유아에 대한 관점을 점검해 볼 필요가 있다. 그들이 신체적 · 인지적 · 정서적 · 사회적으로 미숙하여 적절한 법적 보호와 배려를 필요로 하는 존재임은 분명하다. 그러나 미성숙한 존재로만 보는 것이 아니라 독립된 인격체로 인정하고, 사회의 한 개인으로서의 삶을 영위할 수 있도록 충분히 준비되어져야 하는 존재로 보는 새로운 패러다임의 변화가 필요하다.

② 영유아 이해에 대한 패러다임의 변화

영유아를 이해하는데 피아제(Piaget)의 견해를 살펴보면, 아동은 어른과 다른 자기 나름의 논리와 이해를 가지고 있어 어른의 관점에서는 틀린 답변이라 할지라도 아동의 견해를 존중하여 경청하고 정당화할 기회를 주어야 한다고 하였다. 또한 영유아는 인지적 갈등을 주는 문제에 대해 능동적이고 직접적인 행동이나 실험을 통해 새로운 지식을 구성해 간다고 하였다. 그동안 보육교사는 발달이론을 중심으로 영유아를 이해하는 것 즉, 어른이 이미 알고 있는 지식이나 사고를 중심으로 영유아를 이해하려고 했으나 이제는 영유아의 행동을 관찰하거나 대화를 기록하여 영유아 이해의 맥락 속에서 영유아의 마음을 읽어야 할 것이다.

③ 영유아 보육과정에 대한 패러다임의 변화

아동중심 교육은 듀이(Dewey)의 진보주의에 의해 아동의 개성과 흥미, 욕구, 자발성, 적성 등을 존중하는 교육과정으로 이어졌다. 아동을 소중하고 독립적 존재로 보는 관점은 19세기 이후 과학적 심리학의 태동을 불러일으켰고, 여러 학자들 프로이트, 에릭슨, 스키너, 피아제, 콜버그, 게젤(Freud, Erickson, Skinner, Piaget, Kohlberg, Gesell)에 의해 발달단계와 발달적 특징들이 영유아의 보육과정 구성의 전제로 받아들여지게 되었다(김진숙, 2010). 특히, 구성주의 이론을 적용한 교수-학습방법은 발달의 결과가 아니라 학습 그 자체가 발달이라고 강조하였다(Catherine, 2006). 교사도 영유아에게 배워야 한다는 학습자의 개입과 자기 조직화를 요구하게 되었으며, 학습자에게 질문하고 가능한 가설과 모형을 만들어 그 실현 가능성을 검증해 보도록 하는 새로운 패러다임은 보육교사가 가지고 있는 기존의 아동관과 영유아를 이해하는 시각이 바뀌게 된다.

(2) 영유아 권리교육

① 영유아 권리교육의 필요성

영유아는 태어나면서부터 자신의 권리를 향유할 가치 있는 존재이며, 그들의 권리증진을 위해 아동권리에 대해 알권리와 교육받을 권리가 있다(김정래, 1998). 그러므로 영유아는 자신들도 권리가 있음을 배워야 하고, 어른과 교사는 이를 가르치고 실천해야 하는 권리와 책임이 있다(Reardon, 1995). 그러나 그동안 아동권리교육은 학령기 아동이나 청소년을 대상으로 권리교육을 해 왔다. 권리교육을 어릴 때부터 습득하게 되면 긍정적인 자아개념, 타인의 권리 이해와 존중, 질서와 규칙 지키기, 협동하는 일 등 자신의 권리를 행사하고 타인의 권리도 존중하게 된다. 영유아 권리교육의 필요성을 살펴보면 다음과 같다.

- 자신과 타인을 신뢰하고 존중하는 마음을 키워준다.
- 자신의 몸과 마음을 사랑하고 스스로 지킬 수 있는 힘을 기를 수 있다.

- 자신의 권리를 알고 자기 결정권, 자율적인 의사 표현, 평등함에 대한 존중하는 민주시민으로 성장한다.
- 참다운 민주시민으로 성장하기 위해 긍정적인 자아존중감을 형성한다.

② 영유아 권리교육

영유아 권리교육은 두 가지 방법으로 실천할 수 있다. 하나는 영유아의 권리침해 사례를 통한 방법과 다른 하나는 유엔아동권리협약에 근거한 영유아의 권리를 보장하는 방법이 있다. 첫째, 영유아 자신의 권리를 알아가는 방법으로 일상생활의 사례를 활용하는 것이 유용하다. 영유아가 현재 당면한 문제, 해결하고 싶은 욕구 등 일상생활에서 영유아권리와 상충되는 사례들을 활용하여 영유아의 권리를 침해하는 요소를 해결함으로써 영유아권리존중 보육으로 이어지게 된다.

둘째, 유엔아동권리협약에 명시된 아동권리 보장을 근거로, 표준보육과정(누리과정)의 각 영역에서 아동권리 주제와 관련된 내용을 이해하도록 돕기 위해 기본적으로 이야기 나누기, 집단토의, 조사, 발표, 토론 등의 프로젝트 접근법을 활용할 수 있다(서영숙 외, 2009). 특히, 프로젝트가 시작할 때 분명한 것은 성인과 영유아가 협력해서 책임을 지고 이루어가는 하나의 과정이다(Hendrick, 1998). 따라서 교사와 영유아는 동등한 권리를 가진다고 볼 수 있기 때문에 영유아 권리교육을 위한 유용한 교육방법이라고 할 수 있다. 이러한 활동을 진행할 때, 아동권리가 어떤 것인지, 이해가 부족하거나 어렵거나 하는 내용에 대해서는 영유아의 관심과 흥미를 끌기 위해 이야기 나누기, 동화, 동시, 노래, 게임, 극놀이, 시청각, 현장학습 등 다양한 교수-학습방법을 사용할 수 있다.

③ 영유아 권리교육의 내용

영유아 권리교육에 대해 보육교사들이 보육계획안을 작성할 때, 표준보육과정(누리과정)에서 영유아권리와 연관되는 것을 찾아 연령별 보육계획안을 작성하고 이때 교사는 유엔아동권리협약의 관점에서 보육과정에 적용해 볼 수 있다. 구체적인 영유아 권리교육의 방법과 내용은 다음과 같다.

〈표 4-4〉 영유아 권리교육의 내용

방법	활동 내용 및 자료
이야기 나누기	• 유엔 아동권리협약의 4대 범주 – 아동 · 청소년의 권리 보육교사용 교재 및 어린이재단의 동화 • 월별 생활주제와 4대 범주의 통합내용 – 표준보육과정(누리과정) : 이야기 나누기 자료
탐구 조사	• 월별 생활주제와 4대 범주의 통합내용 – 권리 실현의 위협 요소 및 대처방안 참여활동에 관한 내용 – 인터넷, 도서 자료, 부모님과 지역사회인사 초청 등
동화	• 차별과 비차별, 건강 · 안전 관련 내용, 배변훈련, 편식지도, 성교육 – 동화책, 인형, 사진 등
동시 노래	• 월별 생활주제와 4대 범주의 통합내용 – 노래가사 활용 및 개사, 동시 프로젝트, 별명으로 노래하기 – 표준보육과정(누리과정) : 동시, 노래 자료, 동요 CD 등
만들기	• 월별 생활주제와 4대 범주의 통합내용 – NIE, 미술, 교구활용, 책 만들기, 방패 만들기, 허수아비 걸기 – 신문, 잡지, 교구, 다양한 미술재료 등
게임	• 쥐와 고양이, 장애체험, 깡통 징검다리 건너기, 가족 등반대회, 신호등놀이, 미니올림픽, 교통 표지판 이해, 피망게임 등 – 다양한 게임 도구 사용
자연탐구	• 송편 만들기, 씨앗 싹틔우기, 가을 열매, 김치 담그기 – 쌀가루, 콩, 깨, 씨앗, 화분, 모종삽, 흙, 사과, 배, 감, 김치재료 준비물
극놀이	• 함께 놀아 주세요, 아침밥 주세요, 내가 입고 싶은 옷 입을래요, 피아노치고 싶어요, 운동화 신고 싶어요, 인형으로 배변하기 – 재활용품이나 놀잇감으로 분장하기 등
시청각	• 추석, 성묘, 가을걷이, 갯벌 생태, 독도 지키기, 전쟁 관련 내용, 안전 지킴이, 우리들의 안전 약속, 전염병 알기 – 사진, 관련자료 동영상 등
현장 학습	• 우리 동네, 차도 건너기, 보건소, 박물관, 소방서 – 사진, 관련 자료 동영상, 현장 견학 및 체험 활동 등

출처 : 서영숙 외(2009); 임정희(2005). p. 34. 재구성.

3) 영유아 권리교육을 위한 교사의 역할

영유아 권리교육은 모든 사람으로 하여금 영유아 권리를 이해하고, 일상생활 속에서 영유아 권리를 실천하며, 영유아와 함께 행복을 향유할 수 있는 힘을 기르도록 하는 것이다. 이러한 맥락에서 영유아를 위한 영유아 권리교육도 영유아 자신이 어른으로부터 권리를 보장받을 수 있도록 스스로 자신에게 권리를 익혀 나가는 것이 중요하다(荒牧重人, 2009; 윤매자, 2010 재인용). 따라서 영유아에게 영유아 권리교육을 담당하는 교사는 영유아권리에 대한 지식과 교수-학습 전략을 효과적으로 모색해 나가는 태도를 갖추고 있어야 한다.

(1) 아동권리에 대한 지식 구축

영유아 권리교육에 대한 수업의 효율성을 높이기 위해서는 가르칠 권리 주제에 관한 전문적인 지식과 방법에 관한 실천적인 내용을 알아야 하며, 수업을 효율적으로 진행할 수 있는 기술과 영유아권리존중에 대한 태도가 필요하다. 유엔아동권리협약(제29조)에 의하면, 아동권리교육의 중요성은 다음과 같다.

첫째, 아동의 인격과 재능을 존중하며, 정신적 · 신체적 능력의 최대한 계발할 수 있도록 기본적 자유와 권리가 내포된 원칙에 대한 존중, 둘째, 자신의 부모, 문화적 주체성, 언어의 가치, 거주국과 출신국의 국가적 가치 등 다문화에 대한 존중, 셋째, 아동은 모든 사람과의 관계에 있어서 이해, 평화, 관용, 성 평등 등 민주사회에 책임 있는 삶을 영위하도록 하는 준비에 대한 존중, 넷째, 자연환경에 대한 존중 등이 있다. 이처럼 가르치는 교사가 아동권리교육의 중요성을 인식하고 있을 때 아동권리교육의 효율성은 더욱 높아진다고 볼 수 있다.

(2) 영유아 권리교육의 교수법 활용

영유아 권리교육에 있어서 유엔아동권리협약 그 자체가 영유아 권리교육의 내용을 대신할 수 없다. 교사는 바람직한 영유아 권리교육을 제공하기 위해 영유아 권리교육에 대한 지식을 구축하고, 이를 토대로 영유아 권리교육을 실행할 수 있는 다양한 교수법을 활용해 나갈 수 있는 능력이 필요하다.

보육교사는 영유아의 권리를 신장하여 인간다운 삶을 살 수 있도록 도와주는 영유아 권리교육을 실천해야 한다. 교사의 능력에 대한 사전적 정의는 어떤 구체적인 특정 영역에 영향을 줄 수 있는 일련의 전문지식과 기술, 역량, 그리고 특성으로 이해된다. 영유아 권리교육의 활용능력은 교사가 권리적으로 사고하고, 느끼고, 행위 할 수 있는 역량과 자질, 그리고 이를 갖추기 위해 노력하는 의지라고 할 수 있다.

최근 독일에서는 학교수업에서 이루어져야 할 인권교육 능력영역(kompetenzbereich)을 제시하고 있는데(이미식, 2007), 인간의 존엄성과 권리존중, 상호관련성, 사회적 약자로서 조망수용능력, 사회전체의 관점에서 인권을 이해할 수 있는 능력, 인권 감응성, 연대의식과 실천력 등이 포함되어 있다(Tarrow, 1987). 따라서 영유아 권리교육을 통해 이러한 능력들에 대해 영유아가 알아야 자신의 권리를 행사할 수 있게 된다. 그러기 위해서는 보육현장에서 영유아 권리교육을 실천할 수 있도록 교사교육이 충분히 이루어져야 한다.

(3) 영유아 권리교육에 대한 긍정적 태도

태도란 특정한 대상에 대한 일반적인 감정적 반응이다(Leonhard & Housd, 2003). 교사의 태도 속에 내재된 주관적 판단 경향은 교사 개인의 경험을 통해 형성되며, 그 태도는 영유아를 지도할 때 영향을 줄 수 있다. 이는 보육교사가 영유아 권리에 대해 흥미가 있거나 관심이 있는 경우, 그렇지 못한 교사에 비해 영유아에게 스스로 권리의 주체로서 행사할 수 있는 기회를 많이 부여할 수 있다. 반대로 부정적인 태도를 가진 교사는 자신의 권리뿐만 아니라 영유아 권리에 대한 소중함을 인식하지 못하기 때문에 영유아 권리교육을 실시하는데 한계가 있다.

3

PART

보육교사의 직무수행

보육교사에게 직무란 어린이집에서 보육서비스의 제공 시 요구되는 의무이며, 일반적으로 교육업무는 국가수준의 표준보육과정(누리과정)에 의한 영유아의 일과활동을 계획하고 실행하며 평가하는 것을 말하며, 교사로서 영유아의 안전과 청결 · 위생을 관리하고 지도한다. 일상적 보육활동에서 영유아와 상호작용, 부모상담, 보육 및 관찰일지 작성도 함께 수행한다. 또한 보육을 지원하기 위한 보조업무는 보육환경 운영과 유지에 관한 직무들로, 보육실 내 청소, 영유아의 간식과 식사준비, 보육환경 구성 등이며, 보육운영과 관련된 일반 업무로는 교사회의, 출석부 정리, 실습생 지도, 시설물 점검 등과 같은 어린이집 시설운영과 관련된 업무들이 있다. 제 3부에서는 이와 같은 보육교사의 직무와 관련된 것으로, 연령별 일과운영, 영유아 이해와 지도방법, 보육실 운영관리, 보육교사의 임용과 복무, 보육교직원과의 협력, 부모 및 지역사회와의 협력 등 보육교사의 직무수행에 대해 구체적으로 살펴봄으로써 예비보육교사의 직무수행능력을 기르고자 한다.

Chapter 05

연령별 일과운영

어린이집에서 하루 일과 운영은 보육실에서 보육교사와 영유아가 함께 지내면서 하루 동안 경험하게 될 여러 가지 교육적, 일상적 활동을 하루 단위로 순서와 시간을 정하여 배열하고 이를 실행하는 것이다(노희연 외, 2016). 보육교사는 돌봄과 교육을 하는 사람이다. 연령별 일일보육계획안에 따라 탄력적으로 운영하고 이후 평가에 반영한다. 대체로 보육실에서 영유아들과의 상호작용이나 민감한 반응 등이 보육교사의 질적인 면을 가름할 수 있다. 즉, 영유아가 하루 동안 시간을 어떻게 보낼 것인가에 대한 내용을 체계적으로 계획한 것이라고 할 수 있다. 따라서 하루 일과 계획은 표준보육과정과 누리과정에 근거하여 영유아의 발달과 흥미에 따라 탄력적으로 운영되는데, 정해진 시간을 보다 적절하게 활용할 수 있는 기본 틀을 제시해 준다고 볼 수 있다(윤매자 외, 2017b). 5장에서는 일과운영 계획의 기본 원리 및 일과운영 시 고려할 사항에 대해 살펴보고, 영유아의 전인적인 발달을 위하여 영아반과 유아반의 일과운영의 실제와 보육교사의 역할에 대해 살펴보고자 한다.

1. 어린이집의 일과운영[1)]

보육교사는 영유아의 연령별 발달 수준과 흥미를 고려한 보육계획안을 계획하고 하루 일과의 시간적인 흐름에 따라 운영하고 평가할 수 있어야 한다. 하루 일과 운영은 전체적으로 계획, 실행, 평가가 반영되는 실제로서 영유아와 교사의 상호작용과 교수-학습방법을 요하는 보육교사의 전문능력이며, 이는 보육의 질에 영향을 미칠 수 있다. 다음은 일과운영을 계획할 때 기본 원리와 고려할 사항에 대해 알아보고자 한다.

1) 일과운영 계획의 기본 원리

영유아가 하루 동안 어린이집에서 시간을 어떻게 보낼 것인가에 대한 내용을 하루 일과라고 한다. 잘 계획된 하루 일과는 매일 반복되는 경험이나 활동의 순서를 예견하고 기대할 수 있기 때문에 영유아가 안정감 있게 하루를 지낼 수 있으며, 일과운영 계획의 기본원리는 다음과 같다(노희연 외, 2016).

(1) 영유아의 개별적인 욕구, 교사의 목표, 어린이집의 보육철학과 정책 등을 반영하여 이들 간의 균형을 맞출 수 있어야 한다.

(2) 연간 계획안에서 월별 주제, 주간 계획안을 기초로 하여 일일계획안을 작성하여, 영유아의 전인적 발달과 흥미중심으로 하루 일과의 순서를 정하고 계획을 세워서 진행하고 평가한다.

(3) 영아의 경우, 사전에 개별 영아의 배변, 수유, 이유식, 낮잠 등의 생리적 시간표를 파악하여 일과운영에 참고한다.

(4) 유아의 경우, 일상생활습관, 놀이활동, 정리정돈, 간식, 점심, 낮잠, 집단활동, 실외놀이 등을 포함하되 유아 개개인의 발달에 맞게 융통성 있게 계획하여야 한다.

---

1) 윤매자 · 강순희 · 이종숙 · 이현주(2017). 보육실습. 공동체. pp. 81-94 재구성.

(5) 보육활동과 일상적 생활을 구분하지 않도록 하고, 신체적 욕구 충족을 위한 활동과 일상생활 속에서 놀이 중심으로 한 활동을 함께 운영하도록 한다.

(6) 상호작용은 영유아와 교사, 영유아와 영유아, 영유아와 교구 · 교재 등 여러 가지 상황에서 다양한 상호작용이 일어날 수 있도록 계획하여야 한다.

(7) 오전의 활동과 오후 활동이 자연스럽게 전이되도록 계획하여야 한다.

(8) 처음으로 적응하는 학기 초에는 가능한 하루 일과를 간단하게 계획하여 무리하지 않도록 하여 실행하여야 한다.

2) 일과운영 시 고려할 사항

일과운영은 기본적으로 각 영유아의 발달 특성과 신체적 리듬에 따라 운영하여야 하며 계획안을 기초로 일과를 운영할 때 고려할 사항은 다음과 같다(보건복지부, 2012; 윤매자 외, 2017).

(1) 0세는 수유 및 이유, 기저귀 갈이, 낮잠 등 생리적 욕구를 고려하여 일상적인 양육활동에 대한 계획을 반영하여야 한다. 이때, 영아의 개별적인 욕구와 놀이활동도 함께 계획하여야 한다.

(2) 1세는 간식과 점심, 기저귀 갈이, 낮잠 등 일상적인 양육활동과 함께 점차 놀이활동시간을 늘어나도록 계획한다.

(3) 영유아의 개별 특성에 맞게 실내자유놀이 시간과 실외놀이 시간을 균형 있게 하고, 2세 후 반이 되면 다음 일과로 넘어가기 전에 5~10분 잠깐 모여 앉아 전이활동으로 진행할 수 있도록 한다.

(4) 일과운영 시간은 어린이집의 특성과 상황, 계절, 날씨 등에 따라 조정할 필요가 있다.

(5) 국가수준의 표준보육과정(누리과정)의 목표에 맞추어 하루 일과를 계획, 운영하는데 기초적인 자료로 활용하여야 한다.

(6) 하루 일과를 일관성 있게 계획하고 운영하여 영유아들이 규칙성을 경험하도록 한다.

(7) 낮잠 및 휴식, 간식과 식사 지도 등의 일상적 양육활동이 즐겁고 안전하며 교육적인 경험이 되도록 해야 한다.

(8) 영유아들의 생리적인 욕구를 개별적으로 해결해 주고, 이를 충족할 수 있는 시간과 공간을 배려하여야 한다.

(9) 동적 활동과 정적 활동, 실내활동과 실외활동, 개별활동과 집단활동, 교사가 주도 하는 활동과 영유아가 주도하는 활동, 활동하는 시간과 휴식하는 시간 등을 균형 있게 안배하도록 한다.

(10) 영유아의 흥미, 요구, 반응 등을 민감하게 관찰하여 융통성 있게 운영한다.

(11) 일과운영을 한 후 그날 활동에 대한 평가를 하고 다음 날을 기대할 수 있도록 지도한다.

2. 영아반 일과운영 및 교사의 역할

영아는 발달 특성상 수유, 배변, 낮잠, 휴식, 이유식, 세면 등과 같이 즉각적인 관심이 요구된다. 기본적인 신체적 · 정신적 욕구가 유아보다 긴급하고 절박하므로, 영아반 보육교사는 하루 일과 운영 시 민감하고 즉각적인 반응을 해 줄 수 있는 개인적인 자질과 바람직한 인성이 우선되어야 한다(노희연 외, 2016).

영아반의 경우, 하루 일과에 맞추어 운영하되 영아 개개인의 욕구를 고려하여 융통성 있게 조절하도록 한다. 특히 사전에 부모를 통해 영아의 생리적인 시간표, 즉 배변 시간, 낮잠시간, 투약, 알레르기, 편식, 먹는 음식의 양 등을 파악하여 일과 계획과 운영에 반영하여야 한다. 이와 같이 잘 계획된 하루 일과는 영아의 심리적 안정감을 갖게 되어 보다 다양한 도전을 해 봄으로써, 질 높은 보육경험을 하게 된다.

영아반 보육교사는 먼저 영아발달의 특성인 영아는 독특하고, 열정적인 학습자이자 사회적 존재이며, 특별히 취약한 존재라는 것을 알아야 한다. 대체로 교수-학습 상황에서의 영아반 보육교사의 역할은 관계 형성자로서의 역할, 자기 통제력 형성 지원자의 역할, 반응자의 역할, 학습 안내자로서의 역할, 평가자로서의 역할을 해야 한다. 따라서 영아반 보육교사 역할은 사라쵸(Saracho, 1988)가 제시한 보육교사의 역할보다 더 많은 경험이 필요하며, 매 순간마다 신속한 결정을 해야 하고, 일반적인 학문에서 접할 수 없는 다양한 고지식성이 요구된다. 영아반 보육교사의 하루 일과 운영에 대해 구체적으로 살펴보면 다음과 같다.

1) 맞이하기

영아의 하루 일과는 등원하여 교사와의 첫 눈 맞춤부터 시작된다. 등원시간에는 영아가 전날 밤은 어떻게 지냈는지 수면, 건강상태 등을 알아보고, 부모와의 대화를 통해 영아의 건강상태를 가름하고 보육에 필요한 정보를 교환하는 시간이 되어야 한다. 또한 영아반 교사는 부모와 영아를 반갑게 맞이하고 영아와의 래포(Rapport)를 형성하여 편안하고 자연스러운 분위기에서 부모와 헤어질 수 있도록 돕는다.

맞이하기를 위한 영아교사의 역할은 다음과 같다(박근주 외, 2011).

[그림 5-1] 햇빛어린이집(현관)

- 부모와 함께 영아와 헤어지는 절차 계획하기
- 하루 일과에 대한 기대감 가지기
- 웃는 얼굴로 영아와 눈 맞춤하기
- 교사-영아 간 반가운 마음 표현하기
- 영아-부모의 안정적인 격리 상황 유지하기
- 영아-교사의 애착관계 형성하기
- 민감한 시각으로 하루 일과 관찰하기
- 객관적인 일과활동 기록하기
- 일과활동을 중심으로 한 부모와의 상담 준비하기
- 신체적 건강상태 · 안정적 심리상태 점검하기

2) 수유 및 이유(간식 및 식사)

수유와 이유식, 간식과 식사시간은 영양 면에서는 균형 잡힌 영양을 섭취할 수 있어야 하고 심리적으로 안정되어 즐거운 시간이 될 수 있도록 해야 한다. 수유와 이유의 양이나 내용, 횟수 등은 영아의 월령과 보육시간을 고려하여 조정한다. 수유 시에는 교사와 영아와의 상호작용이 충분히 이루어질 수 있도록 개별적이며 즐거운 분위기에서 먹이도록 한다. 수유는 반드시 영아 한 사람씩 가슴에 안고 먹이며 먹인 후에는 트림을 시켜서 자리에 눕힌다. 또한 식사를 마치고 나면 양치질을 하도록 지도하고 어린 영아는 직접 도와준다. 수유(이유) 및 식사지도를 위한 영아교사의 역할은 다음과 같다(박근주 외, 2011).

- 스스로 먹도록 유도하기
- 음식의 양과 지연시간에 대한 개별차이 이해하기
- 교사의 자상한 배려와 양육적 태도 가지기
- 단계별 먹는 기술 및 방법 익히기
- 선호하는 맛을 중심으로 새로운 맛 권유하기
- 가정과의 협력으로 간식과 식사 제공의 일관적 태도 유지하기
- 식욕의 변화에 대해 주의 깊게 관찰하기
- 산만한 활동이 되지 않도록 분위기 조성하기
- 즐거운 시간으로 유지하기

[그림 5-2] 간식 탐색하기

3) 실내놀이 활동

보육실은 여러 가지 흥미영역으로 구성하여 영아들에게 다양한 경험할 수 있도록 해야 한다. 영아반 교사는 연령에 맞는 교재·교구와 다양한 놀잇감을 제공하여 영아

의 흥미와 호기심, 탐구적인 태도를 기르도록 실내놀이 환경을 구성해야 한다. 놀이는 일방적으로 이루어지는 것보다 영아의 반응을 수용하고 확장하여 적극적인 상호작용이 일어날 수 있도록 충분한 기회를 주도록 해야 한다. 영아를 위한 실내놀이 영역은 대근육 활동영역, 기저귀 가는 영역, 수유영역, 낮잠영역, 감각놀이영역, 딸랑이영역, 거울영역 등으로 다양하게 구성할 수 있다.

실내놀이지도를 위한 영아교사의 역할은 다음과 같다.

- 영아의 눈높이를 맞추고 이야기하기
- 영아의 수와 집단의 연령에 맞게 놀잇감을 준비하여 갈등이 생기지 않도록 하기
- 놀잇감과 자료는 그 이용이 예상되는 영역에 준비하기
- 주어진 시간에 몇 명이 놀이할 수 있는지 영아가 알 수 있도록 하기
- 영아가 자신의 생각, 감정 표현을 할 때 주의 깊게 듣기
- 한 번에 한 가지 간단하게 지시만 하기

[그림 5-3] 실내자동차놀이

4) 낮잠 및 휴식

영아는 하루 생활 중 수면시간이 많기 때문에 세밀한 배려와 계획이 필요하다. 분위기는 아늑하고 조용하게 만들어 주고 영아들이 편안하고 안정감을 느낄 수 있도록 해야 한다. 또한 배가 고파 잠에서 깨지 않도록 자기 전에 수유와 이유, 식사 등의 시간을 적절히 하고, 자기 전에 기저귀를 갈아주어 충분히 잘 수 있도록 한다.

낮잠 및 휴식지도를 위한 영아교사의 역할은 다음과 같다(박근주 외, 2011).

[그림 5-4] 햇빛어린이집(낮잠)

- 낮잠시간 이외의 시간에도 끊임없는 영아의 신체리듬 살피기
- 영아의 개별 적응력에 따른 낮잠시간의 차이 인식하기
- 영아의 주변 떠나지 않기
- 낮잠 이후 기저귀 살피기 또는 화장실 가기
- 가정과 같은 편안한 장소와 분위기 조성하기
- 규칙적인 수면시간 지키기
- 잠자기 이전 활동 준비하기
- 정해진 낮잠시간에 대해 융통성 가지기
- 개별 영아의 위생적 환경과 침구 마련하기
- 잠자는 바른 자세 잡아주기

5) 배변훈련(기저귀 갈이 및 화장실 다녀오기)

영아의 배변은 대소변 훈련이 되기 전까지는 대부분 개인의 습관에 따라 이루어진다. 영아반 교사는 수시로 기저귀를 점검하고 기저귀 갈이대를 이용하여 영아가 불편하지 않도록 갈아준다. 영아들은 2세(36개월 미만)가 지나면서 대소변을 가리게 된다. 기저귀를 차지 않고 어린이집에서 하루 일과를 보내는 것이 가능하지만 자주 실수할 수 있으므로 교사의 따뜻하고 너그러운 태도가 필요하다. 화장실에서 용변보기, 손 씻기 순서 등의 그림을 벽에 붙여주어 영아들에게 스스로 화장실 가기, 옷 벗고 입기, 배변 후 물 내리기, 손 씻기 등을 안내해 준다.

배변훈련을 위한 영아교사의 역할은 다음과 같다(박근주 외, 2011).

- 영아의 신체적 리듬을 파악하여 상황 예측하기
- 결과물에 대한 과잉반응 자제하기
- 배변활동 결과에 대해 도덕적 의미 부여하지 않기

- 불안감 최소화시키기
- 건강상태 함께 고려하기
- 가정과의 연계활동 프로그램 계획하기
- 발달단계에 따른 배변활동의 차이 이해하기
- 습득시기에 대해 여유로운 마음으로 지도하기
- 교사의 언어적 제안으로 자발적 의사표현의 기회 증가시키기
- 편안한 환경과 월령 특징에 적합한 물품 활용하기

[그림 5-5] 기저귀 갈이대

6) 실외놀이 활동 및 나들이

영아들은 주로 보육실 안에서 많은 시간을 보내지만 햇볕이나 바람 등 자연환경에 노출하여 오감을 느낄 수 있도록 실외놀이와 나들이를 계획하여야 한다. 걷지 못한 영아들은 유모차를 이용하여 산책하거나 이동하여 어린이집 주변 공원이나 자연환경을 탐색하고 관찰할 수 있는 힘을 기르도록 한다. 특히 월령이 높은 영아들에게는 실내에서 할 수 없는 놀이기구를 이용한 대근육 활동이나 모래놀이, 세발자전거 타기, 뛰어다니기, 식물 관찰하기 등 다양한 경험을 할 수 있다.

[그림 5-6] 실외놀이 활동

7) 귀가 지도 및 가정과의 연계

귀가 시간이 다가오면 영아반 교사는 개인이 갖고 가야 할 영아의 소지품이나 물건이 없는지를 살펴보고, 전달사항을 점검한다. 등원시간과 비교하여 특별한 변화가 없는지를 살핀 후 개별적인 연락사항이 있으면 준비한다. 이때 등원 시에 활용한 어린이집과 가정과의 '연락장'을 활용하여 영아의 하루 생활을 간단하게 기록해서 부모님께 전해 주도록 한다. 특별히 영아의 건강이 좋지 않다든지 부주위로 다친 곳이 있으면 어린이집 있었던 일을 자세히 적어서 전달하는 것이 좋다. 또한 어린이집에서 하루를 보낸 영아들이 안전하게 귀가할 수 있도록 정리하여, 즐거운 마음으로 부모님을 만날 수 있도록 정서적으로 지지해 준다. 귀가 시 부모와 만나 영아가 하루 동안 지낸 일 등에 대해 이야기를 나누고 약속된 보호자와 함께 귀가 했는지를 반드시 확인하여야 한다.

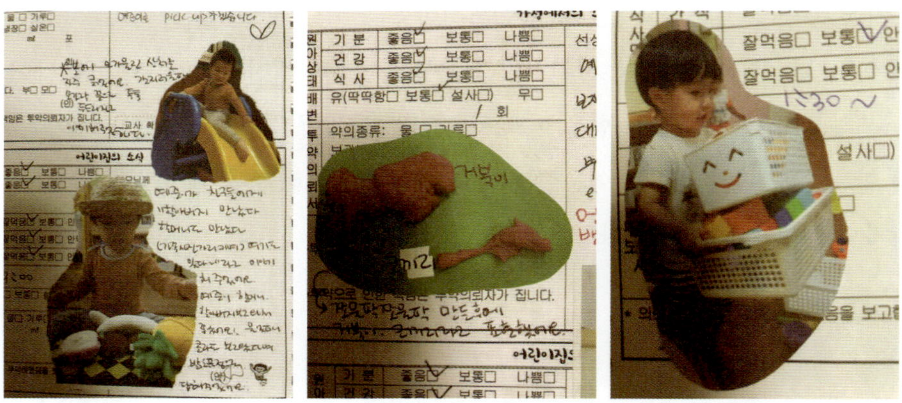

[그림 5-7] 가정과의 연계 및 알림장

2. 유아반 일과운영 및 교사의 역할

유아의 하루 일과는 일상생활에서의 경험들이 어린이집에서 다양한 활동영역을 통해 표현되기도 한다. 자유선택 놀이시간은 유아들이 주도적으로 계획하고 자율적으로 조절할 수 있는 능력을 기르며 자신의 잠재력을 발휘할 수 있는 좋은 기회가 된다. 또한 다양한 경험 속에서 흥미롭고 재미있었던 사건이나 기억과 모방은 상상력과 창의력으로 발현되어 흥미와 자신감을 갖게 한다. 유아반 교사는 유아 개개인이 자기 자신에 대한 이해와 통찰을 깊게 하여, 자율적이고 자주적인 생활습관을 형성해 나갈 수 있도록 국가수준의 표준보육과정(누리과정)을 바탕으로 하루 일과를 체계적이고 전문적으로 운영하여야 한다.

1) 등원하기

어린이집에서의 하루 일과는 유아가 어린이집에 도착하면서부터 자연스럽게 진행되어지므로, 유아반 교사는 보육실 및 실외 환경에 대한 안전을 사전에 점검하고 유아들을 반갑게 맞이한다. 등원 시 유아 개개인의 건강상태 및 심리상태를 파악하거나 관찰하여 유아가 안정되고 편안한 하루가 시작되도록 도와준다. 즉, 개별 유아의 이름을 불러주거나 미소를 보내거나 눈을 맞추는 등 관심을 보임으로써 유아가 자신을 반갑게 맞아하고 있음을 자연스럽게 알아차릴 수 있도록 하여 안정감을 느끼게 한다.

등원 지도를 위한 유아교사의 역할은 다음과 같다(박근주 외, 2011).

- 등원 전 보육실 환기 및 공간 구성 점검하기
- 등원 시 기본생활습관 지도하기
- 개별적 상호작용을 통하여 유아에게 안정감과 즐거움 제공하기
- 유아가 나타내는 신체적 · 심리적 정보 나누기
- 특수한 욕구가 있는 유아의 상황에 대해 신속하게 대처하기

- 유아가 가정에서 가지고 온 물건은 없는지 확인하기(예 : 약, 인형 등)

2) 자유선택놀이

자유선택놀이는 일과구성에 따라 다르겠지만 일반적으로 오전, 오후 각각 한 번씩 실내 자유선택놀이를 계획할 수 있다. 오전 자유선택놀이는 개별 유아가 등원하는 그 때부터 시작되며, 오후 자유선택놀이는 점심식사가 끝난 시점 또는 낮잠시간에 일찍 일어나는 유아들이 자유선택놀이를 할 수 있다. 이 놀이를 통해 유아반 교사는 개별 유아들의 선호도를 파악할 수 있고, 유아의 강점과 약점 능력을 파악할 수 있어 개별상담이나 지도가 가능하고, 적극적인 상호작용을 하는데 도움이 된다. 또한 성격이나 일상생활습관 등을 파악할 수 있어 하루 일과 중 매우 중요한 활동시간이라고 할 수 있다.

자유선택놀이를 위한 유아교사의 역할은 다음과 같다.

- 유아의 발달 및 흥미, 주제에 맞는 교구·교구 배치하기
- 유아-교사 간의 일대일 상호작용의 기회 확대하기
- 유아가 주도적인 놀이로 이끌어 가도록 제안하기
- 원활한 활동을 위한 정리정돈, 안전한 놀잇감 제공하기
- 놀이 시 교사는 상호작용은 하되 지나친 개입은 하지 않기
- 또래 간의 긍정적 상호작용 격려하기
- 유아 간의 충분한 대화와 놀이를 할 수 있도록 안전한 공간 제공하기
- 관찰 기록을 통해 유아의 흥미영역과 특성 파악하기

[그림 5-8] 자유선택놀이

3) 정리정돈 및 전이활동

정리정돈은 매번 활동프로그램이나 놀이가 끝날 때 교사는 놀이의 상황을 살펴보고, 마무리 시간을 5~10분 전에 유아들에게 미리 알려주어서 스스로 놀이를 마무리할 수 있도록 해야 한다. 유아에게 자신이 활동한 자료나 가지고 놀던 놀잇감을 정리하여 보관하는 습관과 책임감을 길러 주어야 한다. 이때 즐거운 마음으로 정리할 수 있도록 유아에게 "이 책은 어디에 두면 좋을까?", "이 장난감 어느 바구니에 넣을까?", "쓰레기는 쓰레기통에 버려주겠니" 등 구체적인 지시나 격려로 정리할 수 있도록 적극적인 참여를 유도한다.

전이활동은 하루 일과를 진행하는 중 활동이 끝난 후, 다음 활동으로 이어지는 때를 전이시간이라고 하는데, 이때 유아들에게 주의를 집중시키기 위해 주로 간단한 노래나 손유희 활동을 말한다.

전이활동을 위한 유아교사의 역할은 다음과 같다(박근주 외, 2011).

- 영역 간의 전이시간을 알려 주어 자연스런 연계로 이끌기
- 융통성 있고 유기적인 작업 계획 구상하기
- 충분한 매체 및 교구 선정하기
- 참여활동의 진행과정 및 성취 수준을 고려하기
- 갑작스런 활동의 중단이나 활동의 지루한 기다림 제거하기
- 활동의 촉진으로 유아의 주도적 활동 기대하기
- 교사의 개입유형 결정하기
- 활동과 활동 사이의 균형 있는 휴식 제공하기
- 정리정돈의 습관으로 또래와의 배려 지도하기

[그림 5-9] 정리정돈

4) 배변훈련 및 손 씻기

배변은 하루 일과 중 수시로 일어나며 유아의 배변습관에 따라 다르기 때문에 교사의 세심한 주의가 필요하다. 손 씻기는 대소변, 정리정돈, 간식이나 식사 전후, 활동프로그램, 실외놀이 등이 끝나고 손 씻기를 하도록 위생과 청결에 대한 기본생활습관을 잘 기르도록 지도한다.

배변훈련 및 손 씻기를 위한 유아교사의 역할은 다음과 같다.

- 용변보기, 손 씻기에 대한 순서나 사용방법에 대한 그림 제공하기
- 3세 유아나 놀이에 집중하는 유아들을 위해 화장실 가는 시간 미리 알려주기
- 화장실에서 장난치기 않도록 지도하기
- 화장실 바닥의 물기를 제거하여 미끄럼 방지하기
- 유아 스스로 화장실 사용에 대한 칭찬과 격려하기
- 화장실의 위생과 청결 관리하기

[그림 5-10] 햇빛어린이집(손씻기)

5) 대 · 소집단 활동

대 · 소집단 활동은 집단 안에서의 상호작용을 직접적으로 경험하고 확장시키는 활동으로 공통의 주제에 관해 감정과 의견을 나눌 수 있으므로 개별 활동 및 주제 활동과 연관된 주제로 진행하는 것이 효과적이다(박근주 외, 2011). 주로 이야기 나누기(주제), 인형극 보기, 동영상 보기, 노래 배우기, 동화, 동작활동, 극화활동, 게임, 휴식 등의 활동으로 전체 집단이 함께 모여서 하는 활동이 여기에 속한다.

대 · 소집단 활동을 위한 유아교사의 역할은 다음과 같다(정옥분 외, 2015. 재구성).

- 활동하기 전 적절한 장소를 정해서 어떻게 유아들을 앉힐 것인지 계획하기
- 활동시작 전에 반드시 모든 유아의 주의집중 시키기
- 유아가 대집단 활동에 흥미를 느끼게 하기 위해 활동적인 노래로 주의 환기시키기
- 대집단 활동 시에 집단 또는 개별 유아에게 민감하게 반응하기
- 교사의 앉은 자세는 유아의 눈높이에 맞추기

[그림 5-11] 대집단활동

- 계획된 활동이 제대로 이루어지지 않거나 어려울 때 대처할 수 있는 여분의 활동 준비하기
- 유아가 활동에 대한 흥미를 잃기 전에 활동 끝마치기

6) 간식 및 점심

건강한 유아는 놀이를 통해 사물을 이해하고 배워나간다. 하루 종일 탐색과 놀이, 친구들과의 상호작용 등 활동량이 많아 에너지 소비도 많아지기 때문에 양질의 영양 제공이 필수이다. 균형 있는 식사와 간식으로 에너지를 보충할 수 있어야 한다.

식사지도를 위한 유아교사의 역할은 다음과 같다(정옥분 외, 2015 재구성).

- 유아가 먹는 양을 조절하지 못할 때 교사가 조금씩 덜어주는 등 조절해주기
- 따뜻하고 안정된 분위기에서 음식을 먹고, 혼자 먹기 어려운 유아는 도와주기
- 교사는 유아의 식사예절의 모델 되기
- 식사 후에는 양치질 하도록 지도하기

[그림 5-12] 점심식사

7) 낮잠 및 휴식

오전 활동으로 피곤해진 유아들의 신체와 심신을 편안하게 해 주기 위해 낮잠 시간은 반드시 필요하다. 낮잠을 자기 싫어하는 유아들에게는 낮잠을 왜 자야 하는지에 대해 설명해 주고 휴식을 취할 수 있도록 지도한다.

낮잠과 휴식지도를 위한 유아교사의 역할은 다음과 같다.

- 화장실을 다녀오게 한 뒤, 옷을 벗어 정리한 뒤, 자리에 눕도록 돕기
- 잠이 올 수 있도록 어둡게 커튼을 치고 조용한 음악이나 토닥토닥 자장가 들려주기
- 유아가 정서적 안정을 느낄 수 있도록 인형 등과 함께 자기
- 잠이 오지 않는 유아는 조용히 쉬도록 권하기
- 일찍 잠에서 깬 유아는 화장실 다녀오기

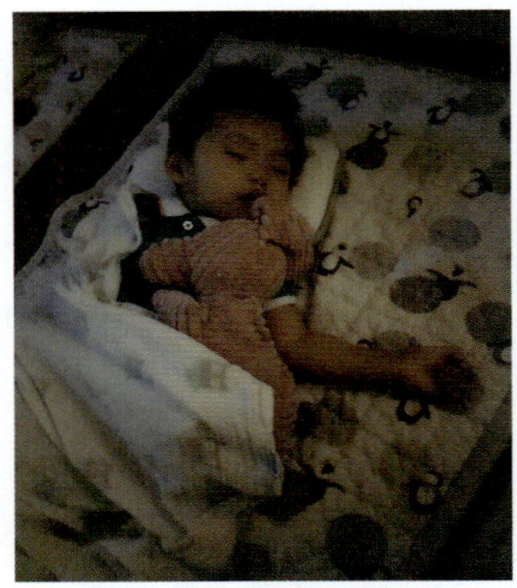

[그림 5-13] 낮잠과 휴식

8) 실외 자유선택놀이

유아들은 실내놀이 활동보다도 실외놀이를 더 선호하는 경향이 있다. 오르기, 던지기, 달리기 등을 통해 기본적인 운동기술을 익혀야 하고, 기구를 사용하여 대근육을 발달시켜야 한다. 교사는 실내 자유선택놀이와 함께 실외 자유선택놀이를 균형 있게 할 수 있도록 해야 하며 유아의 발달 수준을 고려하여 신체적 놀이 이외에 극놀이, 게임, 동식물 기르기, 그림그리기, 물감놀이 등의 활동들을 계획하고 준비하여 유아들에게 다양한 경험을 할 수 있도록 한다(정옥분 외, 2015).

실외 자유선택놀이에서 유아교사의 역할은 다음과 같다(정옥분 외, 2015 재구성).

- 유아들이 실외놀이를 할 때 안전규칙을 지키도록 실외놀이 안전교육하기

- 다양한 신체활동 제공하기
- 자연환경을 직접 탐색하고 관찰하는 경험을 할 수 있도록 환경 제공하기
- 실내에서 할 수 없는 물놀이(물총놀이), 모래놀이, 물감놀이 등의 활동 제공하기
- 그늘에서 조용히 휴식 제공하기

[그림 5-14] 실외놀이시설

9) 귀가 및 통합보육

하루 일과를 마무리 하는 귀가 시간은 유아마다 일정하지 않고 유아와 교사 모두가 긴장이 풀어지는 시간이므로 안전사고에 노출될 가능성이 많아 주의하여야 한다. 교사는 유아를 보호자에게 안전하게 인계하는 순간까지 안전에 유의하여, 유아가 편안하고 안전하게 귀가할 수 있도록 지도해야 한다. 귀가할 때 어린이집 현관이 혼잡하여 위험할 수 있으니, 넘어지지 않도록 주의하며, 보호자와의 바람직하지 않는 간단한 대화라도 유아가 듣지 않도록 주의해야 한다(정옥분 외, 2015). 또한 늦게 귀가하는 영유아들을 위해 통합보육을 실시하는 경우, 개별 영유아의 연령에 맞게 대응하고, 외둥이인 경우 형제자매의 역할을 할 수 있도록 연령이 높은 유아가 어린 동생을 돌본다는 의미 있는 역할을 해 볼 수 있는 기회를 제공한다.

[그림 5-15] 귀가 및 통합보육

06 Chapter

영유아 이해 및 지도

일생에서 영유아기는 짧다면 짧은 시간이지만 그 기간에 겪게 되는 많은 경험이나 변화는 엄청날 뿐만 아니라 이후 성장에서 일어나는 기초가 되는 중요한 '결정적 시기', '최적의 시기'로 표현한다. 인간의 발달은 지속적이고 단계적인 과정을 걸쳐 진행되는데 때로는 긍정적으로, 때로는 부정적인 쇠퇴의 양상을 보이기도 한다(강순희 외, 2017). 따라서 영유아의 발달을 이해하고 지도하는 것은 보육교사에 있어서 직무를 수행하는데 중요한 자료가 된다. 보육현장에서 영유아를 지도하게 될 교사는 영유아발달의 지식을 습득하여 학습자의 눈높이를 이해하고, 바람직한 교수-학습방법을 이행하기 위한 노력이 필요하다. 6장에서는 영유아에 대한 정보 수집의 방법을 찾아보고, 영유아가 발달해 나가는 평가의 수단으로 포트폴리오 작성과 그 의미에 대해 알아보고, 마지막으로 특수한 욕구를 가진 영유아를 어떻게 지도해야 하는지에 대해 구체적으로 살펴보고자 한다.

I. 영유아에 대한 정보 수집

영유아기의 발달은 개인차가 있으며, 성장과 성숙, 학습에 의해 발달하며, 개인의 유전과 환경의 영향을 받는다. 부모는 자신의 자녀가 정상적인 발달을 하고 있는지 어떤지에 대해 걱정하는데 이것은 매우 자연스러운 일이다. 부모는 가끔 이런 질문들을 한다. "내 아이가 또래의 아이에 비해 정상적으로 행동하고 있는가?", "그 또래의 아이들이 특정 상황에서 모두 이렇게 행동하는 것은 괜찮은가" 등 수많은 질문을 하는 것은 자신의 아이들이 잘 자라고 있는지 알고 싶어 하는 마음 때문이다(katz, 1987). 보육교사 역시 자신이 돌보고 가르치는 영유아에게 특정 시기에 어떤 도움을 주어야 할지 순간마다 최적의 결정을 하기 위해 고민하고 있다. 그러기 위해서는 영유아에 대한 정보가 필요하다. 발달의 원리와 같은 이론적 지식과 연령별 발달 특성, 영유아 관찰 내용, 정보 수집 방법 등을 통해 영유아의 발달을 촉진하는 보육활동을 실천하고, 평가할 수 있어야 한다. 또한 특별한 개입이 필요하다고 여겨지는 영유아에 대해서는 지속적인 관찰과 객관적인 정보 수집에 의해 판단되어져야 한다.

1) 발달에 대한 지식

발달은 개인에 따라 또는 그들이 속해 있는 문화나 환경에 따라 다소 상이한 차이는 있을 수 있으나 일반적으로 발달현상에 나타나는 보편적 기본 원리가 있다. 이 원리는 인간의 발달을 일관성 있게 지배하는 것으로 인정되어 "발달의 원리"라고 하는데 구체적으로 제시해보면 다음과 같다(윤매자 외, 2017b).

(1) 발달의 원리

① 발달에는 일정한 순서가 있다

발달은 일반적인 것에서 특수한 것으로 분화되고, 분화된 단순한 특수행동은 다시 통합되어 새롭고 한층 복잡한 형태로 진행된다(오정수 외, 2009). 즉, 모든 영유아는 앉을 수 있게 된 다음에 비로소 설 수 있으며, 설 수 있게 된 다음에 걷고 뛸 수 있으며, 어깨로 끼적이를 한 다음에 팔꿈치로 원을 그리고, 손목을 사용해서 동그라미를 그릴 수 있다. 언어발달도 마찬가지로 순서가 있는데 쿠잉(cooing)으로 소리를 내고, 옹알이를 한 다음에 말을 할 수 있다.

② 발달은 일정한 방향으로 진행된다

신체 및 운동발달의 경우 다음과 같이 일정한 방향으로 발달이 이루어진다. 세 가지 원칙은 다음과 같다(정옥분, 2013).

가. 두미 발달 원칙

머리에서 발 방향으로 발달이 진행된다. 즉, 머리 부분이 몸통이나 사지보다 일찍 발달한다는 것이다.

나. 근원 발달 원칙

안에서 바깥쪽으로 발달이 진행된다. 즉, 중심부가 말초신경보다 먼저 발달한다는 것이다. 가슴이나 심장에서 팔, 손목, 손, 손가락의 순서대로 발달이 이루어진다.

다. 세분화 발달 원칙

일반적인 것에서 특수한 것으로 발달이 진행된다. 영유아의 행동은 몸 전체를 사용하는 거칠고, 산만하고, 분화되지 않은 것이지만 점차적으로 분화되고 정밀한 행동으로 대체된다.

③ 발달은 연속적이나 속도는 일정하지 않다

발달은 상승과 하강 과정을 거치면서 일생동안 끊임없이 변화하지만 발달해 가는 속도는 신체적 · 심리적 특성에 따라 혹은 발달영역에 따라 동일하지 않다. 때로는 신체가 급속도로 성장하는 기간이 있는가 하면, 심리적 발달이 급속도로 이루어지는 기간이 있다(정옥분, 2013).

④ 발달에는 개인차가 있다

인간의 발달은 많은 공통점을 지니고 있지만, 행동에 있어서는 각자 다르다는 점이다. 예를 들면, 일란성 쌍생아들 간에도 출생 시부터 개인차가 나타나며, 발달은 일정한 순서대로 이루어지지만 발달의 속도와 양상은 개인에 따라 차이가 있다.

⑤ 발달의 각 영역은 상호 밀접한 연관이 있다

발달의 모든 영역들은 각기 독립적으로 이루어지는 것이 아니라 서로 밀접하게 관련되어 영향을 주고받는다. 신체 · 운동발달, 인지 · 언어발달, 사회 · 정서발달 등은 서로 상호작용을 한다. 사회 · 정서적 발달과정이 인지적 발달에 영향을 미치고, 인지적 발달과정은 사회 · 정서적 발달에 영향을 미친다. 또한 신체 · 운동 발달과정은 인지적 발달에 영향을 미치게 된다.

⑥ 발달에는 결정적 시기가 있다

인간의 여러 발달 과업들은 가장 적절하게 획득되는 최적의 시기가 있다는 원리다. 이 시기를 '결정적 시기(critical period)'라고 불린다. 이 결정적 시기를 놓치게 되면 과업 획득의 효율성이 떨어진다고 한다. 결정적인 시기에 영유아가 부정적 경험으로 인해 정상 발달을 못하게 되면 일생동안 장기적인 결함이나 성격에 심각한 결과를 초래할 수 있다.

⑦ 발달은 분화와 통합의 과정을 거친다

각 신체기관이나 기능은 처음에 분화되어 있지 않은 것들이 점차 부분적이고 특수한 형태로 분화되어 가며, 그와 동시에 분화된 기관과 기능들이 서로 통합되어 새로운 체제를 형성한다. 예를 들면, 생후 1개월 된 아기의 울음은 처음에는 분화되어 있지 않지만, 2개월 정도 되면 아기는 배가 아파서 울 때와 기저귀가 젖어서 불편함을 표시할 때의 울음은 각각 다르게 표현한다.

⑧ 발달은 유전과 환경의 상호작용의 결과이다

인간은 부모로부터 받은 유전적 영향과 외부로부터 받은 환경의 영향을 받게 된다. 부모가 제공하는 양육환경은 부모 자신의 유전자의 영향을 받으며, 영유아는 부모의 유전인자를 받았으므로 가정환경은 영유아 자신과의 유전형과 상관이 있다. 그러나 유전과 환경의 상호작용은 단순하지 않기 때문에 동일한 환경도 다른 특성을 타고난 영유아에게는 다른 영향을 미치는 것으로 나타나 유전과 환경의 상호작용 방식은 개인에 따라 다르다는 것을 알 수 있다.

2) 영유아발달 특성

발달(development)은 수정이 이루어지는 순간부터 죽음에 이르기까지 전 생애를 걸쳐 성장과 성숙, 학습에 의해 일어나는 양적 변화와 질적 변화의 과정이라고 정의할 수 있다. 즉, 유전적인 요인과 환경적인 경험에 의해 발달의 양상을 보인다. 발달은 크게 연령에 따른 구분과 발달영역에 따른 구분으로 나눌 수 있다.

(1) 연령에 따른 구분

수정에서부터 엄마 뱃속에 있는 10개월(280일) 기간을 태내기라고 한다. 신생아기는 출생부터 초유가 나오는 시기로, 신생아 입장에서 보면, 엄마의 뱃속에 있던 안전한 환경과 탯줄을 끊고 나온 이 세계는 엄청난 차이가 있다. 이 신생아들이 살아남을 수 있도록 면역성분이 들어있는 초유는 아기들에게 있어 중요한 면역체가 된다. 이 시기가 보통 2주에서 4주에 해당되는 신생아기이다. 영아기는 2세(36개월 미만)까지이며, 유아기는 초등학교에 입학 이전인 취학 전까지를 말한다(윤매자 외, 2012).

(2) 발달영역에 따른 구분

인간의 발달은 신체 · 운동발달, 인지 · 언어발달, 사회 · 정서발달 등 모든 영역에서 서로 상호관련성을 가지고 발달한다.

① 신체 · 운동발달

생물학적 발달과 관련된 것으로, 양적인 신체 발달과 신체를 움직이고 사용하는 운동기능, 뇌와 감각기관의 발달을 의미하며 생리적 기능까지 포함한다. 즉, 신장과 체중 증가, 골격 발달, 대 · 소근육 운동기능의 발달, 호르몬의 변화, 뇌의 지각 발달과 감각기관의 발달 등으로 이루어진다.

[그림 6-1] 영아의 운동발달 순서

② 인지 · 언어발달

인지발달영역은 아동의 지능, 사고, 주의 집중, 기억, 지각능력, 문제해결력, 정보처리능력, 창의성을 포함한다. 피아제는 아동이 능동적으로 외부 세계를 탐색하고 조작함으로써 인지발달이 일어난다고 하였고, 연령에 따라 4단계를 거치며 이루어지고, 각 단계는 건너뛰거나 순서를 바꾸지 않고 차례로 발달해 간다고 하였다(윤매자 외, 2012).

비고츠키의 이론에서 근접발달영역과 비계설정(scaffolding)의 개념은 인지발달을 설명하는 핵심이 된다.

근접발달영역(ZPD : zone of proximal development)이란 아동이 다른 사람의 도움 없이 할 수 있는 수준(현재 발달수준 또는 실제 발달수준)과 유능한 성인이나 언니, 오빠들의 발달이 앞선 누군가의 도움을 받아 도달할 수 있는 수준(잠재적 발달)과의 사이에 있는 영역을 의미한다(윤매자 외 2012; 강순희 외, 2017).

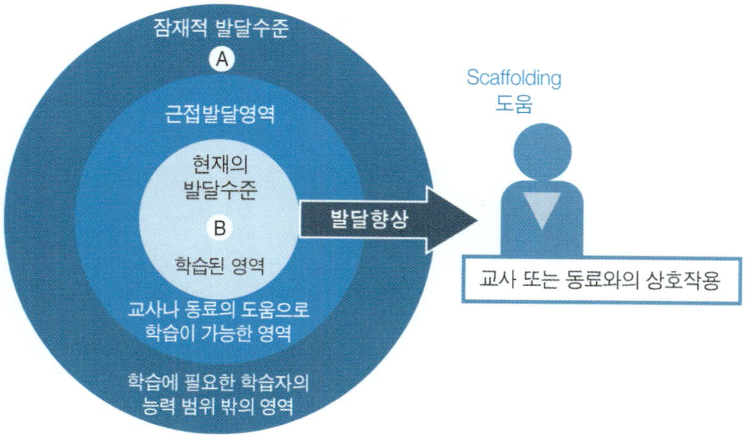

[그림 6-2] 비고츠키의 근접발달영역

특히 언어가 고등사고를 할 수 있는 도구라고 하였다. 즉, 언어를 사용한 생각이나 감정 표현, 정보 교환, 의사소통과 같은 언어영역과 함께 발달할 수 있다. 이때 언어는 인지발달을 촉진시키고 발전시키는 중요한 매개체가 된다.

③ 사회 · 정서발달

정서발달에 대한 견해는 학자에 따라 다소 차이가 있으나 대부분의 학자들은 기쁨이나 슬픔과 같은 정서는 출생 시에 존재하지만, 그것은 덜 분화된 상태에 있는 것으로 월령이 증가함에 따라 점차 분화된다고 믿는다(정옥분, 2013). 또한 사회화의 역할을 강조하는데 정서의 사회화는 모방과정을 통해서 이루어진다(Malatesta, 1985). 출생 이후 일차 정서 중 대표적인 예는 기쁨, 분노, 공포 등이 있다. 기쁨을 미소로 나타나는데 생후 6~10주경에는 사람의 얼굴에 대해 사회적 미소(Social smile)를 보이고, 3개월경에는 친숙한 사람과 그렇지 않는 사람에 대해 다르게 미소 지으며, 사회적 상호작용이 이루어질 때 가장 빈번한 미소를 보인다(정옥분, 2013). 따라서 영유아의 사회 · 정서발달은 출생 후에 정서적 변화, 영유아의 기질, 애착의 발달 등의 개념적 변인으로 구성된다. 기쁨과 슬픔, 아름다운 것을 보면 감동하고 공감하는 정서, 타인과의 관계를 의미하는 사회성 등으로 나누어진다. 또한 영아기에 형성된 애착은 이후, 인지 · 사회 · 정서 발달에 중요한 영향을 미친다(Thompson, 1998).

[그림 6-3] 영아의 정서표현

3) 영유아 관찰

관찰은 영유아의 발달 수준을 파악하고 행동 특성을 평가하기 위한 가장 오래 동안 사용한 기본적인 방법이다. 과학적이고 효율적인 관찰 기록을 통해 영유아의 발달과 다양한 행동패턴에 대해 보다 체계적이고 객관적인 정보를 얻을 수 있기 때문에 영유아를 돌보고 교육하는 교사는 정확한 판단을 내리는데 도움을 줄 수 있다. 어린이집이나 영유아교육기관에서의 관찰은 보육현장에서 직접 참여하여 물리적 환경이나 교사와 영유아를 구체적인 방법으로 관찰하는 것이다(문연심 외, 2017).

(1) 관찰의 필요성

관찰은 어떻게 할 것인지 그 방법을 결정하는 것이 매우 중요하다. 보육현장에서 영유아를 전적으로 객관적 관점에서 관찰하기란 그리 쉬운 일은 아니다. 관찰법은 관찰자가 현장에서 영유아의 행동을 직접 관찰하고 기록해 두었다가 부모상담이나 영유아의 지도할 때 준거 자료로 사용하게 된다. 이때 관찰 계획을 사전에 잘 수립하는 것이 매우 중요하다.

영유아를 위한 관찰의 필요성은 인위적인 상황에서 첫째, 영유아가 자신의 능력을 크게 의식하지 않고, 자연스러운 행동을 보여주기 때문에 정보 수집에 용이하다. 둘째 언어적 제약이 있는 영유아에게는 질문지법이나 면접보다도 관찰법 접근이 용이하다. 셋째, 눈빛, 목소리, 몸짓, 행동방식, 웃음 등으로 의사소통을 하기 때문에 언어적 표현뿐만 아니라 비언어적 표현까지 행동 관찰을 통해 정보 수집이 가능하다. 이러한 관찰은 어떠한 조작도 하지 않아도 가능하기 때문에 보육현장에서 필요로 하고 있다.

(2) 관찰의 유형

행동 관찰은 관찰 상황의 통제 유무와 관찰자의 참여 여부, 관찰의 구조화 정도에 따라 구분된다. 구체적인 내용은 다음과 같다(문연심 외, 2017; 윤매자 외, 2021).

① 자연적 관찰과 통제적 관찰

자연적 관찰은 관찰자의 통제가 없다는 뜻에서 비통제적 관찰이라고도 한다. 관찰 상황을 관찰자가 인위적으로 통제하거나 특별한 자극을 제시하지 않고, 자연스러운 상황에서 발생하는 행동을 있는 그대로 관찰하는 것이다. 반면에 통제적 관찰은 관찰 상황에 통제가 가해지는 관찰이다. 즉, 실험적 조작, 관찰 행동, 시간 상황 등을 미리 정해 놓고, 특정 영역의 행동만 관찰하는 것을 말한다.

② 참여관찰과 비참여 관찰

참여관찰은 관찰자가 관찰 대상자의 행동에 대해 어떤 통제도 가하지 않고 참여 대상과 보육현장에서 함께 생활하면서 관찰하는 방법으로써, 어린이집이나 영유아교육기관에서 교사들이 관찰자로 교사의 역할을 하게 되는 경우이다. 비참여 관찰은 관찰자인 교사가 보육현장에 있으나 그 장면에서 일어나는 활동에 전혀 개입하지 않고 관찰만 하는 경우이다. 예를 들면, 현관이나 보육실에 비치된 일반경(one-way mirror), 비디오 촬영 등을 이용하여 관찰한다.

③ 구조적 관찰과 비구조적 관찰

구조적 관찰이란 객관적이고 체계적인 형식을 갖추어서 계획된 과정대로 관찰하고 측정하여 기록 · 분석하는 것으로, 관찰 기록의 자료를 수량화하여 분석할 수 있다. 구조적 관찰에는 행동특성 관찰기록법, 시간중심 관찰기록법, 행동목록 관찰기록법, 행동평정척도 관찰기록법 등이 있다(양명희 · 임유경, 2014). 비구조적 관찰은 특별한 표적행동이나 행동범주 없이 현재 영유아가 행하는 행동 그대로 묘사하며, 사건이나 에피소드(episode)를 기술하는 일화기록법이 있다. 어린이집이나 영유아교육기관에서 교사에 의한 행동관찰 평가는 구조적 관찰과 비구조적 관찰을 병행한다. 즉, 하루 일과 속에서 아무 때나 어떤 영유아라도 관찰하여 그 행동을 기록하기도 하고, 분명하고 구체적인 목적과 계획을 가지고 영유아의 특정 행동을 집중적으로 객관적 · 체계적으로 관찰하기도 한다.

(3) 관찰 계획 시 고려할 사항

관찰을 계획할 때, 관찰이 주는 장점을 살리기 위해서 육하원칙(六何原則)에 따라 작성하고 계획하는 것이 효율적이다. 즉, 관찰 대상(who), 무엇을(what), 어떻게(how), 어디서(where), 언제(whan), 왜(who)라고 계획하여 관찰할 수 있다. 체계적인 관찰계획을 위해서는 다음과 같은 점을 고려해야 한다(문연심 외, 2017).

① 누가(who) : 누구를 관찰할 것인가?

개별 영유아 또는 특정 영유아, 대집단 또는 소집단의 영유아를 대상으로 관찰할 것인가에 대해 계획한다.

② 무엇을(what) : 어떤 행동을 관찰할 것인가?

어떤 특정한 행동, 어떻게 상호작용을 시작하는지, 혹은 극놀이나 역할놀이 상황에서 어떻게 행동하는지를 알아보기 위해 어떤 것을 관찰할 것인지 등의 관찰행동을 정한다.

③ **어떻게**(how) **: 어떻게 관찰하고 기록할 것인지?**

관찰시 어떤 방법을 사용할 것인가? 특정 행동유형에 더 적합한 관찰방법이 있는지를 점검하고 선정한다. 예를 들어, 체크리스트, 서술식 기록, 시간표집, 사건표집, 평정척도 등 관찰 내용이나 상황에 맞는 기록방법을 선택한다. 기록은 영유아별로 교사가 노트에 기록할 것인지, 특별한 양식, 검사지, 동영상 자료를 전사할 것인지 등을 선택하여 기록한다.

④ **어디서**(where) **: 어디서 관찰할 것인지?**

어린이집이나 영유아교육기관, 가정, 운동장, 체험학습장, 식당 등 구체적으로 장소를 정해서 관찰할 수 있다. 또한 관찰용 거울이나 실험실, 놀이실, 유희실 등 의도적으로 관찰을 할 수 있는 장소를 정한다.

⑤ **언제**(whan) **: 언제 얼마나 관찰을 할 것인가?**

관찰에 적합한 특정 시간대가 있는지, 상이한 시간별로 행동표본을 얻으려고 노력하는지, 관찰은 1회 혹은 여러 번의 발생에 기초하는지 기준을 정한다.

⑥ **왜**(who) **: 왜 관찰하는 것인가?**

관찰의 목적을 달성하기 위해 모은 자료들은 부모, 기관장, 동료교사, 그밖에 전문가들과 공유 여부를 결정하고, 공유할 때에는 어떤 방식으로 사용할지, 영유아 개인과 학급을 위해, 또는 보육과정에 반영하기 위해 어떻게 사용할 것인지를 고려한다.

(4) 관찰의 절차

보육현장에서 영유아를 관찰할 때 다음과 같은 절차와 단계를 거친다(윤매자 외, 2017b).

① 관찰 사전활동

관찰 목적을 설정하고 관찰행동의 표집이 이루어지는 단계이다. 관찰행동 표집에 이어 관찰자가 보고자 하는 행동이 가장 잘 발생하는 장소와 상황을 선택하여 관찰 장면을 선정하여 기록할 방법을 선택한다.

② 관찰활동

관찰 계획에서 결정한 목적에 따라 관찰 장면과 상황을 선정하여 관찰을 실제로 실시하고 기록하는 단계이다.

③ 관찰 사후활동

관찰 계획에 따라 수집한 관찰 자료에 대한 정리, 요약, 활용하는 단계이다. 즉, 관찰 기록에 대한 구체적 추론 및 평가, 결과를 다음 관찰 시에 활용한다.

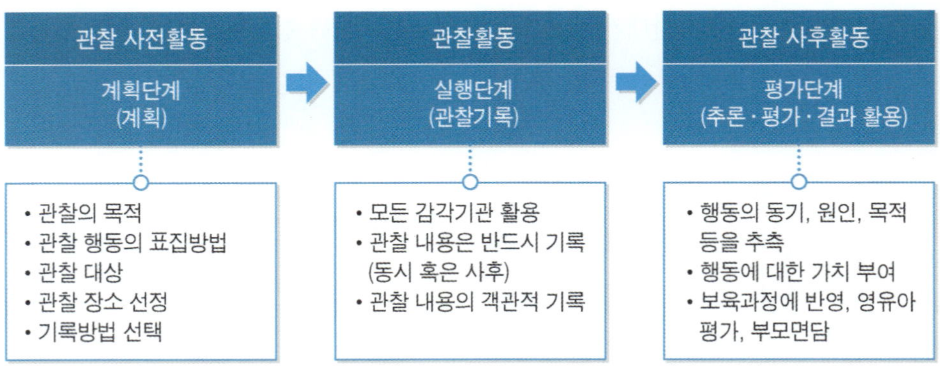

[그림 6-4] 관찰의 절차

출처 : 황해익 · 송연숙 · 정혜영 · 유수경(2013). 영유아 행동 관찰법. 재구성.

2. 포트폴리오 평가

포트폴리오는 한 개인의 기술, 아이디어, 흥미 및 결과물을 담아두는 용기로 Folio에서 나온 말이다(이성은, 2015). 또한 포트폴리오는 여러 가지 복합적인 매체로 표현하여 모아놓은 것이라 하였다(조한무, 1998). 따라서 포트폴리오는 과정 포트폴리오와 결과 포트폴리오로 구분하는데, 과정에 대한 해석과 최종적인 결과물에 대해 평가할 수 있도록 다양한 정보가 담겨 있고, 영유아발달과정을 지속적으로 관찰할 수 있으며, 종합적인 해석과 평가가 가능하다.

단순히 작품을 수집하는 것과 달리 영유아의 보육활동의 견본들을 체계적으로 모아둔 것을 말하며, 영유아의 학습과 발달에 관한 가치 있는 자료를 제공해 준다(Gronlund, 1998). 또한 교사들로 하여금 포트폴리오 수집은 개별 영유아의 현재 상태와 진보된 상태를 이해할 수 있고, 교수활동과 의사소통을 위한 정보제공, 특별한 도움을 제공해야 하는 영유아를 파악할 수 있고, 인지 및 학습 능력에 대한 대부분의 기본적인 목적을 완수하도록 할 수 있다(이정환 · 김지영, 1996). 왜냐하면 영유아에 대한 평가는 지식 습득 정도를 파악하거나 점수를 부여하거나 서열화 시키기 위한 것이 아니기 때문에, 영유아의 자발성, 자아개념, 태도, 활동수행능력 등 대부분 비형식적인 평가방법을 함께 사용한다. 따라서 영유아의 인지발달을 측정하기 위한 오류와 한계를 극복하기 위하여 포트폴리오에 의한 평가는 많은 정보를 적절하게 제공해 준다는 의미가 있다.

1) 포트폴리오 수집방법

영유아 보육과 교육현장에서 영유아의 발달 특성에 적절하게 적용할 수 있는 비형식적 평가 자료로 포트폴리오 평가가 많이 활용하고 있다. 영유아는 발달 특성상 그 변화의 폭이 크기 때문에 평가의 기준은 세심하고 민감하게 다양한 방법으로 평가되어져야 한다.

포트폴리오 수집은 시간의 경과에 따른 영유아의 학습과정, 목표, 노력, 태도, 보육 및 교육활동, 성과물 등을 의도적으로 모아둔 것이다. 이를 통하여 보육과 교육목표의 달성 정도를 확인하고 교수-학습 개선에 필요한 반성과 조언 등 학습과정 및 결과를 관리하는 기능을 포함하고 있다(박인우 외, 2008).

수집방법은 장시간에 걸쳐서 이루어지며, 교사와 영유아에게 활동에 대한 정리나 반성의 기회를 제공하며, 보육활동 전반에서 수집할 수 있다. 즉, 영유아의 작품을 통하여 또는 영유아의 발달상태를 알기 위해서 영유아의 활동수행 과정이나 결과물을 사진, 일화기록, 체크리스트, 동영상 자료의 전사, 또래관계에 대한 관찰기록, 교사와 개별 영유아와의 면담, 부모와의 면담 등 다양한 수집방법을 통해 종합적인 평가의 자료로 사용한다.

2) 포트폴리오 활용방법

영유아 포트폴리오 활용방법은 교사가 자신의 교수-학습방법을 실행하고 평가하고자 할 때, 영유아의 발달 상황을 이해하고자 할 때, 활용 가능한 대안적인 평가의 한 방법이다. 형식적인 평가와는 달리 개별 영유아의 발달과정을 중심으로 하기 때문에 시간의 경과에 따른 영유들의 발달적 변화에 초점을 맞출 수 있다.

포트폴리오가 평가 자료로 활용할 수 있으려면 다음과 같은 점이 고려되어야 한다.

(1) 작품의 수집과정이 영유아의 자기반성에 관한 결과이어야 한다.
(2) 영유아에 의해 작품이 선정되는 과정도 같이 포함되어야 한다.
(3) 교사 자신이 보육과정 운영에 있어서 포트폴리오를 활용하는 의미를 인식하여야 한다.
(4) 체계적인 계획과 실행과정을 거쳐야 한다.

3) 포트폴리오 평가

포트폴리오 평가는 영유아의 노력, 발달 그리고 성취를 나타내주는 활동을 의도적으로 수집한 것으로, 교사가 활동을 기록하고 평가하는 과정에서 반성적 사고를 할 수 있는 기회를 제공한다.

영유아 포트폴리오 평가의 특성을 정리하면 다음과 같다(이성은, 2015).

(1) 영유아 포트폴리오 평가는 모으는 과정이 중요하다. 과정에 대한 평가가 포함되기 때문에 비형식적인 관찰이나 질문 등 모든 영역을 통합할 수 있다.

(2) 개개인을 관찰한 기록, 사진, 작품 등의 자료들을 모이기 때문에 개별 보육활동 및 교육목표를 적용시키기가 쉽다.

(3) 영유아의 강점을 파악할 수 있다. 즉, 영유아가 무엇을 잘하는지, 강점을 격려해 줄 수 있다.

(4) 교사가 개별 영유아에게 비계설정(scaffolding)을 해 주어야 할 부분을 알 수 있게 한다. 또한 교사가 영유아 포트폴리오 평가를 어떻게 조직해야 하는가는 보육교사마다 평가를 하는 목적, 자료수집 방법, 자료를 보관하고 조직하는 방법 등이 다르기 때문에 그 과정을 한 가지로 설명하기 어렵다(이성은, 2015). 일반적으로 영유아를 위한 포트폴리오 평가의 절차는 다음과 같이 진행할 수 있다(윤매자 외, 2021).

- 포트폴리오를 수집하는 목적과 목표가 무엇인가를 결정한다.
- 언제부터 수집을 할 것인지 수집기간을 정한다.
- 자료 수집에 포함되는 것은 무엇이며, 어떤 것들로 제한할 것인가를 결정한다.
- 수집한 자료를 어디에 보관할 것인지 보관 장소를 마련한다.
- 수집된 자료에 대해 해석한다.
- 포트폴리오를 다양하게 활용한다.

3. 특수한 욕구를 가진 영유아 지도

어린 영유아를 지도하기 위해서는 부모뿐만 아니라 보육교사도 많은 노력과 수고와 정성이 있어야 한다. 더구나 특수한 욕구를 가진 자녀를 둔 부모들은 예상하지 못했던 상황을 맞아 다른 여러 가지 어려움을 겪게 되는데, 이 과정에서 함께 양육하고 교육하는 보육교사의 도움과 조언이 필요하다. 태어날 때부터 장애가 있거나 기질적, 혹은 환경적 요인으로 인하여 발생하는 특수한 욕구들은 보육교사 역시 부모와 함께 공유하게 되고, 적절한 상호작용을 통해서 끊임없이 변화해 가도록 노력하고 지도해야 한다.

1) 정서장애 영유아 지도

(1) 정서 · 행동장애

정서는 생리적, 표현적, 경험적 세 가지 요소를 가지고 있다. 생리적 요소란 우리가 정서를 경험할 때 호흡, 또는 심장박동 같은 자율 신경계의 변화이며, 표현적 요소란 어떤 정서상태에 있을 때 외부에 표현하게 됨이며, 경험적 요소란 정서적 상태를 해석하고 평가하는 것으로 자신의 인지발달 수준이나 경험에 의존한다(김지연, 2011).

영유아의 정서발달은 어린 영아의 경우, 느끼는 감정이나 표정을 관찰함으로써 영아의 정서상태를 유추할 수 있으며, 유아기에 접어들면서 다양한 언어 습득으로 인해 자신의 감정을 표현할 수 있으며, 미숙하지만 복합적인 정서에 대한 개념화가 이루어진다.

또한 정서는 영유아이든 성인이든 다른 사람과 협력적으로 상호작용하는데 있어서 특히 중요한 것은 사회적 신호를 읽고 얼굴로 나타나는 정서표현을 해석하고, 다른 사람이 무엇을 생각하고 느끼는지를 추측하는 능력을 말한다(민성혜, 2007). 영아는 다른 사람의 정서적 반응을 반영할 수는 있지만 1세까지는 다른 사람의 감정에 대해 잘 알지 못한다. 2세가 되면 언어능력이 발달하고 자아개념이 생기면서 기본적인 얼굴표정을 읽는 능력이 생기고 다른 사람의 기본적인 정서를 추측하게 된다(Saarmi et. al., 1998). 사회적 의사소통에 정서가 전제됨을 가정한다면, 유아들은 이미 상대방의 얼굴 표정, 목소리, 행동 등에서 나타나는 정서적 신호를 읽을 수 있지만 정서적인 신호가 없는 정보에 대해서는 추측하기 어렵고 타인에 대한 조망수용을 하기 어려워진다.

한편, 우리나라는 「특수교육법(2007)」이 제정되면서 '정서장애(자폐 포함)'에서 '정서 · 행동장애(Emotional and Behavior Disorder)'로 명칭이 바뀌었고, 자폐성 장애는 따로 분리되었다. 「장애인 등에 대한 특수교육법」(제15조)에 의하여 정서 · 행동장애를 지닌 특수교육대상자의 기준은 장기간에 거쳐 특별한 교육적 조치가 필요한 사람으로 지정되고 있다.

「장애인 등에 대한 특수교육법」의 정의에 따라 선정 기준은 다음과 같다(김은진, 2016).

① 지적 · 감각적 · 건강상의 이유로 설명할 수 없는 학습상의 어려움을 지닌 사람
② 또래나 교사와의 관계에 어려움이 있어 학습에 어려움을 겪는 사람
③ 일반적인 상황에서 부적절한 행동이나 감정을 나타내어 학습에 어려움이 있는 사람
④ 전반적인 불행감이나 우울증을 나타내어 학습에 어려움이 있는 사람
⑤ 학교나 개인 문제에 관련된 신체적인 통증이나 공포를 나타내어 학습에 어려움이 있는 사람

정서 · 행동장애는 위와 같은 특성 중 하나 또는 그 이상을 장기간 상당한 정도로 나타냄을 의미한다. 일반적으로 나타나는 행동의 문제들은 불안, 우울, 두려움, 공포 등과 같은 내재화(내면화)장애를 정서장애라고 하고, 주의산만, 과잉행동, 공격성, 충동성 등과 같은 외재화(외현화)장애를 행동장애로 규정짓기도 한다(김나영, 2004). 특히 정서면에 장애가 발생하여 적응이 곤란한 상태에 이르는 것으로, 이러한 상태 내지는 증상이 성장과정에서 나타난다(김동연, 1999). 하지만 정서 · 행동상에 어려움을 경험하는 영유아를 장애로 진단되는 기준에 기초하여 분류하거나 정의했을 때, 아직 발달이 성숙하지 않은 경계선상에 있는 영유아들은 자칫 문제아 또는 다루기 힘든 아이로 낙인이 찍힐

수 있다는 위험성이 있어 신중하게 판단하여야 한다. 다시 말하면, 5~6세 유아가 행동장애(Conduct Disorder)라는 진단을 받기는 하지만 행동장애 증상의 주요부분을 이보다 어린 영아에게 적용한다고 것은 발달연령상의 차이로 오류를 범할 수 있기 때문이다.

정서 · 행동장애 위험 영유아를 아직 정서 · 행동장애로 판정되지 않았으나 사회적 관계에 어려움이 생길 정도로 부적절하게 분노를 표출하거나 억제함으로써 1차적으로 교사가 다루기 어려우며, 또래관계 형성에 어려움을 겪는 경우가 있다(홍서영, 2016).

또한 발달이상으로 생긴 부적응은 정서 행동에 심각한 영향을 초래하게 되고, 부적응 행동(maladaptive behaviors)은 몸을 흔들거나 손 흔들기부터 그들 자신이나 다른 사람을 향한 공격 행동까지 다양하게 나타나기도 한다(김동연, 1999). 정서적으로 어려움이 있는 영유아는 정서의 표현방법이 지나치게 편향되어 있거나 자신의 정서를 과도하게 표현하여 정서 · 행동장애로 나타나 영유아교육기관이나 가정에서 일상적인 생활을 순조롭게 해 나가는데 어려움이 있다.

(2) 정서 · 행동장애아의 지도

정서 · 행동장애아는 개인적 · 환경적 요인, 영유아가 배가 고플 때, 혹은 아프거나 피곤할 때, 보육실 또는 사람이 많은 혼잡한 장소에서 더 많이 나타난다. 즉, 불안하고 위축되고, 충동적이며 공격적이 되는 등 특수한 외부적 상황들로 인해 영향을 받게 된다. 이렇게 형성된 공격성과 위축성, 자기표현의 미숙함 등은 대인관계에서 불안감으로 작용하여 관계형성에 있어 자신의 무능력함으로 이어지게 된다. 또한 또래들과의 관계에서 적절하게 수용하지 못하는 정서 · 행동장애는 타인의 관심사에 대한 이해 부족으로, 또래와의 의사소통을 할 수 있는 능력이나 사회적 · 인지적 기술을 경험하는데 어려움이 있다.

보육교사가 정서 · 행동장애 영유아를 지도할 때 고려해야 할 사항은 다음과 같다(김은진, 2016 재구성).

① 영유아로 하여금 긍정적인 자아개념을 형성하도록 지도한다

자아개념(Self-Concept)은 개인이 가지고 있는 자신에 대한 견해로, 주어진 시간에 자기 자신에 대하여 가지고 있는 생각을 의미하며, 긍정적 자아개념과 부정적 자아개념으로 구분하여 살펴볼 수 있다. 나는 어떤 사람인가?, 나의 능력은 어느 정도인가?, 나는 지금 어떤 처지에 있는가? 등의 질문에 대하여 스스로 답을 제시하는 것으로, 자신의 능력뿐만 아니라 자신의 성향이나 성격, 신체적 외모 및 태도, 흥미나 느낌 등 정서표현능력이 포함된다. 따라서 영유아기를 담당하고 있는 교사로서 영유아에게 긍정적 자아개념 형성에 영향을 주는 유의미한 성인으로서, 영유아의 발달단계 즉, 연령에 따라 변화하며 부모나 주변 사람들과 어떤 형태로 얼마나 밀접한 관계를 맺고 있는가, 등이 자아개념을 긍정적으로 변화시키는데 결정적인 영향력이 있다(박선민, 2015).

② 사회적 관계맺음을 위해 적절한 적응의 변화를 이룰 수 있도록 지도한다

영유아의 사회화를 돕고 사회적 참여를 촉진하기 위해서는 또래와의 적절한 소통이 사회성 발달에 필요한 상호작용 기술이다. 이 상호작용 기술은 다른 기술들, 즉 신체·인지·사회·정서 등을 학습할 수 있는 유용한 상황이라는 점에서 매우 중요하다. 또래들과 상호작용을 할 때, 공통적으로 사용되는 형태는 말하기, 접근하기, 건드리기나 그 밖의 적절한 신체적 접촉, 장난감이나 기타 물건을 또래에게 주고받기, 서로 나누기, 쳐다보기 등이 있다. 또한 일반적인 기능 외에도 우리 사회에서 가치 있는 것으로 여겨지는 몇 가지 특정 기능들이 있는데, 애정 주고받기, 도움 주고받기, 서로 나누기, 갈등 해결하기 등이 있다. 이러한 특정 기능들은 일반적인 기능들의 상황 내에서 발생하게 된다. 따라서 영유아를 양육하고 교육하는 보육교사는 영유아기의 적절한 상호작용을 통해서 사회적 유능감, 새로운 환경에 적응하도록 지도해야 한다.

③ 정서·행동장애아에 대한 내면의 어려움을 들어다보는 수용적인 자세가 필요하다

내면의 어려움을 가지 영유아들은 심리적 변인들과 관련성을 살펴보는 것이 중요하다(이인숙 · 최해림, 2005). 정서적 불안으로 부적응을 유발하는 병리적 심리기제로 발전할 수 있다(정지원, 2015). 즉, 주 양육자와의 불안정 애착으로 인한 수치심, 죄책감, 분노, 불안 등이 개인의 내면에 머물러 정서 · 행동장애를 초래하고, 이후 발달과 성격형성에 영향을 준다는 보고가 있다(홍은수, 2002). 보육교사는 정서 · 행동장애아에 대한 내면의 어려움을 들어다보고 수용적인 자세가 그들의 긍정적인 자아개념을 형성하는데 도움이 된다.

개인적인 장애요인으로는 발달정도, 행동기술 등을 포함하여 가정의 상황, 양육자의 성격 및 태도 등 환경적인 요인들도 직 · 간접적으로 영향을 줄 수 있다. 이러한 정서 · 행동장애 아동들이 긍정적인 자기개념을 형성하고 사회적 관계 맺음에서 적절한 적응의 변화를 이룰 수 있도록 문제행동 이면에 있는 내면의 어려움을 들여다보는 수용적인 치료사의 보살핌이 필요하다(염지숙 외, 2012).

④ 영유아의 성장에 도움이 되는 전체적인 관점에서 발달, 기질, 관심사, 능력 및 환경적인 맥락에서 삶에 대한 이해가 필요하다

2) 문제행동 영유아 지도

영유아는 장난감을 가지고 싸우고, 쉽게 화를 내고, 또래 또는 형제에 대해 질투하는 것은 영유아기에 경험하는 전형적인 행동이다. 이러한 행동들은 부모나 교사들에게 있어 당황하게 되고 눈살을 찌푸리지만 영유아기에는 일상적인 일이라고 할 수 있다. 그렇다면 공격적이고 화를 내고 하는 정도가 어느 정도 수준일 때 우리는 걱정해야 하고, 문제아라고 생각해야 하는지? 수줍음을 많이 타는 아이, 조용히 혼자 있는 것을 더 좋아하는 아이, 새롭고 낯선 상황에 위축되는 아이 등 상황에 따라 영유아가 반응하는 정도도 각기 다르다. 어느 정도 문제행동을 했을 때 전문기관에 의뢰를 해야 하는지, 가름하기가 쉽지 않다.

문제행동에 대한 정의는 특정 행동이 얼마나 보편적인가에 대한 연구 결과들이 정상성과 비정상성을 객관적으로 판단할 수 있게 하지는 않는다(민성혜, 2007). 다만 적절한 발달적 맥락에서 문제행동을 살펴보도록 해준다. 영유아가 한두 가지 어려움을 보인다고 해서 문제행동을 한다고 결정할 수 없다. 같은 영유아라 할지라도 서로 다른 상황에서 서로 다르게 행동할 수 있다는 점을 보육교사는 기억하고 있어야 한다. 즉, 어려움을 주는 행동의 빈도, 강도, 같이 나타나는 행동 등이 보다 광범위한 가족과 사회적 맥락에서 관찰되고 분석되어 실제로 어려움을 주는 행동이 임상적으로 문제가 있는지를 결정하여야 한다.

3) 장애영유아 지도

교사의 말과 행동은 비장애영유아에게 장애에 대한 태도 형성에 영향을 미친다. 교사들이 장애를 어떻게 받아들이고 있느냐에 따라 장애아보육에 대한 신념을 어떻게 행동이나 언어로 표출되는지를 점검해야 한다. 다음의 장애유아 지도를 위한 교사교육과 역할에 대해 김수진 외(2017)의 내용을 발췌하여 살펴보고자 한다.

(1) 장애아 지도를 위한 교사교육

① 장애아를 지도하는 모든 교사와 원장 및 보육교직원은 주기적인 교육을 통해 스스로를 점검하고 변화시켜야 한다.

② 장애인식교육을 하기 위해서는 모든 교사들이 장애에 대한 이해와 같은 기본적인 교육부터 장애유아 교수-학습방법에 관한 구체적인 내용까지 훈련되어야 한다.

③ 교사들은 정기적인 의사소통의 기회를 갖고 다양한 의견을 적극적으로 나누어 성공적인 장애인식교육을 실행할 책임을 공유하고 나누어야 한다.

④ 교사는 장애에 대한 반편견 교육을 위해서 교사 자신이 잠재적으로 갖고 있을지 모르는 장애에 대한 고정관념을 자각하는 것이 필요하다.

(2) 비장애유아 대상 교육

비장애유아들이 사전 준비도 없이 장애유아를 만나면 친구로 수용하는데 어려움을 겪을 수 있다. 장애유아를 처음 만나는 학기 초에 장애 이해교육을 실시하는 것이 효과적이며, 매일 반복되는 일과와 활동 속에서 장애통합보육이 이루어진다면 서로의 차이와 장애를 자연스럽게 이해하고 받아들일 수 있다. 따라서 반편견교육과 더불어 다양한 활동과 기회를 제공해야 한다.

장애 이해교육을 실시할 때에는 영유아의 연령에 따른 특성을 고려해야 하고, 몇 명의 유아만 대상으로 하는 것이 아니라 전체 영유아를 대상으로 계획하여 실행해야 한다. 장애통합보육에 대해 고려해야 할 점은 다음과 같다.

① 다양성 이해하기

다양성을 이해할 수 있도록 '서로 다른 것 뿐'이라는 개념을 반복하여 들려준다. '나와 다르다'가 아니라 '우리는 모두 다르다'라는 개념을 일상생활 속에서 반복해 줌으로써 그 개념을 영유아들이 자연스럽게 받아들일 수 있도록 설명해 준다. 서로의 유사점과 차이점을 인식하게 되면 자신과 다른 장애유아의 차이를 '다양성'으로 받아들일 수 있다.

일상생활에서 같은 점과 다른 점을 인식시켜주는 방법

- "오늘은 ○○(장애유아)와 ○○(비장애유아)가 같은 색의 옷을 입고 왔구나"
  "옷 색깔이 같네. 하지만 머리모양은 다르구나. 같은 점도 있고 다른 점도 있구나"
- "○○는 이런 생각을 하고, ○○는 이런 생각을 했구나"
  "서로 다른 생각을 하니까 재미있고 참 좋다. 서로 다르다는 건 참 재미있는 거구나!"
- "장애유아를 설명할 때 생각주머니가 작아서 혹은 아파서 등으로 설명하는 것은 적절하지 않아요" 장애가 있어서가 아니라 모두 다르기 때문에 생각주머니의 모양도 사람마다 다르다고 설명해주세요.

출처 : 김수진, 송연선, 옥은택, 이향란, 이희순(2017). 보육교직원 역량강화를 위한 의무교육. 에듀케어아카데미. p. 93.

② 특별함 인식하기

우리 모두가 특별한 존재임을 인식하여 자신과 타인을 존중할 수 있도록 보육활동을 전개한다. 자신만의 특별한 점을 찾아 인식할 수 있도록 하여 장애유아도 똑같이 우리와 같은 점과 다른 점 있고, 특별한 점이 있는 것뿐이라는 인식을 가질 수 있도록 접근한다.

③ 장애유아의 장점 부각하기

장애유아도 장점이 있음을 드러내어 주는 활동을 전개하여 비장애유아가 장애유아에 대해 긍정적인 인식을 할 수 있도록 한다. 일상생활에서 자연스럽게 작은 부분이라도 장애유아가 잘하는 것을 부각시켜 보여주도록 한다.

- 칭찬해주기
  "와!, ○○이가 혼자서 책을 정리하는구나."
- 별명지어 부르기
  서로의 특별한 점을 찾아보고 이것을 바탕으로 긍정적인 별명을 지어 불러주세요.
  (예 : 잘 뛰는 유아 → 달리기 선수, 음식을 잘 먹는 유아 → 튼튼이,
  박수를 잘 치는 유아 → 박수 대왕 등

출처 : 김수진, 송연선, 옥은택, 이향란, 이희순(2017). 보육교직원 역량강화를 위한 의무교육. 에듀케어아카데미. p. 94.

④ 서로 도움을 주고받기

장애유아는 항상 도움을 받고 비장애유아는 항상 도와주어야 한다는 개념이 아니라 우리 모두 서로 잘 하는 것과 잘 못하는 것이 있기 때문에 서로 도와야 한다는 점을 알 수 있도록 한다. 전체 영유아들이 서로 도움을 주고받을 수 있는 프로그램을 실시하여 장애유아도 도움을 베풀 수 있으면 '할 수 있다'라는 인식을 심어줄 수 있다.

우리반 도우미

- 화초에 물주기, 신발 정리하기, 책상 닦기 유아들이 한두 명씩 짝을 지어 역할을 맡도록 해보세요. 이때 장애유아의 특성을 잘 발휘할 수 있는 역할을 주는 것이 좋다.
- 사물을 한 줄로 늘어놓는 것을 좋아하는 장애유아에게는 책꽂이 책 정리하기, 글자를 읽을 수 있는 장애유아라면 물건을 나누어 줄 때 이름을 불러주거나 도우미 역할을 주면 좋아요.

출처 : 김수진, 송연선, 옥은택, 이향란, 이희순(2017). 보육교직원 역량강화를 위한 의무교육. 에듀케어아카데미. p. 95.

⑤ 장애에 대한 간접경험 제공하기

장애를 친근하고 긍정적으로 받아들일 수 있도록 장애에 대한 간접경험을 제공한다. 도서영역에 장애아를 긍정적으로 묘사한 그림책을 비치하거나 역할영역에 휠체어를 탄 인형을 비치할 수도 있다. 환경판을 꾸밀 때에도 장애를 표현하는 구성물(예 : 안경, 맹인견 등)을 활용할 수 있다. 현장학습이나 산책을 할 때 경사로, 음성 안내기, 점자 안내판, 장애인 전용주차 공간 등을 찾아보며 장애인을 위한 시설물에 관심을 가지도록 한다.

⑥ 장애에 대한 정보 제공하기

장애유아에게 비장애유아의 질문에 유아가 이해할 수 있는 답을 제공한다. 이때에는 유아들이 장애에 대한 두려움이나 걱정을 나타내는 표현을 지나치지 말고 정확한 정보를 제공하도록 노력한다. 장애에 대한 이해가 높을수록 더 잘 수용할 수 있게 되므로 장애아를 소개하는 책이나 영상, 장애인 초청 강연회나 공연 등을 통해 장애에 대한 정보를 제공한다.

(3) 가정과의 연계

영유아들이 장애인에 대한 인식과 태도는 주변 성인이나 사회의 영향을 많이 받으며, 특히 교사나 부모의 인식과 태도는 매우 직접적이고도 강력한 영향을 미친다. 다음은 김수진 외(2017)의 내용을 요약하여 설명하고자 한다.

영유아가 장애인에 대한 긍정적인 인식과 태도를 형성할 수 있으려면 영유아기에 따라하거나 모방하려는 심리적 작용으로 먼저 교사나 부모가 장애인에 대한 긍정적인 인식을 갖고 있는 것이 매우 중요하다. 이를 위해 교사는 모든 부모들을 대상으로 부모교육을 통해 장애에 대한 홍보와 장애 이해교육을 실시하여 부모가 영유아에게 긍정적인 모델이 될 수 있도록 지원하여야 한다. 이를 위해서 부모에게는 장애유아에 대한 긍정적인 태도를 갖도록 지원하고, 아울러 보육실 내에서의 활동들은 장애와 연계된 내용으로 정보를 제공하며, 가정 내에서 실시할 수 있는 다양한 활동들을 소개함으로써 어린이집에서의 활동들이 가정과 연계될 수 있도록 해야 한다. 구체적인 내용은 다음과 같다.

① 장애 이해교육의 여러 가지 원칙을 부모와 함께 나눈다.

② 교사가 장애통합의 여러 가지 장점을 잘 알고 이를 부모에게 잘 설명할 수 있어야 한다.

③ 부모가 가정 내에서 여러 가지 관련된 활동을 영유와 함께 해볼 수 있도록 돕는다. 이를 통해 부모와 영유아 모두 장애에 대한 이해와 장애유아에 대한 긍정적인 태도를 가질 수 있다.

Chapter 07 보육실 운영 관리

어린이집 교사가 자신의 보육실을 운영하고 관리한다는 것은 대개 보육목표를 수립하여 보육활동을 전개하거나 개별 영유아의 발달을 고려하여 대응하며, 보육실의 물리적 환경 구성 및 교재 · 교구의 선정과 배치, 영유아들의 심리적 환경 구성, 가정과의 의사소통, 지역사회와의 연계, 영유아에 대한 기록 및 서류 관리, 어린이집 시설 · 설비 및 비품 관리, 학급운영에 대한 프로그램 개발과 평가 등이 포함된다. 7장에서는 보육실의 흥미영역의 구성과 운영, 교재 · 교구 관리, 시설 · 설비 및 비품관리에 대해서 구체적으로 알아보고자 한다.

Ⅰ. 흥미영역의 구성과 운영

영유아교육기관의 각 흥미영역에는 많은 교재·교구 및 자료들이 마련되어 있다. 영유아는 자신의 흥미에 따라 활동을 선택하고 놀이를 진행한다. 흥미가 있는 놀이는 영유아의 전인발달을 증진시키고, 놀이는 곧 학습이며, 학습 성향으로 만들어준다. 또한 영유아기의 뇌 발달에서 긍정적인 감정 형성을 촉진시켜 준다(한국보육진흥원, 2014). 그러나 다양한 놀잇감이 있음에도 불구하고 영유아에게 관심을 끌지 못하고 놀이에 열중하지 않는 영유아도 종종 볼 수 있다. 따라서 영유아를 위한 흥미영역의 배치 및 구성과 운영에 있어서 몇 가지 기본 조건 살펴보면 다음과 같다(이숙재, 2017).

첫째, 보육실의 현재 공간 배치를 어떻게 할 것인지 대한 계획이 필요하다.

둘째, 영유아가 요구하는 것이 무엇인지 놀이공간을 사용하는 영유아의 요구를 반영하여 구성해야 한다.

셋째, 영유아의 연령, 특성을 고려하여 영아 또는 유아로 구분하여 흥미영역을 구성한다.

넷째, 어린이집의 특성에 맞게 기관의 유형, 소재 위치, 지역사회의 문화적 특성까지 고려하여 구성한다.

다섯째, 영유아에게 가장 중요한 안전과 위생을 고려해야 한다.

여섯째, 흥미영역은 필요에 따라 융통성과 변화를 주고 재구성할 수 있는 공간이어야 한다.

1) 영아 보육실의 환경구성

영아들이 지내야 하는 보육실은 가능하면 가정과 같은 분위기로 구성하며 아늑하고 포근한 느낌을 줄 수 있어야 하며 영아들이 보고, 듣고, 만지면서 다양한 경험을 할 수 있도록 청결하고 위생적이며 안전한 놀이 공간이 되어야 한다. 영아 보육실의 흥미영역으로는 신체놀이영역, 탐색놀이영역, 언어놀이영역, 상징놀이영역, 표현놀이영역,

낮잠 및 휴식영역 등으로 구체적인 내용은 다음과 같다(이숙재, 2017).

(1) 신체놀이영역

영아는 움직임에 대한 욕구가 강하므로 보육실 내에서도 대근육 활동을 할 수 있는 영역이 필요하다. 높이가 낮은 오르기 기구, 미끄럼틀, 계단, 흔들 목마, 탈 수 있는 놀잇감, 밀고 당길 수 있는 인형 유모차 등을 제공한다.

[그림 7-1] 신체 운동놀이

(2) 탐색놀이영역

영아들이 소근육과 오감을 활용해서 다양한 탐색을 할 수 있도록 환경을 구성해 주어야 한다. 예를 들어 퍼즐(1세 : 손잡이퍼즐 1~2조각, 2세 : 2~5조각), 촉각상자, 냄새 맡기 병, 큰 구슬 꿰기, 여러 가지 자연물과 확대경, 가볍고 커다란 블록, 자동차, 동물 모형 등의 소지품을 제공한다.

[그림 7-2] 탐색놀이

(3) 언어놀이영역

영아기는 언어발달이 현저하게 촉진되는 시기이다. 영아가 그림책을 보거나 교사, 또래와 이야기를 할 수 있도록 흔들의자, 쿠션 등을 준비한다. 내용이 반복되는 친숙한 그림동화책, 색상이 아름답고 단순한 삽화의 그림책, 감각 및 촉각그림책, 헝겊 책 등을 제공한다.

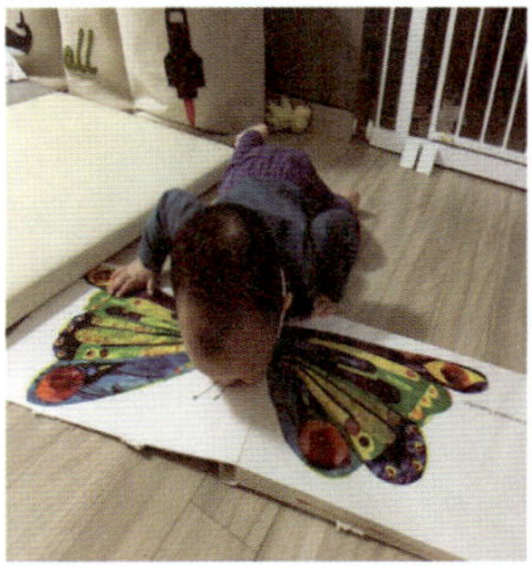

[그림 7-3] 언어놀이

[그림 7-4] 요리놀이

(4) 상징놀이영역

영아는 일상생활에서 경험한 단순한 내용의 상징놀이를 많이 하므로 사실적인 인형, 예를 들어 머리카락과 움직이는 눈을 가진 인형, 영아에게 친숙한 동물인형과 손 인형, 소꿉그릇, 가구, 거울 등을 제공한다.

(5) 표현놀이영역

영아는 음악, 미술, 움직임을 통한 표현활동을 좋아한다. 종, 딸랑이, 트라이앵글, 북, 탬버린 등을 제공하고 크레파스, 물감과 붓, 찰흙, 지점토, 색종이, 스카프 등을 제공한다.

[그림 7-5] 발바닥 찍기 표현

(6) 낮잠 및 휴식영역

낮잠이나 휴식을 위한 영역은 놀이하는 공간과 분리하는 것이 이상적이나 장소가 협소할 경우 조용한 언어영역에 함께 배치하는 것이 효과적이다. 영아들이 편안하게 잠을 잘 수 있도록 영아들이 좋아하는 애착 인형을 가지고 잘 수 있도록 한다. 자극적인 조명을 조절하며, 햇빛이 들어오지 않도록 커튼 등을 준비하며, 조용한 음악을 들려준다.

[그림 7-6] 햇빛어린이집 (낮잠)

2) 유아 보육실의 환경구성

3세 이상의 유아에게 보육실 내에 적합한 흥미영역을 제공하기 위해서는 3~5세 누리과정에 근거하여 생활공간과 교육공간으로 나누고, 일반적으로 생활공간은 유아들이 사용하는 사물함, 화장실, 물먹는 곳, 교사가 사용하는 책상 등이 있다. 교육공간으로는 교육을 목적으로 활동하는 다양한 흥미영역들이 있다. 즉, 쌓기놀이영역, 역할놀이영역, 수 · 조작영역, 음률영역, 과학영역, 언어영역, 미술영역, 물 · 모래놀이영역 등이 있다.

(1) 쌓기놀이영역

어느 정도 소음이 있을 수 있기 때문에 정적 놀이공간과 떨어진 곳에 배치하는 것이 좋다. 카펫이나 매트를 이용하여 충격을 흡수할 수 있도록 하며, 역할놀이영역과 인접하게 배치하면 두 영역이 놀이가 통합될 수 있어서 효과적이다. 블록을 사용하고 정리함에 블록모양을 붙여놓아 유아들이 사용 후 정리하기가 용이해지도록 한다.

[그림 7-7] 블록놀이

(2) 역할놀이영역

남아와 여아가 모두 사용할 수 있는 여러 가지 역할을 가작화할 수 있는 소품을 준비한다. 다양한 직업군과 관련된 놀이가 이루어지므로 활동적인 놀이로 동적 놀이영역과 인접하게 배치한다. 이 영역에서는 양성평등사회로 나아갈 수 있는 사회적 역할을 연습하는 곳이다. 또한 역할놀이영역에서는 다양한 제품을 만들기도 하므로 교사가 마련해준 교구 이외에도 자신들이 직접 필요한 물품을 만들어 사용하도록 권장한다.

[그림 7-8] 소방관 역할놀이

(3) 수 · 조작영역

[그림 7-9] 조작놀이

수 · 조작영역에서는 소근육을 사용하여 조작, 구성, 게임 등 정적인 활동을 주로 하므로 조용한 장소에 배치하는 것이 좋다. 조작놀이 교구는 인지발달을 촉진하고 언어발달을 돕는다. 퍼즐, 보드게임, 주사위 게임 등도 있다. 교사는 유아들이 어떤 놀잇감을 가지고 노는지 관찰하여 수 · 조작놀이가 활발하게 이루어지도록 새롭고 유아들의 흥미를 끌 수 있도록 이야기 나누기 시간 등에 놀잇감을 소개하는 것도 좋다.

(4) 음률영역

[그림 7-10] 햇빛어린이집 (음율놀이)

유아들이 사용하기에 부담 없는 악기를 배치하고, 정적 놀이영역과 멀리 떨어진 곳에 배치하는 것이 좋다. 어려운 악기보다 두드려서 소리를 내는 악기, 불어서 소리를 내는 악기 등이 유아들이 사용하기에 용이하다. 교사가 미리 준비한 녹음소리로 악기 이름을 맞히거나 노래를 맞히는 게임 등 즐거운 경험을 할 수 있도록 준비한다.

[그림 7-11] 과학놀이

(5) 과학영역

과학영역은 주변세계의 생물, 무생물, 자연물 등에 호기심을 가지고 탐색하고 실험하고 조사과정을 경험한다. 보육실에서는 조용하고 햇빛이 잘 들며, 물 공급을 쉽게 받을 수 있도록 세면대 가까이에 배치하는 것이 좋다. 또한 온도계, 거울, 프리즘, 저울, 티스푼, 계량컵 등을 안전하게 사용할 수 있도록 조용하고 왕래가 적은 장소로 배치한다.

(6) 언어영역

언어영역은 제4차 표준보육과정(누리과정)에서 의사소통 영역의 내용범주에 해당하는 듣기와 말하기, 읽기와 쓰기에 관심가지기, 책과 이야기 즐기기 등이 가능하도록 준비되어야 한다. 듣기와 말하기가 가능하도록 녹음기를 배치하고, 동적 놀이영역과 떨어진 곳에 있어야 하며 조용한 장소에 배치하는 것이 바람직하다. 동화를 듣거나 다소 폭신한 앉을 곳이 있으면 좋다. 유아들에게 언어영역은 따뜻하고 편안한 공간이 되도록 준비해 놓는다.

[그림 7-12] 그림책 보기

(7) 미술영역

미술과 관련하여 다양한 재료들을 준비한다. 다양한 자료들이란 각종 종이류, 크레파스, 사인펜, 가위, 풀, 색지, 색종이, 테이프, 물감과 붓 등으로 흔히 볼 수 있는 것이다. 유아들의 창의성을 키울 수 있는 재료들은 자연물이나 재활용품, 돌, 목판, 지점토, 찰흙 등도 포함되며, 미술 전시 관람도 포함된다. 미술활동은 손이 더러워지기 쉬우므로 세면대 가까이에 배치하면 효과적이다.

[그림 7-13] 물감 찍기 표현놀이

(8) 물 · 모래놀이영역

물 · 모래놀이영역은 실내외 어느 곳이나 설치할 수 있는데, 실내 놀이실에 설치하는 경우, 유아들의 왕래가 적고 세면대 가까운 곳에 배치한다. 또한 물과 모래를 쉽게 치울 수 있도록 바닥에 비닐을 깐다. 물 · 모래놀이 테이블, 그릇, 삽, 물뿌리개, 스펀지, 비닐 앞치마 등을 제공한다(이숙재, 2017).

2. 교재 및 교구 관리

[그림 7-14] 모래놀이

1) 교재 · 교구의 정의

교재 · 교구의 사전적 의미를 살펴보면 교육의 목표를 효과적으로 달성하기 위하여 선택된 언어적 또는 비언어적 도구라고 정의할 수 있다(정연희, 2014).

영유아의 삶에 직 · 간접으로 미치는 물리적 환경과 부모, 교사, 또래 등의 인적 환경은 그들의 삶에 많은 영향을 미친다. 특히 영유아의 성장과 발달에 중요한 영향을 미치는 물리적 · 인적 · 환경적 조건들 중 영유아교육기관에서 준비해 주는 교재 · 교구 등이 있다. 질 높은 교재 · 교구를 제공하는 것은 조화로운 균형 발달과 전인적인 발달을 도모하게 된다. 영유아에게 놀이활동을 의미 있게 이끌어 주는 자료들이 교재 · 교구라 할 수 있다. 따라서 표준보육과정(누리과정)의 목표에 부합하는 적절한 교재 · 교구를 선정하고 활용할 수 있어야 한다.

2) 교재 · 교구의 중요성

교재 · 교구가 영유아에게 어떤 역할을 하는지 발달과의 관련성에 기초하여 교재 · 교구의 중요성을 살펴보면 다음과 같다(나은숙 외, 2012).

(1) 영유아의 전인적인 발달을 지원한다

영유아는 교재 · 교구를 활용하여 직접 조작하고, 냄새 맡고, 흔들고, 맛보고, 소리를 들어보고, 관찰해 보는 등의 감각을 사용하면서 그 능력을 신장시킨다.

(2) 영유아의 잠재성을 발현시킬 수 있도록 돕는다

영유아의 내면에 잠재하고 있는 무한한 가능성을 자발적으로 펼치게 하기 위해서는 촉진제, 매개체가 필요하다. 교재 · 교구는 영유아에게 성인과의 상호작용, 사물과의 상호작용이 자연스럽게 일어날 수 있도록 돕는다.

(3) 영유아가 지닌 에너지의 바람직한 소진을 돕는다

영유아가 지니고 있는 에너지를 교재 · 교구를 통해서 발산시키고 영유아가 놀잇감을 가지고 놀 때 긍정적인 정서를 형성할 수 있으며 다양한 놀이를 할 수 있도록 돕는다.

(4) 영유아가 다양한 기술을 익힐 수 있도록 지원한다

영유아는 운동조작능력이 미숙하고 조망수용능력이 덜 발달되어 있다. 뿐만 아니라 자기중심적 사고를 가지고 있기 때문에 다양한 사물을 직접 조작하는 활동을 통하여 타인의 관점에서 사물과 사건을 바라볼 수 있는 경험이 필요하다.

(5) 영유아 교육내용의 질을 결정한다

영유아와 교사, 영유아와 또래, 영유아와 교재 · 교구 등의 효과적인 상호작용은 교육내용의 질을 결정한다. 영유아의 흥미와 발달 수준에 적합한 교재 · 교구는 그들이 활동을 재미있게 반복할 수 있도록 하여 스스로 학습할 수 있도록 돕는다.

3) 발달에 적합한 교재 · 교구

발달에 적합한 교재 · 교구는 영유아의 학습에 동기를 부여하고 전인적인 성장발달을 촉진시키는 역할을 한다. 부정적인 감정을 발산시키고 상황에 대처하는 능력, 문제해결을 터득할 수 있는 능력을 기를 수 있다. 따라서 교사는 영유아의 발달에 적합한 교재 · 교구를 제공함으로써 그들의 성장과 발달을 도울 수 있다.

(1) 영아발달에 적합한 교재 · 교구

영아는 양육자의 신뢰감과 안정된 애착을 형성한 후 세상에 대해 탐색하려는 능력을 보이기 시작한다. 매력적인 놀잇감은 그들에게 있어 교재 · 교구라 할 수 있다. 새로움에 대한 촉매제 역할을 한다. 영아와 상호작용하는 과정에서 다양한 시행착오를 겪으면서 영아는 문제해결 능력과 자율성을 기른다. 교사는 연령에 맞는 다양한 교재 · 교구를 활용하여 영아의 흥미를 유발시키고, 교재 · 교구들을 탐색하는 과정에서 새로운 지식과 기술, 태도를 형성해 나갈 수 있도록 지도해야 한다.

교재 · 교구의 선택은 교육의 질을 결정할 뿐만 아니라 영아의 흥미, 동기 유발, 발달에도 영향을 미친다. 그러므로 영아의 흥미를 끄는 동시에 발달적으로 적합하고 안전하게 가지고 놀 수 있는 교재 · 교구를 제공해 주는 것은 영아교육에 있어서 효과를 높이는데 매우 중요하다(김유정 · 김정원, 2012). 영아의 연령에 따른 발달적 특성과 이에 적합한 교재 · 교구(놀잇감)를 제시하면 다음 〈표 7-1〉, 〈표 7-2〉와 같다.

〈표 7-1〉 0~1세 미만

<table>
<tr><th>발달영역</th><th>발달 특성</th><th>놀잇감 및 활동</th></tr>
<tr><td>신체운동 발달</td><td>• 손과 입을 사용해서 사물을 탐색한다.
• 출생 후 1세 미만에 이르기까지 목 가누기, 턱 들기, 가슴 들기, 몸 뒤집기, 다리에 힘주기, 물건 쥐기, 앉기, 기기, 붙잡고 일어서기가 가능해지고 돌 무렵이면 걷기 시작한다.</td><td rowspan="3">• 딸랑이
• 모빌
• 치아발육기
• 종
• 오뚝이
• 숟가락
• 보행기
• 헝겊 인형
• 스펀지 블록
• 거울
• 물놀이 도구
• 촉감 그림책
• 유모차
• 장난감 전화기
• 소리 나는 악기</td></tr>
<tr><td>인지발달</td><td>• 사물에 초점을 맞추기 시작하며 눈으로 사물을 추적한다.
• 소리 나는 방향으로 몸을 돌린다.
• 단순한 움직임을 모방한다.
• 음악과 노래 소리에 따라 몸을 움직이며 반응한다.
• 두드리기, 흔들기, 던지기, 위기 등을 통해 사물을 탐색하고, 행위를 가하여 일어나는 결과에 흥미를 보인다.
• 대상연속성 개념이 발달한다.</td></tr>
<tr><td>언어발달</td><td>• 엄마와 낯선 사람의 목소리를 구별한다.
• 소리내기(쿠잉)와 옹알이를 한다.
• 엄마의 말을 이해하고 반응을 보이기 시작한다.
• 간단한 명령을 이해한다.</td></tr>
</table>

사회 · 정서 발달	• 사람의 얼굴과 목소리에 관심을 보이며 낯가림을 한다. • 사람들과 접촉하고 싶어 하며 관심을 끌고 싶어 한다. • 주변의 자극에 흥미와 호기심을 보인다. • 까꿍놀이, 물건 주고받기와 같은 사회적 게임을 한다. • 다른 사람의 행동을 모방한다.	• 누르면 소리 나는 놀잇감 • 고무로 고리 끼우기 • 작고 폭신한 공 • 동물 소리 나는 장난감 • 같은 모양 찾아보는 그림책

출처 : 김유정 · 김정원(2012). 교재 · 교구 연구 및 지도법. 양서원. p. 36.

〈표 7-2〉 1~2세

발달영역	발달 특성	놀잇감 및 활동
신체운동 발달	• 걷기 시작하면서 활동반경이 넓어진다. • 사물을 조작하고 탐색하며, 새로운 활동을 시도한다. • 뛸 수 있으며, 층계를 오르내리고, 큰 공을 찰 수 있다. • 크레파스, 색연필 등의 도구를 종이 위에 긁적거린다. • 책장을 넘길 수 있으며 블록을 몇 개 쌓는다.	• 탈것 • 끌차 • 미끄럼틀 • 까꿍 놀이 책 • 촉감책 • 모래놀이 도구 • 블록(종이, 우레탄, 스펀지) • 꼭지달린 퍼즐(3~5조각) • 질감 인형 • 포대기 • 젖병 • 유모차 • 아기침대 • 이불 등 아기놀이 도구 • 장난감 사진기 • 미술재료 • 리듬악기 • 느낌 주머니 • 조작 놀잇감 • 소꿉놀이도구 • 점토 • 밀가루 반죽 • 핑거 페인팅 • 구슬 끼기 • 낮고 부드러운 계단 • 기어들어갈 수 있는 터널 • 친숙한 일상생활 용품 사진과 이름 있는 단어 카드
인지발달	• 사물의 질감, 모양, 크기, 색 등 기능적인 관계에 관심을 가진다. • 비슷한 사물끼리 짝지을 수 있다. • 표상능력의 발달로 상상놀이를 시작하고, 감각운동놀이를 즐긴다. • 그리기, 만들기 놀이를 하며, 결과보다 과정을 즐긴다. • 구체적 사물과의 상호작용을 통해 개념이 발달하며, 추상적인 개념은 이해하지 못한다.	
언어발달	• 자기의 이름과 몇 개의 단어를 말한다. • 그림책을 보고 듣는 것을 즐긴다. • 말을 통해 다른 사람에게 원하는 것을 표현하고, 대화가 가능하다. • 간단한 심부름을 할 수 있다. • 다른 사람의 감정에 관심을 나타내고 그것을 이해한다.	
사회 · 정서 발달	• 혼자 놀거나 성인과 함께 놀며, 성인의 인정과 칭찬을 받고자 노력한다. • 자신의 감정과 느낌을 솔직하고 강하게 표현한다. • 독립심을 보이며, 자신이 한 일에 자신감을 보인다. • 또래와 상호작용이 시작되나 지속시간은 짧다. • 남녀의 차이를 알고, 자신의 성에 관심을 가진다. • 다른 사람의 감정에 관심을 나타내고 그것을 이해한다.	

출처 : 김유정 · 김정원(2012). 교재 · 교구 연구 및 지도법. 양서원. p. 37.

(2) 유아발달에 적합한 교재 · 교구

유아발달에 적합한 교재 · 교구는 유아의 성장발달에, 교육적 성취를 이루는데 매우 중요한 역할을 하며, 스스로 지식을 구성하며 성장하는데 효과적인 교수-학습을 가능하게 하기 위해서 반드시 필요한 것이 교재 · 교구이다. 유아가 놀이를 통하여 상징적인 표현, 탐구, 실험, 숙달, 발명, 예술적 표현, 그리고 다른 사람들과 상호작용하는 적절한 방법을 발견하는 과정이 곧 놀이이고 이를 효과적으로 이루게 하는 데 도움이 되는 것이 바로 질 높은 교재 · 교구인 것이다(김유정 · 김정원, 2012). 유아들의 교재 · 교구는 자유선택놀이와 대 · 소집단활동에서 많이 활용하며, 유아의 연령, 생활 주제, 놀이 형태 등의 유아교육기관에서 쉽게 적용할 수 있는 기준에 따라 분류하기도 한다(유연화 · 임경애, 2011). 유아의 연령에 따른 발달적 특성과 이에 적합한 교재 · 교구(놀잇감)를 제시하면 다음 〈표 7-3〉, 〈표 7-4〉, 〈표 7-5〉와 같다.

〈표 7-3〉 3세

발달영역	발달 특성	놀잇감 및 활동
신체운동 발달	• 대근육의 운동조절 능력이 증진된다. • 속도를 변화시키며 뛰거나 돌 수 있고, 계단 오르기, 세발자전거 타기가 가능하다. • 소근육 기술이 세련되지는 못하나 양손을 사용한 신체적 기술에 관심이 많다. • 운동기능 및 감각기능의 협응력이 필요한 활동이 가능하다. • 초보적인 가위질하기와 그리기가 가능하다.	• 그네 • 미끄럼틀 • 시소 • 흔들 목마 • 자동차 • 싱싱카 • 봉봉카
인지발달	• 인과관계를 이해하고 결과를 예견하는 능력이 나타난다. • 주의집중 시간이 짧고 실제와 가상을 구별하지 못한다. • 상상력이 이전보다 뚜렷이 증가하지만 추상적 사고를 다룰 수 없다. • 보고 들은 것의 재생은 가능하나 두 가지 이상의 정보를 기억하지 못한다. • 단순하고 구체적이며, 감각적인 사고를 하며, 한 가지 특성에 의존하여 사물을 판단한다.	• 스카이 콩콩 • 그림책 • 자신의 앨범 • 간단한 조작 놀잇감 • 뚜껑 찾기 • 소꿉놀이 도구 • 세발자전거
언어발달	• 어휘 수가 급격하게 증가한다(약 1,000개). • 말하는 것을 즐기고, 새로운 단어에 관심이 많으며, 우스운 소리나	• 동물인형 • 꼭지달린 퍼즐(5~8

	말놀이를 좋아한다. • 세 단어로 한 문장을 표현하는 세 단어기 언어표현을 사용하며, 다양한 문장 표현과 의문문, 부정문을 사용하나 문법에 맞지 않는 불완전한 문장을 사용할 때도 있다. • 그림책을 보면서 실제 내용과 비슷하게 꾸며 읽는다.	조각) • 도미노 카드 • 손인형 • 손가락 인형 • 모형 음식 • 인형 침대 • 단순한 수수께끼판 • 구멍에 막대나 실 끼우기 • 밀가루 점토 • 각종 자동차 • 폭신한 공 • 리듬 악기 • 물모래 놀잇감
사회 · 정서 발달	• 자율성과 독립심이 싹튼다. • 혼자놀이에 익숙하고 양보능력이 거의 없으며, 성인과 가까이 있기를 좋아한다. • 자신의 감정을 솔직하게 표현하고, 부정과 반항의 표시가 많으며, 특히 피곤하거나 통제를 받으면 화를 잘 내고 변덕을 부린다. • 성인 및 또래의 인정과 칭찬에 관심이 많으며, 또래에 대한 질투의 감정이 강하게 나타난다. • 시각적인 것에 공포심을 표현한다.	

출처 : 김유정 · 김정원(2012). 교재 · 교구 연구 및 지도법. 양서원. p. 39.

〈표 7-4〉 4세

발달영역	발달 특성	놀잇감 및 활동
신체운동 발달	• 신체운동 기술이 발달하여 독립적이고 활동적인 운동과 새로운 신체적 기능을 활용한다. • 대근육 활동이 활발해지고, 소근육과 눈과 손의 협응력의 발달이 점차 정교해진다. • 단순한 협응력이 요구되는 기술은 도움을 필요로 하지 않으나 시간이 오래 걸린다. • 한발로 서서 균형을 잡는다.	• 조작 놀잇감 • 만들기 • 사다리 기어오르기 • 바퀴 굴리기 • 바느질하기 • 구슬 꿰기 • 역할놀이 소품 • 동물 인형 • 각종 탈것들 • 교통안전표지판 • 목공놀이 도구 • 인형과 소꿉놀이 도구 • 각종 그림책 • 자물쇠 잠그기 • 운동놀이 기구 (공, 매트, 뜀틀) • 볼링 도구
인지발달	• 인과관계의 유추가 가능하며 간단한 사건의 이유를 설명할 수 있다. • 상상과 가상을 구별하며 현실을 인식하고, 사물의 속성과 기능의 유사점 및 차이점에 의해서 분류하고 범주화하는 능력이 형성되기 시작한다. • 탐색적, 논리적 사고, 기억력, 언어표현력의 발달이 활발히 이루어진다.	
언어발달	• 3~7개의 단어를 사용하여 완전한 문장으로 말할 수 있으며, 어휘수가 1,600개 정도 된다. • 과장이나 유머를 좋아하고 이야기를 듣거나 다른 사람과 이야기하기, 노래 부르기, 책읽기를 좋아한다.	

	• 글자, 숫자, 단어를 인식하기 시작하며, 읽고, 쓰기 위한 모양의 변별이 가능하다. • 왕성한 호기심으로 질문이 많아진다.	• 퍼즐(9~12조각) • 각종 블록 • 식물 기르기 • 자석 • 돋보기 • 보조바퀴 달린 자전거 • 인라인 스케이트 • 폐품으로 만든 장난감
사회 · 정서 발달	• 친구를 좋아하고 동성의 유아에게 관심을 보인다. • 혼자놀이 중심으로 하지만 집단놀이가 나타난다. • 타인의 요구사항을 이해하게 되고, 규칙을 배울 수 있으며, 상대방을 고려하고 도와줄 수 있다. • 남녀의 성역할을 인식하기 시작하며, 사회적 인간관계에도 관심이 많다. • 성인 및 또래의 인정과 칭찬에 민감하다.	

출처 : 김유정 · 김정원(2012). 교재 · 교구 연구 및 지도법. 양서원. p. 40.

〈표 7-5〉 5세

발달영역	발달 특성	놀잇감 및 활동
신체운동 발달	• 신체적 비율이 초기 유아기보다 성인의 신체비율에 가까워진다. • 안정되고 민첩하며 균형적인 동작이 가능하며, 대근육 발달에 의해 뛰기, 달리기, 균형 유지하기, 두발자전거를 탈 수 있다. • 신체 협응능력과 소근육 발달이 더 정교해진다. • 운동신경이 발달하며, 자신의 운동 기술을 실험해 보는 놀이를 선호한다.	• 각종 탈것들 • 목공놀이도구 • 운동놀이도구 • 조립세트 • 종이접기 • 바느질도구 • 미술재료 • 컴퓨터 • 기하도형 맞추기 • 각종 그림책 • 다양한 디자인과 패턴 만들기 • 정교한 기술이 요구되는 가위질 • 쓰기도구(필기도구, 타자기, 고무 글씨 판, 스탬프 등) • 규칙 있는 게임(주사위, 체스, 바둑, 장기, 빙고, 게임판 등) • 말하기 자료(손인형,
인지발달	• 사물의 속성과 기능의 유사점 및 차이점에 의해 분류하고 범주화한다. • 구체적 사물의 지각 경험과 논리적인 사고능력에 기초한 보존개념, 시간, 공간개념 및 인과관계, 과학개념이 발달한다. • 회상과 재생 및 기억력이 점차 아동기의 수준과 비슷하게 발달한다. • 문제를 해결하기 위해 탐색, 질문, 예측, 관찰, 실험하기를 즐긴다.	
언어발달	• 완전한 문장으로 말할 수 있으며, 다른 사람과 적절히 의사소통 할 수 있다. • 문장 형태와 문장 이해력이 성인의 언어형태와 유사하며, 글자의 이름·소리·단어의 변별이 가능하며, 말하기에 사용되는 어휘 수가 늘어나 의사소통에 거의 불편이 없게 되며, 일기와 쓰기에 흥미를 느끼고, 기본 기술을 습득한다.	
사회 · 정서 발달	• 협동하기, 돕기, 협상하기, 공감하기 등의 사회적 기술과 규칙이 발달한다.	

	• 또래의 인정에 민감하며, 또래의 규제력이 유아의 중요한 사회적 준거가 된다. • 사회적 기술과 역할을 인식하며, 사회적 상호작용에 관한 지식이 발달한다. • 감정 표현이 풍부하고, 분화된 정서 형태에 따라 정확한 감정을 표현할 수 있다. • 상황에 맞게 부정적인 정서를 피할 줄 알게 되고 감출 수도 있다. • 자신감이 증가하며, 상상력이 발달하여 상상적인 공포감이 나타난다.	막대 인형, 그림판 자석 인형, 인형극 틀 등) • 악기류(우리나라 전통악기, 서양악기 각종 소품) 등 • 과학놀이도구(거울, 자석, 돋보기, 프리즘, 측정 도구, 도르래 등)

출처 : 김유정 · 김정원(2012). 교재 · 교구 연구 및 지도법. 양서원. p. 41.

4) 교재 · 교구의 활용과 관리

영유아에게 제시한 교재 · 교구를 잘 사용하지 않는다거나 어떤 특정 영역에 흥미가 없다면 여러 가지 원인이 있을 수 있다. 영유아가 접근하기 어렵다거나 불편한 경우도 있을 수 있기 때문이다. 그들의 관심과 흥미를 끌 수 있는 교재 · 교구는 사용에 편리하고 잘 정돈되어 있으며 교육적 효과도 증대될 것이다. 따라서 교재 · 교구의 배치, 활용, 보관 및 관리에 대 구체적으로 살펴보면 다음과 같다(유연화 · 임경애, 2011).

(1) 교재 · 교구의 배치

① 각 활동영역의 기본자료 및 교구들은 항상 배치해 둔다.

② 교구의 특성에 따라 교재 · 교구장의 형태도 달라져야 한다.

③ 영유아들이 사용한 후 정리정돈하기 쉽도록 교구장이나 교구 보관 용기에 교구의 모양을 그려 붙이거나 교구명을 적어 표시해준다.

④ 새롭게 제시하는 교구나 영유아들이 특별히 활용하기 원하는 교재 · 교구는 영유아의 눈에 띄는 곳에 교사가 의도적으로 배열한다.

⑤ 영유아가 이동하기 힘든 교재 · 교구는 책상이나 선반에 고정시켜 놓고 사용하도록 한다.

⑥ 교사는 수시로 교재 · 교구의 상태 및 제시 상황을 파악하여야 한다.

⑦ 교재 · 교구는 영유아가 꺼내 보지 않아도 그 교구가 무엇인지 알고 선택할 수 있도록 시각적으로 개방된 형태로 제시되어야 한다.

(2) 교재 · 교구의 활용

① 자유선택놀이에서의 교재 · 교구의 활용

가. 주제와 관련하여 영유아들이 경험하기 바라는 교재 · 교구나 활동자료는 교사가 충분한 시간을 가지고 안내하고 소개한다.

나. 교사가 교육적 가치를 판단하여 자유선택놀이시간에 활용할 수 있도록 제시하였으나 영유아들이 사용하지 않거나 활용을 하지 않을 경우 영유아와 함께 활동을 유도해 본다.

다. 영유아가 선택한 교재 · 교구가 쉽고 재미있게 활용할 수 있도록 세심하게 주의를 기울여서 제시한다.

라. 다양한 방법으로 활용할 수 있는 교구의 경우, 영유아에게 활용방법을 찾아보게 하고 발견한 방법을 회상하기 시간에 격려해 준다.

마. 영유아가 나름대로 시행착오를 통하여 알아가는 데 교육적 의도가 있거나 실험이나 탐색 결과를 발견하게 하는 교재 · 교구인 경우, 영유아들이 그 활동에 흥미를 느낄 수 있도록 도입한 후 제시한다.

바. 대집단활동에서 사용한 자료를 자유선택활동으로 연결하여 제시할 경우, 자유선택활동을 위한 교재 · 교구로 활용될 수 있도록 필요한 것을 보완하거나 수정을 제시해 주면 활용도가 높아진다.

② 대 · 소집단에서의 교재 · 교구의 활용

가. 수업하고자 하는 활동의 특성 및 내용을 충분히 파악하여 가장 효과적인 형태의 교재 · 교구를 결정한다.

나. 가능한 한 영유아들이 많이 참여할 수 있는 방법으로 수업자료를 준비한다.

다. 교사가 놓치거나 빠뜨린 부분이 생기지 않도록 면밀히 계획하여 수업자료를 준비한다.

라. 준비한 자료를 가장 효과적으로 제시할 수 있는 방법을 생각한다.

마. 교사가 준비한 자료를 자세히 탐색할 수 있는 상호작용을 한다.

바. 한 가지 매체뿐 아니라 교육적 효과를 낼 수 있는 다른 매체도 함께 준비한다.

사. 수업의 진행과정에서 활동할 수 있는 여러 가지 자료가 서로 연관성을 가지고 자연스럽게 통합하도록 한다.

아. OHP나 실물 화상기 등의 매체를 적절히 사용하여 교재 · 교구의 활용도를 높일 수 있다.

(3) 교재 · 교구의 보관 및 관리

① 활용한 교구는 보관하기 전에 깨끗하게 닦거나 세척하여 보관한다.

② 보수나 보완이 필요한 교구는 보수 · 보완한 후 보관한다.

③ 사용설명서나 활용지침을 함께 넣어 보관한다.

④ 교재 · 교구의 특성에 따라 알맞은 방법으로 보관한다.

⑤ 교재 · 교구의 분류기준을 정하고 그에 따라 분류한다.

⑥ 공간을 효율적으로 활용할 수 있는 보관방법을 찾는다.

⑦ 효율적인 방법으로 교재 · 교구를 배열한다.

⑧ 교사들이 넣고 꺼내기 편리한 구조로 배열한다.

⑨ 보관된 교수매체의 내용물을 쉽게 확인하고 필요한 교수매체를 쉽게 찾기 위하여 사진이나 제목, 분류번호를 기록한다.

⑩ 새롭게 구입 · 제작한 교재 · 교구나 폐기된 교재 · 교구는 수시로 점검하고 기록하여야 한다.

⑪ 낡거나 더 이상 사용하지 않는 교재 · 교구는 폐기하는 것도 필요하다.

⑫ 습도나 해충에 대비하여 해충이 생기지 않도록 관리하여야 한다.

3. 시설 · 설비 및 비품관리

어린이집의 설치기준(법 제15조의2부터 법 제15조의4까지에 따른 놀이터, 비상재해대비시설 및 폐쇄회로 텔레비전의 설치기준을 포함한다)과 법 제15조의4에 따른 폐쇄회로 텔레비전의 관리기준을 요약하고 정리하여 제시하면 다음과 같다.

1) 어린이집의 구조 및 설비기준

영유아의 성장과 발달을 위한 어린이집 시설 · 설비와 비품관리, 영유아의 흥미와 발달적 특성에 적합한 활동자료, 환경 조성 등 물리적 환경을 관리하는 능력이 필요하다(국가직무능력표준 NCS, 2022). 다음은 시설 · 설비 및 비품관리에 대해서는 「영유아보육법」 〈개정 2018.02.28.〉 개정에 따른 다음과 같은 내용을 준수해야 한다.

(1) 일반기준

① 어린이집의 구조 및 설비는 그 시설을 이용하는 영유아의 특성에 맞도록 하여야 하며, 사적 용도를 위한 시설 등 영유아의 보육목적에 부합하지 않는 시설은 설치할 수 없다. 다만, 관할 특별자치도지사 · 시장 · 군수 · 구청장이 지역적 특수성을 고려하여 필요하다고 인정하는 경우에는 보육교직원의 기숙시설을 설치할 수 있다.

② 어린이집은 하나의 건물에 설치하여야 한다. 다만, 담 또는 울타리로 둘러싸인 동일 대지 안에 여러 개의 건물(모두 5층 이하이어야 한다)이 있는 경우 모든 건물의 전체가 어린이집으로 사용되고 ③에 따른 옥외놀이터가 설치된 경우에는 그러하지 아니하다.

③ 어린이집에는 다음의 설비를 하여야 한다. 이 경우 보육실을 포함한 시설면적(놀이터 면적은 제외한다)은 영유아 1명당 4.29제곱미터 이상으로 한다.

(2) 보육실

① 보육실은 영유아가 주로 생활하는 실내공간으로 반별 정원을 고려하여 별도로 정해진 공간을 의미한다.

② 보육실은 건축법령상의 층수와 관계없이 해당 층 4면의 100분의 80 이상이 지상에 노출되어 있고, 해당 층 주 출입구의 하단이 지표면부터 1미터 이내인 층(이하 "1층"이라 한다)에 설치해야 한다.

③ 영유아 1명당 2.64제곱미터 이상의 공간을 확보하여야 하며, 전체 정원 및 면적 산정 시에는 보육실, 거실, 공동놀이실을 포함하여 산정한다.

④ 보육실에는 침구, 놀이기구 및 쌓기놀이활동, 소꿉놀이활동, 미술활동, 언어활동, 수 · 과학활동, 음률활동 등에 필요한 교재 · 교구를 갖추어야 한다.

⑤ 어린이집은 환기 · 채광 · 조명 · 온도 및 습도가 적절히 유지 · 관리되도록 하여야 한다.

⑥ 보육실은 바닥 난방시설을 갖추어야 한다.

⑦ 그 밖에 보육실 설치에 필요한 구체적인 기준은 보건복지부장관이 정한다.

(3) 조리실

① 조리실은 채광이 잘 되도록 하고, 기계 환기시설을 하여 청정한 실내 환경을 유지하도록 하며, 창문에는 방충망을 설치하여야 한다.

② 식기를 소독하고 위생적으로 취사 및 조리할 수 있는 설비를 갖추어야 한다.

③ 공공기관이나 사회복지관 안에 설치된 어린이집의 경우에는 같은 건물에 있는 조리실을 함께 사용할 수 있으며, 유치원과 같은 건물에 설치된 어린이집은 유치원의 조리실을 함께 사용할 수 있다.

④ 사업주가 직장어린이집을 설치한 경우로서 직장어린이집이 설치된 건물에 집단급식소를 운영하는 경우에는 조리실을 별도로 설치하지 아니할 수 있다. 이 경우 영유아를 위한 음식의 조리공간은 분리(별도의 방을 분리함에 있어 벽이나 층 등으로 구분하는

경우를 말한다) 또는 구분(칸막이 · 커튼 등으로 구분하는 경우를 말한다)되어 있어야 한다.

(4) 목욕실

① 목욕실은 난방을 하여야 한다.

② 바닥은 미끄럼 방지 장치를 하여야 한다.

③ 샤워설비, 세면설비 및 냉 · 온수 공급을 위한 설비를 갖추어야 하며, 수도꼭지는 온수 사용 시 화상을 입지 아니하도록 온도를 조정 및 고정할 수 있어야 한다.

④ 목욕실은 보육실과 인접한 공간에 위치하여야 한다.

(5) 화장실

① 바닥은 미끄럼 방지 장치를 하여야 한다.

② 세정 장치와 수도꼭지 등은 냉온수의 온도를 조정 및 고정할 수 있어야 한다.

③ 화장실은 수세식 유아용 변기를 설치하고, 보육실과 같은 층의 인접한 공간에 설치하여야 한다. 다만, 가정어린이집의 경우 성인용 변기에 디딤판과 탈부착식 유아용 변기를 설치하고 이동식 유아용 변기를 갖춘 경우에는 유아용 변기를 설치하지 아니할 수 있다.

(6) 교사실

① 보육정원이 21명 이상인 어린이집은 교사가 교육활동을 계획 · 준비하고 자료 제작 등을 할 수 있도록 정해진 교사실을 설치하여야 한다.

② 교사실에는 교육활동 준비와 행정사무, 휴식 등에 필요한 설비를 갖추어야 한다.

(7) 놀이터

① 보육 정원 50명 이상인 어린이집(12개월 미만의 영아만을 보육하는 어린이집은 제외한다)은 영유

아 1명당 3.5제곱미터 이상의 규모로 옥외놀이터를 설치하는 것을 원칙으로 한다.

② 옥외놀이터에는 모래밭(천연 및 인공 잔디, 고무매트, 폐타이어 블록 또는 「어린이놀이시설 안전관리법」에서 정하는 기준에 적합한 것을 포함한다)에 6세 미만의 영유아가 이용할 수 있는 대근육 활동을 위한 놀이기구 1종 이상을 포함하여 놀이기구 3종 이상이 설치된 옥외놀이터를 설치하여야 한다.

③ 옥내놀이터는 다음과 같이 설치한다.

가. 옥내놀이터는 놀이터로 사용하는 공간 및 그 주변에 소음 · 분진 · 폭발 · 화재의 위험이 없어야 하며, 실내공간을 활용하는 경우 조명 · 채광 · 환기 · 온도 · 습도가 적정하여야 한다.

나. 어린이집에 엘리베이터가 설치되지 아니한 경우 옥내놀이터는 보육실로부터 5층 이내에 설치하며, 층 간 이동을 위하여 아동용 손잡이 레일을 설치하는 등 안전에 필요한 장비를 구비하여야 한다.

다. 옥내놀이터를 어린이집으로 사용하는 건물 내의 실외공간에 설치하는 경우에는 울타리나 보호난간을 최소 1.5미터 이상으로 설치하되, 난간 사이에 간격이 있는 경우 그 안치수는 80밀리미터 이하로 하여야 한다.

라. 옥내놀이터를 어린이집의 최상층 바닥면에 설치하는 경우, 울타리나 보호난간은 바닥면 최하단으로부터 1.2미터까지는 콘크리트 · 조적(벽돌 등) 강화유리를 설치하고 고정한다.

바. 2층 이상에 옥내놀이터를 설치하는 경우, 「영유아보육법」령에서 정하는 비상재해 대비시설을 갖추어야 한다.

④ 어린이집의 놀이터, 놀이기구 및 어린이용품은 「전기용품 및 생활용품 안전관리법」, 「어린이 놀이시설 안전관리법」 및 「환경보건법」에서 정한 기준을 준수하여야 한다.

⑤ 그 밖에 놀이터 설치에 필요한 구체적인 기준은 보건복지부장관이 정한다.

(8) 급배수시설

① 상수도 또는 간이상수도에 의하여 먹는 물을 공급하는 경우에는 저수조를 경유하지 아니하고 직접 수도꼭지에 연결하여 공급하여야 한다. 다만, 직접 수도꼭지에 연결하기 곤란한 경우는 제외한다.

② 어린이집에서 지하수를 음용수로 사용할 경우에는 저수조 등의 시설을 경유하여야 한다.

③ 더러운 물, 빗물 등이 잘 처리되도록 배수설비를 하여야 한다.

2) 비상재해 및 대비시설

(1) 소화용 기구를 갖춰 두고 비상구를 설치하는 등 비상재해에 대비한 시설을 갖추어야 한다. 비상구는 상단에 비상구 유도등을 달고 잠금장치를 문 안쪽에 설치하여야 한다.

(2) 어린이집은 비상시 양 방향으로 대피할 수 있어야 하며, 각 층별 출구 및 대피시설 등은 다음의 구분에 따른다.

① 어린이집이 건물 1층인 경우 : 주 출입구 외에 도로 등 안전한 외부 지상과 연결이 가능한 1개 이상의 출구를 어린이집 주 출입구의 반대방향에 설치하거나 장변길이(복도의 폭)의 2분의 1 이상을 사이가 벌어지도록 설치할 것

② 어린이집이 2층과 3층인 경우 : 비상계단 또는 대피용 미끄럼대를 영유아용으로 설치하고 그 밖에 안전사고 및 비상재해에 대비한 대피시설, 장비 등을 구비할 것

③ 어린이집이 4층과 5층인 경우 : 「화재예방, 소방시설 설치 · 유지 및 안전관리에 관한 법률 시행령」 별표 1에 따른 스프링클러설비 및 자동화재탐지설비를 「스프링클러설비의 화재안전기준(NFSC 103)」 및 「자동화재탐지설비 및 시각경보장치의 화재안전기준(NFSC 203)」에 따라 건물 전체에 걸쳐 유효하게 설치하고, 건물 내에 양방향 피난이 가능한 2개소 이상의 직통 계단을 설치할 것(2개

이상의 직통계단 설치가 곤란한 경우에는 직통계단 1개소는 건물외부에 비상계단을 설치하여 이에 갈음할 수 있다)

(3) 그 밖의 소방시설의 설치는 「화재예방, 소방시설 설치 · 유지 및 안전관리에 관한 법률시행령」 제15조에 따른다.

(4) 가스를 사용하는 경우에는 「도시가스사업법」, 「액화석유가스의 안전관리 및 사업법」에서 정한 규정에 따라 설치하고 관리하여야 한다.

(5) 그 밖에 비상재해대비시설 설치에 필요한 구체적인 기준은 보건복지부장관이 정한다.

3) 폐쇄회로 텔레비전

(1) 폐쇄회로 텔레비전은 「개인정보 보호법 시행령」 제3조 제1호에 따른 장치로서 보육실 등을 촬영하고 모니터를 통하여 그 영상을 구현할 수 있으며, 그 영상정보를 녹화 · 저장할 수 있는 기능을 갖추어야 한다.

(2) 폐쇄회로 텔레비전은 각 보육실, 공동놀이실, 놀이터(인근놀이터를 제외한다) 및 식당(별도로 구획된 공간으로 마련되어 있는 경우에 한정한다), 강당(별도로 구획된 공간으로 마련되어 있는 경우에 한정한다)에 1대 이상씩 설치하되 사각지대의 발생을 최소화할 수 있도록 설치되어야 한다.

(3) 폐쇄회로 텔레비전은 보육실 등 일정한 장소에 일정한 방향을 지속적으로 촬영할 수 있도록 설치되어야 한다.

(4) 폐쇄회로 텔레비전은 임의로 조작이 가능하거나 녹음기능이 있도록 설치되어서는 아니된다.

(5) 폐쇄회로 텔레비전은 화면 속 인물의 행동 등이 용이하게 식별될 수 있도록 고해상도[HD(High Definition)]급 이상(보건복지부장관이 정하여 고시하는 해상도 이상을 말한다)의 성능을 보유하여야 한다.

(6) 저장장치는 영상정보를 폐쇄회로 텔레비전의 화질 기준 이상의 화질로 60일 이

상 저장할 수 있는 용량을 갖춘 것으로 하여야 한다.

(7) 어린이집을 설치 · 운영하는 자는 출입구 등 잘 보이는 곳에 다음의 사항이 포함된 안내판을 설치하여야 한다.

① 폐쇄회로 텔레비전 설치 목적

② 폐쇄회로 텔레비전 설치 장소, 촬영 범위 및 촬영 시간

③ 관리책임자의 성명 및 연락처

(8) 폐쇄회로 텔레비전의 설치와 관련하여 이 규칙에 규정하고 있지 아니한 사항은 「개인정보 보호법」 및 「정보통신공사업법」의 관련 내용을 준용한다.

4) 장애아 전문어린이집 설비기준

장애아 12명 이상을 보육할 수 있는 시설을 갖춘 장애아전문어린이집을 설치하는 경우에는 「장애인 · 노인 · 임산부 등의 편의증진보장에 관한 법률」에서 정한 시설 및 설비 외에 다음의 설비를 갖추어야 한다.

(1) 장애통합보육

① 장애아가 활동하기에 충분하도록 어린이집의 시설(놀이터는 제외한다)은 장애아 1명당 7.83제곱미터 이상, 보육실(교실, 거실, 포복실, 유희실, 치료교실, 집단활동실을 포함한다)은 장애아 1명당 6.6제곱미터 이상의 면적을 확보하여야 한다. 다만, 비장애아를 함께 보육하는 경우에는 어린이집의 시설면적(놀이터 면적은 제외한다)은 비장애아 1명당 4.29제곱미터 이상, 보육실(교실, 거실, 포복실, 유희실, 치료교실, 집단활동실을 포함한다)은 비장애아 1명당 2.64제곱미터 이상의 면적을 확보하여야 한다.

② 집단활동실(강당, 놀이실)은 문턱 없이 접근이 가능한 통로에 연결되어야 하고 휠체어 · 보행기 등의 출입에 장애가 없어야 한다.

③ 출입구는 비상재해 시 대피하기 쉽도록 복도 또는 넓은 공간에 직접 연결되게 설계되어야 하며, 시각장애아를 위한 점자블록이나 유도장치를 갖추어야 한다.

④ 옥외 피난계단의 유효폭은 0.9미터 이상이어야 한다.

⑤ 회전문과 자재문(自在門 : 문턱이 없어 양방향으로 열리는 문)은 금하며 자동문 설치 시 문의 개폐 시간은 3초 이상을 확보하여야 한다.

⑥ 휠체어에 앉은 영유아가 문의 손잡이를 잡을 수 있어야 한다.

⑦ 계단 외에 엘리베이터 또는 기울기 1/12 이하의 경사로를 설치하여야 한다.

(2) 장애아 3명 이상을 보육하는 장애아통합어린이집

① 2층 이상의 시설에는 엘리베이터를 설치하거나 적어도 한 곳 이상에 기울기 1/12 이하의 경사로를 설치하여야 한다.

② 출입구는 비상재해 시 대피하기 쉽도록 복도 또는 넓은 공간에 직접 연결되도록 하고, 시각장애아를 위한 점자블록이나 유도장치를 설치하여야 한다.

③ 복도, 문, 화장실은 휠체어의 출입에 장애가 없어야 한다.

④ 옥외 피난계단의 유효폭은 0.9미터 이상이어야 한다.

5) 어린이집 유지 및 관리

어린이집의 유지 및 관리 전반에 관하여 보건복지부(2000, 2018, 2022a)에서는 다음과 같이 제안하고 있다.

(1) 시설유지 및 관리의 중요성

어린이집을 이용하는 영유아들은 사물이나 상황에 대한 호기심이 강하며 활동적인 반면, 운동발달 미숙으로 신체를 마음대로 조절할 수 없으며, 위험사태에 대한 판단이나 대처능력도 부족한 특성이 있다. 이러한 특성으로 인해 항상 위험에 노출될 수 있으므로 영유아의 건강과 생명 보호를 위해 안전관리에 철저를 기해야 한다. 시설과 설비에 대한 정기적인 안전점검을 통하여 시설의 노후를 막고, 영유아에게는 항상 쾌적하고 안전한 환경을 제공하여야 한다(윤매자 외, 2012 재인용).

(2) 시설유지 및 관리 내용

어린이집을 이용하는 영유아들은 집단생활로 인해 다양한 병원균에 노출되기 쉽다. 그러므로 어린이집의 청결관리는 쾌적하고 위생적인 환경을 조성하는 데 매우 중요한 요소이다.

다음은 보육실 청결 및 주방 청결, 기타 화장실 등에 대해 알아보고자 한다(보건복지부, 2000, 2018).

① 보육실 청결

보육교사는 매일 아침 보육실의 청결상태를 점검하여 유지하는 데 힘써야 한다. 청결한 보육실 환경을 위하여 다음과 같은 내용을 준수하여야 한다.

가. 영유아와 보육교직원의 건강 · 위생관리를 위하여 환기, 청소 등을 수시로 실시하여 실내 공기질을 쾌적하게 유지 · 관리하도록 하여야 하며 환경개선 등 주기적으로 공기질 정화를 위한 노력을 하여야 한다.

나. 1일 3회 정도는 보육실의 커튼이나 블라인드를 걷고 창문을 열고 반드시 환기시킨다.

다. 완구장, 도서대, 문손잡이 등 아동들의 손이 자주 닿은 물품은 수시로 닦아준다.

라. 기저귀 등 냄새가 날 수 있는 쓰레기는 생기는 대로 실외로 옮긴다.

마. 카펫, 소파 등은 수시로 일광소독하며, 진공청소기로 구석의 먼지를 제거해준다.

바. 놀잇감 및 교구는 정기적으로 세척한다.

사. 영유아의 침구는 정기적으로 세탁하고 햇볕 좋은 날 일광 소독한다.

② 주방 청결

어린이집의 원장 및 급식을 조리 · 제공하는 보육교직원은 어린이집에서 식중독 환자가 발생하지 않도록 위생관리를 철저히 하여야 한다(보건복지부, 2018).

가. 어린이집의 조리 직원(영양사, 조리사, 취사부)은 작업 전 건강상태를 확인하고, 위생모, 위생복, 위생화를 착용(장신구는 착용불가)해야 한다.

나. 조리 전 · 후 식재료 및 음식상태를 점검하는 등 위생관리를 철저히 하고 화기 및 조리기구 사용에 유의하여 안전사고가 발생하지 않도록 한다.

다. 식품과 소모품은 별도로 구분하여 보관하되 여건상 부득이 함께 보관할 경우에는 서로 섞이지 않도록 분리 보관하고 식품과 소모품의 품명, 용도 등을 표시한다.

라. 유통기한이 경과되거나 상한 원료 또는 완제품을 조리할 목적으로 보관하거나 이를 음식물의 조리에 사용하여서는 아니 되며, 이미 급식에 제공되었던 음식물을 재사용하여서는 안 된다.

마. 부패 · 변질되기 쉬운 식품 등의 원료 및 제품은 냉동 · 냉장고에 보관하는 등 철저하게 관리한다.

바. 어린이집 내 조리실은 항상 청결을 유지하되 정기적으로 식기, 도마, 칼, 행주, 그 밖에 주방 용구를 세척 · 살균 및 소독하고 어린이집 통합안전점검표에 기록한다.

사. 어류 · 육류 · 채소류를 취급하는 칼 · 도마는 각각 구분하여 사용하여야 한다.

③ 기타

가. 화장실에서 냄새가 나지 않도록 화장실 내부 수도꼭지, 대소변기 손잡이 등은 자주 닦고 소독한다.

나. 유리창, 출입문 등은 수시로 닦는다.

다. 계단, 복도바닥의 물건조각이나 먼지 등은 보는 대로 제거한다.

마. 방역은 혹서기(몹시 무더운 시기)와 혹한기에는 매월, 나머지 계절에는 격월로 실시한다.

④ 시설 점검

어린이집의 시설 점검은 위험한 사태를 미리 예방하여 오래도록 시설을 안전하고 쾌적하게 사용할 수 있게 해 준다. 시설점검은 크게 네 영역으로 나누어 점검할 수 있다.

가. 건축물 점검 : 건축에 관한 부분으로 건물 벽체, 축대, 천장, 도색, 도배상태 등이다. 옥탑이나 뒷결 등 사각지대에 대한 점검도 소홀히 하지 않는다.

나. 전기점검 : 전기시설, 전기 차단시설에 관한 부분이다.

다. 소방점검 : 소화전, 유도등, 소화기 배치 등이 포함된다.

라. 설비점검 : 냉난방 설비, 주방가스 시설, 화장실 비품 파손 등에 관한 점검이다. 시설점검표를 만들어 월1회 정도 담당자를 정해 점검해 준다. 누전, 누수가 의심될 경우에는 전문가의 도움을 받아 점검한다. 또한 손전등과 같이 비상시에 사용할 수 있는 물품을 준비해 놓아 비상사태에 대비한다.

(3) 문서 관리

어린이집의 문서 관리는 시설 설치, 운영, 소모품 및 폐지에 수반되는 제반 기록을 보존·관리하는 것을 의미한다. 즉, 보육업무 수행과정에서 수반되는 제반 기록과 장부의 작성 및 보관, 공문서와 재고 처리 등의 업무를 집행하고 처리하는 업무를 말한다(임재택, 1999).

「영유아보육법」(시행규칙 제23조 및 제30조)과 관련하여 어린이집에는 다음의 장부 및 서류를 갖춰 두어야 한다. 다만, 상시 영유아 20명 이하인 어린이집으로서 어린이집의 원장이 보육교사를 겸임하는 어린이집의 경우에는 ④·⑥·⑩·⑪ 및 ⑬ 외의 장부 및 서류는 갖춰두지 아니할 수 있다.

① 어린이집의 연혁에 관한 기록부

② 재산목록과 그 소유를 증명하는 서류(부동산을 임차하는 경우에는 임대차 계약서를 포함한다)

③ 어린이집 운영일지

④ 보육교직원의 인사기록카드(채용구비서류, 이력서 및 사진을 포함한다)

⑤ 예산서 및 결산서

⑥ 총계정원장 및 수입·지출 보조부

⑦ 금전 및 물품출납부와 그 증명서류

⑧ 보고서철 및 관계 행정기관과의 문서철

⑨ 소속 법인의 정관 및 관계 서류

⑩ 어린이집 이용신청자 명부 및 이용 아동 연명부

⑪ 생활기록부, 영유아 보육일지 및 건강진단카드

⑫ 보육교직원의 인사·복무 및 어린이집 운영에 관한 규정 등

⑬ 안전점검표

⑭ 그 밖에 어린이집 운영에 필요한 서류 등

Chapter 08 보육교사의 임용과 복무

보육교직원의 임용과 복무에 관한 인사관리에 대해 살펴보도록 한다. 보육교직원 중 원장은 어린이집 전체를 총괄해야 하므로 리더십이 필요하며, 보육교사는 영유아를 직접적으로 양육하는 책임이 따르므로 전문성이 요구된다. 8장에서는 이러한 내용을 뒷받침 할 수 있는 보육교사의 채용과 자격관리, 보육교사의 복무규정, 보육교사의 처우와 근무환경에 관련된 부분을 살펴보고자 한다. 또한 보건복지부(2022a)와 윤매자 외(2013) 일부 내용을 근거로 정리하였으며 재구성하여 제시하고자 한다.

I. 보육교사 채용과 자격관리

1) 보육교사 채용

보육교사 채용은 모집공고를 보고 지원한 지원자 중에서 각 어린이집에서 필요로 하는 자질을 갖춘 사람을 선별하는 과정으로 다음과 같은 단계를 거쳐서 채용하게 된다.

서류전형 → 면접전형 → 인성검사 → 신체검사 → 합격통보

(1) 서류전형

① 이력서(사진 부착) : 이적 사항, 학력, 경력, 자격증, 가족사항, 상벌, 외국어 등

② 자기소개서 및 기타 필요하다고 인정되는 서류 등

③ 평가요소 : 학력 및 전공 일치, 자기소개서 내용, 자격증 및 면허 소지 여부, 기타 필요한 경력사항 등

(2) 면접전형

면접은 인물 평가를 종합적으로 할 수 있고 성격과 성품을 판별할 수 있으며, 지원동기 및 의욕을 확인할 수 있다. 또한 지원자의 지식과 교양 정도를 알 수 있으며, 지도력, 협력성 등 사회적 능력과 적응력을 알 수 있을 뿐만 아니라 가치 판단의 기준 및 가치관을 파악할 수 있어 효과적이다.

(3) 신체검사 및 채용 시 구비서류

면접 합격자 발표 후 종합병원이나 지정병원에서 한 신체검사 결과와 채용에 필요한 서류를 구비하여 제출한다.

(4) 어린이집의 성범죄 경력 조회

어린이집 보육교직원의 임면권자는 「청소년의 성보호에 관한 법률」 제28조 제2항에 의거 보육교직원으로 채용하고자 하는 자의 성범죄 경력 조회를 양식에 따라 관할 경찰서에 요청하여야 한다. 조회 요청 시 「영유아보육법」에 의한 어린이집임을 확인할 수 있는 어린이집 인가증 사본(인가증이 없는 국공립어린이집은 고유번호증)을 반드시 첨부하여야 한다.

2) 보육교사 자격관리

보육교사는 보건복지부장관이 검정 · 수여하는 자격증을 받은 자(「영유아보육법」 제21조)로 「영유아보육법」(시행규칙 21조)에 충족해야 한다.

(1) 보육교사의 자격 요건

보육교사는 자격기준(시행령 제21조 [별표1])에 해당하는 자로서 보건복지부장관이 검정 · 수여하는 국가자격증을 받은 자이어야 한다(법 제21조)(보건복지부, 2018).

(2) 보육교사 자격 기준(2014. 3. 1. 시행)

등 급	자격 기준
보육교사 1급	1. 보육교사 2급 자격을 취득한 후 3년 이상의 보육업무 경력이 있는 사람으로서 보건복지부장관이 정하는 승급교육을 받은 사람
	2. 보육교사 2급 자격을 취득한 후 보육 관련 대학원에서 석사학위 이상을 취득하고 1년 이상의 보육업무 경력이 있는 사람으로서 보건복지부장관이 정하는 승급교육을 받은 사람
보육교사 2급	1. 전문대학 또는 이와 같은 수준 이상의 학교에서 보건복지부령으로 정하는 보육관련 교과목 및 학점을 이수하고 졸업한 사람
	2. 보육교사 3급 자격을 취득한 후 2년 이상의 보육업무 경력이 있는 사람으로서 보건복지부장관이 정하는 승급교육을 받은 사람
보육교사 3급	고등학교 또는 이와 같은 수준 이상의 학교를 졸업한 사람으로서 보건복지부령으로 정하는 교육훈련시설에서 정해진 교육과정을 수료한 사람

(3) 보육교사 2급 자격취득을 위한 보육관련 교과목 및 학점 기준

① 적용 대상

가. 「고등교육법」에 의한 전문대학, 대학 등에서 보육관련 교과목 및 학점을 이수하고 전문학사학위 이상을 취득한 사람

나. 「학점인정 등에 관한 법률」에 따라 학점은행제로 보육관련 교과목 및 학점을 이수하고 전문학사학위 이상을 취득한 사람

다. 다른 법률에서 졸업 시 전문대학 이상의 학력이 인정되는 시설에서 보육관련 교과목 및 학점을 이수하고 전문학사학위 이상을 취득한 사람

② 교과목 및 학점 기준(시행규칙 제12조 제1항 [별표 4])(2016. 8. 1. 시행)

가. 시행규칙 제12조 제1항 [별표 4]의 규정에 의한 보육관련 교과목 중 총 17과목 51학점 이상 이수하고 졸업하는 경우 보육교사 2급 자격증 취득 가능

〈표 8-1〉 교육영역별 교과목 및 학점

구 분		교 과 목	이수과목(학점)
교사 인성영역	필수 교과목	보육교사(인성)론, 아동권리와 복지	2과목 (6학점)
보육 지식과 기술영역	필수 교과목	보육학개론, 보육과정, 영유아발달, 영유아교수방법론, 놀이지도, 언어지도, 아동음악(또는 아동동작, 아동미술), 아동수학지도(또는 아동과학지도), 아동안전관리(또는 아동생활지도)	9과목 (27학점)
	선택 교과목	아동건강교육, 영유아 사회정서지도, 아동문학교육, 아동상담론, 장애아지도, 특수아동 이해, 어린이집 운영관리, 영유아 보육프로그램 개발과 평가, 보육정책론, 정신건강론, 인간행동과 사회환경, 아동간호학, 아동영양학, 부모교육론, 가족복지론, 가족관계론, 지역사회복지론	4과목 (12학점) 이상
보육 실무영역	필수 교과목	아동관찰 및 행동연구, 보육실습	2과목 (6학점)
전체		17과목 51학점 이상	

※ 각 과목은 3학점을 기준으로 하며 최소 2학점 이상이어야 함

※ 상기 교과목 이외에 교과목 명칭이 동일하지 아니하더라도 교과 내용이 동일하다고 인정받고자 하는 경우, 동일 교과목 심의를 보육교직원 자격검정위원회로 요청하여 동일과목으로 인정받아야 하며, 심의절차는 자격검정위원회 운영규정에 따름. 단, 심의결과는 당해 대학에만 인정되고, 타 대학은 미적용(당해 사건에 개별적 효력만 인정)

③ 대면교과목

실시 방법은 과목당 8시간 이상 출석수업, 1회 이상 출석 시험을 실시하여야 한다. 대면교과목은 〈표 8-2〉와 같다.

〈표 8-2〉 대면교과목

구분	교과목
인성영역	보육교사(인성)론, 아동권리와 복지
보육 지식과 기술영역	놀이지도, 언어지도, 아동음악(또는 아동동작, 아동미술), 아동수학지도 (또는 아동과학지도), 아동안전관리(또는 아동생활지도)
보육 실무영역	아동관찰 및 행동연구, 보육실습

④ 교육과정에 따른 적용례

가. 대학 등에 입학한 사람

- 2017. 1. 1. 이후에 입학하는 사람부터 적용
- 다만, 2017. 1. 1. 전에 대학 등에 입학하는 사람이라도 2017.1.1. 이후에 아래의 교과목에 대한 교육을 시작한 경우에는 대면교과목 및 보육실습 기준에 따라 이수 필요

나. 대학 등을 졸업한 사람과 같은 수준의 학력이 있다고 인정된 사람(학점인정 등)

- 2018. 1. 1. 이후에 전문학사 학위 이상을 취득하는 사람부터 적용
- 다만, 이 경우에도 2017. 3. 1. 전에 아래의 교과목을 이수한 경우에는 대면교과목 및 보육실습 기준으로 이수한 것으로 봄

※「영유아보육법」 시행규칙(2016. 1. 12. 개정, 2016. 8. 1. 시행)에 따른 보육 관련 교과목의 유사교과목 인정범위, 편(재)입학생의 보육 관련 교과목 및 학점 이수 기준은 보육인력국가자격증 홈페이지 참조(http://chrd.childcare.go.kr, ☎ 1661-5666)

다. 다만「영유아보육법」 시행규칙 부칙 〈보건복지부령 제392호〉 제3조(보육 관련

교과목 및 학점에 관한 경과조치)에 따라 적용례에 해당하지 않는 사람이 이수해야 할 보육관련 교과목 및 학점은 종전의 규정에 따름(보육인력국가자격증 위의 홈페이지 참조).

(4) 보육교사 자격 취득을 위한 보육실습 기준

① 보육실습 교과목 및 학점 기준

가. 보육실습은 '보육실습'이라는 교과목으로 이수하는 것이 원칙(보육실습은 현장실습과 이론수업으로 구성되어야 함). 따라서 성적증명서를 통하여 교과목 확인이 가능하여야 함

나. 유사교과목 인정 범위 : 보육현장실습, 교육실습, 학교현장실습

다. 보육실습 교과목은 반드시 3학점 이상으로 이수하여야 하고, 평가점수가 80점 이상(B학점)인 경우에만 실습을 이수한 것으로 인정하므로, 80점(B학점) 이상의 성적을 취득하여야 함

② 보육실습 실시 기준

가. 보육교사 자격증 취득을 위해서는 보육실습 교과목을 이수하고 어린이집 또는 「유아교육법」에 따른 교육과정과 방과후 과정을 운영하는 유치원에서 보육실습을 실시하여야 하며, 대면교과목 중 보육실습에 관한 기준은 다음과 같음

나. 실습기관

- 정원 15인 이상으로 평가인증(평가제)을 유지하는 어린이집 또는 교육과정과 방과후 과정을 운영하는 유치원(교육청에 방과후 과정 운영 유치원으로 등록되어야 함)에서 실시

※ 2017. 1. 1. 이후부터 어린이집에서 보육실습을 시작하는 경우 인가받은 정원 15명 이상으로 평가인증(평가제)을 받고, 현재 유지하고 있는 어린이집에서 보육실습을 실시해야 함. 단, 2018. 1. 1. 이후 「학점인정 등에 관

한 법률」에 따라 전문학사 이상을 취득하는 사람이 2017. 3. 1. 전 보육실습 교과목을 이수한 경우에는 종전기준 적용

※ 평가인증(평가제) 어린이집 확인방법 : 임신육아종합포털 아이사랑 홈페이지(http://www.childcare.go.kr) 내 "어린이집 〉 어린이집 찾기" 또는 어린이집정보공개포털(http://info.childcare.go.kr) 내 "통합정보공시 → 어린이집 · 유치원 찾기 → 어린이집검색"을 통해 확인 가능함

다. 실습기간

- 6주, 240시간 이상을 원칙으로 하되, 2회에 나누어 실시할 수 있음

라. 실습 인정시간

- 보육실습의 1회는 연속하여 평일 오전 9시부터 오후 7시 사이에 한 경우에만 인정하며, 보육실습시간은 하루 8시간을 초과할 수 없음

마. 실습시기

- 실습은 보육실습 교과목이 개설된 학기(직전후 방학 포함)에 실시

바. 실습 지도교사

- 실습 지도교사는 실습지도 이전에 보육교사 1급 또는 유치원 정교사 1급 자격증을 소지한 사람이어야 함
- 실습 지도교사는 동일한 실습 기간 내에 1명당 보육실습생을 3명 이내로 지도하여야 함

※ 어린이집지원시스템에 보육실습 미등록 시 지도교사 1인당 3명 이내의 보육실습생 지도확인서 제출(관련서식은 보육인력국가자격증 홈페이지 참조)

사. 보육실습확인서

- 보육교사 자격증을 발급받고자 하는 사람은 보육교사 자격증 발급 신청 시 보육실습 내용의 적절성을 증명하는 보육실습확인서를 출력하여 제출함

아. 실습관리 시스템을 통한 보육실습 관리

- 2013. 3. 1. 이후 어린이집에서 보육실습을 이수하는 경우, 어린이집지원시스템에 보육실습 내용을 등록하고 출력하여 제출하여야 함

어린이집지원시스템을 통한 보육실습 내용 등록·제출방법

① 보육실습 내용 등록방법 : 어린이집지원시스템 → [교육관리] → [보육실습생관리] → [등록]에서 보육실습생, 정보와 실습지도교사 정보를 입력 → [저장]하여 등록 완료
② 보육실습 내용 제출방법 : 어린이집지원시스템 → [교육관리] → [보육실습생관리] → 대상자 조회 후 [선택] → [제출](메세지 창 확인) → [확인]하여 제출 완료
※ 주의 : 보육실습을 2회로 나누어서 실습한 경우에는 보육실습생 등록 및 제출을 각각 해야 함. 제출된 내용은 자격취득을 위한 정보로 전송되므로 제출 이후에는 수정 불가

2. 근로계약과 복무규정

어린이집에서는 근무조건, 상벌제도 등에 관한 세부사항을 정해 놓은 복무규칙을 마련해야 한다. 복무규칙을 전제로 근로계약을 체결하며, 보육교직원은 근로계약을 맺음으로써 직무에 임할 권리와 의무가 생긴다. 복무규칙과 근로계약은 어린이집의 질서유지와 체계적 운영을 위해 반드시 필요하므로 규모가 가정어린이집에서도 차후 불미스러운 상황이 발생하지 않도록 반드시 작성해둘 필요가 있다(정정옥 · 김광자, 2009).

근로자의 근로조건 및 처우는 조직 내 구성원들의 근무의욕과 생산성을 좌우하는 매우 중요한 요인이며, 그동안 보육교사는 열악한 근로조건과 처우를 당연한 것으로 받아들이는 풍토가 있었으나 최근에는 질 높은 보육서비스를 제공하기 위해 보육교사의 근로조건과 처우 또한 개선되어야 하는 것으로 인식되기 시작하였다(이순영 외, 2013).

1) 근로계약

근로계약이란 근로자가 사용자에게 근로를 제공하고 사용자는 이에 대하여 임금을 지급하는 것을 목적으로 체결된 계약을 말한다. 「근로기준법」 제93조에서는 상시 10인 이상의 근로자를 사용하는 사용자는 다음 각 호의 사항에 관한 취업규칙을 작성하여

고용노동부장관에게 신고하여야 한다. 이를 변경하는 경우에도 또한 같다.

(1) 업무의 시작과 종료 시각, 휴게시간, 휴일, 휴가 및 교대 근로에 관한 사항
(2) 임금의 결정 · 계산 · 지급방법, 임금의 산정기간 · 지급시기 및 승급(昇給)에 관한 사항
(3) 가족수당의 계산 · 지급방법에 관한 사항
(4) 퇴직에 관한 사항
(5) 「근로자퇴직급여 보장법」 제4조에 따라 설정된 퇴직급여, 상여 및 최저임금에 관한 사항
(6) 근로자의 식비, 작업 용품 등의 부담에 관한 사항
(7) 근로자를 위한 교육시설에 관한 사항
(8) 출산전후휴가 · 육아휴직 등 근로자의 모성 보호 및 일 · 가정 양립 지원에 관한 사항
(9) 안전과 보건에 관한 사항
근로자의 성별 · 연령 또는 신체적 조건 등의 특성에 따른 사업장 환경의 개선에 관한 사항
(10) 업무상과 업무 외의 재해부조(災害扶助)에 관한 사항
(11) 표창과 제재에 관한 사항
(12) 그 밖에 해당 사업 또는 사업장의 근로자 전체에 적용될 사항

2) 복무규정

보육교직원은 공무원도 아니고 특별한 신분보장에 관한 법령이 있는 것도 아니다. 보육사업안내(2022)에서는 보육교직원의 복무형태, 근무시간, 겸직 제한 등에 관하여 제시하면서 기타 보육교직원의 경우는 「근로기준법」을 준용하도록 규정하고 있다. 복무규칙의 기능과 복무규칙 작성 시 기재해야 할 내용과 보육사업안내(보건복지부, 2022a)에서 제시하고 있는 보육교직원 복무에 관한 내용은 다음과 같다.

(1) 복무규칙의 기능

① 복무규칙의 내용은 근로계약의 내용이 되고, 보육교직원은 복무규칙에 따라 직무에 종사할 의무를 지니는 것이다.

② 복무규칙은 인사관리에 관하여 원장의 지침을 분명히 하는 것이다. 예를 들면, 근무조건은 어떠한지, 규율은 어떤 것인가를 보육교직원에게 명시하는 것이므로 원장의 의도를 알 수 있게 될 뿐만 아니라, 원장의 자의적 취급을 받지 않는다는 보장을 하는 것이다.

(2) 복무규칙의 내용

① 절대적 기재사항

- 근무시간, 휴게시간, 휴일, 휴가, 복무교체에 관한 사항
- 임금 결정, 계산, 지급방법 임금의 지급시기와 승급에 관한 사항
- 퇴직에 관한 사항

② 상대적 기재사항

- 퇴직금, 기타 수당, 사영 및 최저 임금에 관한 사항
- 식비, 작업용품, 기타의 부담에 관한 사항
- 안전 및 위생, 교육훈련에 관한 사항
- 업무상과 업무 외의 재해 부조에 관한 사항
- 표창 및 제재의 종류, 세금에 관한 사항
- 기타 당해 어린이집의 보육교직원 전체에 적용될 사항

③ 임의적 기재사항

- 복무규칙 제정의 취지, 훈시적 선언 규정 등

(3) 보육교직원 복무

① 복무 형태 및 근무시간

② 원장(가정어린이집 제외)의 겸직 금지

3. 보육교직원의 처우와 근무환경

보육교직원에게는 「근로기준법」에 기준하여 퇴직적립금을 관리 · 운영해야 하며, 연가 · 병가 · 공가 및 특별 휴가 등의 휴가 제도를 시행하여 보육교직원의 복지를 관리해야 한다. 어린이집 보육교직원을 위한 복지는 타 기업체나 사업체들과 비교해 볼 때 다양하지도 않고 그나마도 어린이집마다 차이가 있는데, 현재 「근로기준법」 준수와 지자체 예산 등으로 시행되고 있는 복지는 어린이집 보육교직원 휴가, 보육교사 처우 개선비, 보수교육비 지원, 대체교사 인건비 지원 등이 있다(김정원 외, 2018, 정정옥, 2009). 질 높은 보육서비스가 제공되기 위해서는 가정 먼저 보육교직원의 현실적인 처우를 위한 지원방안이 마련되어야 할 것이다. 다음은 '종일제 보육시간 8시간제 도입'에 관한 정책 토론회(2013.08.27)를 통해 보육교사의 권리 증진과 보육정책에 관한 내용을 정리하고자 한다(윤매자, 2013).

1) 「영유아보육법」과 보육교직원의 권리 보장

「영유아보육법」에는 어린이집 운영시간을 오전 7시 30분~오후 7시 30분까지 12시간 운영을 기본으로 하고 있다. 하지만 2011년 7월 1일부터 도입된 주 40시간제에 보육노동자까지 확대되어 「영유아보육법」과 「근로기준법」과의 상이한 문제점들이 발생하기 시작했다. 「영유아보육법」에는 보육교직원의 근무시간은 평일 8시간을 원칙으로 하고, 「근로기준법」 등 노동관계법령에 따라야 하며 이를 위반하는 경우가 발생하지 않도록 주의한다고만 되어 있다. 보육교직원들은 지금도 하루 10시간 이상 장시간을 근무하고 있고, 대체 인력 없이 초과근무를 하고 있지만 시간외수당을 지급받기란 어려운 실정이다.

2) 보육교직원의 근무조건

열악한 근무조건으로 경력자가 퇴출되고 미숙련자가 유입되는 악순환이 진행되고 있으며, 이러한 현상은 바로 우리 영유아들에게 가장 큰 영향을 미칠 수밖에 없다. 질 높은 보육서비스가 제공되기 위해서는 가장 먼저 보육교사의 현실적인 처우를 위한 지원방안이 마련되어야 한다(양승조, 2010; 윤매자, 2013 재인용). 보육교사의 근무조건은 보육의 질과 연관되며, 보육교사로서의 직업적 자긍심, 동기, 헌신성에 영향을 주기 때문에 보육교사가 자긍심을 가지고 다양한 역할을 수행할 수 있도록 적절하게 근무조건을 지원하는 것이 필요하다. 보수지급에 대한 내용은 다음과 같다(보건복지부, 2018).

(1) 보수

호봉이란 근무경력의 기간에 따라 1년을 단위로 인건비 책정을 달리하는 기준을 말하며, 호봉 승급이란 일정한 재직기간의 경과에 의하여 현재의 호봉보다 높은 호봉을 부여하는 것을 말한다.

① **봉급월액**(월 지급액)

가. 인건비 국고보조 어린이집(정부지원 어린이집)

- 「2022년(당해)도 보육교직원 인건비 지급 기준」에 따라 인건비를 정함
- 다만, 지방자치단체의 장 또는 어린이집을 설치 · 운영하려는 자는 이 기준에도 불구하고 어린이집의 재정 형편에 따라 설치자와 협의하여 기준을 초과하여 보수를 보조 또는 지급할 수 있음
- 시설 운영에 따른 잉여금이 발생하였을 경우 보육교직원 보수 상향지급에 사용할 수 있으나 총 잉여금의 50%를 초과할 수 없음

② 보수계산 기준

보수는 특별한 규정이 있는 경우를 제외하고는 봉급표상에 제시된 월지급액으로 하되, 신규채용 및 퇴직 등의 경우에 있어서 발령일을 기준으로 일괄 계산하여 지급

③ 보수지급일

보수는 매월 25일에 지급하되, 지급일이 공휴일인 경우에는 그 전일에 지급

(2) 퇴직급여제도

① 어린이집을 설치 · 운영하는 자는 퇴직하는 근로자에게 퇴직급여 · 퇴직적립금을 지급하기 위하여 「근로자퇴직급여보장법」의 퇴직급여제도 중 하나 이상의 제도를 설정하여야 하며, 퇴직급여제도와 관련한 상세한 사항은 「근로자퇴직급여 보장법」 및 관계법령에 따름

② 어린이집을 설치 · 운영하는 자는 시장 · 군수 · 구청장에게 매 회계연도의 결산 보고시(매년 5월 31일까지) 퇴직 급여제도 관련 통장사본, 예금 잔액증명서 등 증빙서류와 함께 적립금퇴직급여제도 운영 관련 현황을 보고하여야 함

③ 어린이집 대표자, 대표자 겸 원장, 대표자 겸 보육교직원은 인건비 지원을 통한 퇴직급여 · 퇴직적립금의 적립 · 지원 대상이 아님
단, 국공립 어린이집 및 사회복지법인 어린이집의 대표자 겸 원장, 대표자 겸 보육교직원은 퇴직급여 · 퇴직적립금의 적립 · 지원 대상임

④ 근로계약 기간은 1년 이상이나 1년 미만 근속 근로자(근로계약 기간은 1년 이상)의 퇴직급여 · 퇴직적립금의 관리

가. (인건비 국고보조 대상 근로자) 근속기간이 1년 미만인 자가 퇴직한 경우 해당 근로자의 퇴직급여 · 퇴직적립금 중 국고 및 지방자치단체 보조금은 회계연도 종료 후 3월 이내에 반환하여야 함

나. (인건비 국고보조 대상이 아닌 근로자) 근속기간이 1년 미만인 자가 퇴직한 어린이집은

해당 근로자의 퇴직급여·퇴직적립금을 반환하지 않고 퇴직 후 3월 이내에 퇴직급여·퇴직 적립금 몫으로 여입 후 타 몫으로 재편성하여야 함

(3) 근무시간

보건복지부·육아정책연구소(2022)에서 3년마다 실시하고 있는 전국보육실태조사에 따르면, 2021년 전국보육실태조사에서, 보육교사의 근무시간은 일평균 9시간 44분으로 나타났으며, 2018년 조사 당시 일평균 9시간 7분보다 37분 증가했다. 이처럼 근무시간이 증가한 것은 코로나19로 인해 보육교사의 기본업무 이외에도 원내 방역업무, 원아의 건강체크 등을 맡아야 했고, 업무 보조나 대체교사를 구하기 어려운 것으로 해석할 수 있다. 또한 어린이집 보육교사들의 열악한 처우문제를 개선하기 위해 2018년 7월 1일부터 어린이집 보육교사 1시간 휴게시간 보장이 의무화되었다. 「영유아보육법」(동법 제42조)에서 사용자는 근로시간이 4시간인 경우 30분 이상, 8시간인 경우에는 1시간 이상 휴게시간을 근로 도중에 주어야 한다고 규정하고 있으며, 휴게시간은 근로자가 자유롭게 이용할 수 있다고 하였다(보건복지부·육아정책연구소, 2021). 만약 휴게시간 의무화를 지키지 않을 경우, 운영자는 2년 이하 징역형이나 1,000만 원 이하 벌금형에 처해진다. 2018년 7월부터 시작된 어린이집 보육교사 휴게시간 보장을 위해, 보건복지부는 2021년 약 5만 8,000명이었던 연장교사, 보조교사 인력지원을 2022년은 6만 6,000명으로 확대하여 보육교사의 휴가 및 병가, 교육, 휴게시간 등을 보장하고 보육교사가 보육에 전념할 수 있도록 하였다. 또한 어린이집 내의 행정이나 인력관리를 맡고, 보육교직원의 휴가 및 병가 등의 이유로 인력공백 시 대체업무가 가능한 선임교사 도입도 추진할 계획이다(보건복지부·육아정책연구소, 2021).

(4) 낮은 사회적 인식

영유아기는 생애에 있어서 제일 중요한 시기이다. 그러나 이를 담당하는 보육교직원은 교육 공무원 및 일반 공무원에 준하는 혜택을 전혀 받지 못하고 있고 보육교사로서

의 신분 보장이 전혀 되지 않아 사회적으로 인정받지 못하고 있다(윤매자, 2013).

전국보육실태조사(2021)에 의하면, 보육교사의 어려움을 7개 사안별로 알아본 결과, 개인적 문제의 비율이 24.1%로 가장 높고, 다음으로 행정사무 등의 업무 처리가 21.1%, 담당 영유아 부모와의 관계와 원장과의 관계가 각각 16.4%, 15.2%, 보육과정 운영 11.4%, 동료 보육교직원과의 관계 9.2% 순이었다. 어려움 정도는 행정사무 등의 업무 처리와 개인적인 문제(건강 등)가 각각 4점 다소 상승하였다.

따라서 교사로서의 자부심을 갖고 직무에 충실할 수 있도록 연금제도, 주택자금, 자녀들의 학비감면, 장학혜택 등 제반 복지 혜택이 보장되어야 하며 부모나 타 직종 교사들로부터 동등한 대우를 받을 수 있도록 사회 전체에서 인식 개선이 필요하다(이지원, 2010).

(5) 직무만족도

직무만족이란 직무에 대한 태도로서 개인이 평상시에 직무나 직무경험의 평가에서 오는 긍정적이거나 부정적으로 느끼는 정서상태를 말하며, 직무만족도는 직무를 통해 경험하거나 얻게 되는 욕구 충족의 정도에 대한 함수관계라고 할 수 있다(김명수, 2012). 즉, 직무만족은 자신의 업무에 대한 긍지와 보람, 그리고 이에 따른 계속적 근무의사 정도로서 조직구성원의 직무만족의 정도는 조직의 운영을 평가하는 기준이 된다(김명수, 2012).

낮은 직무만족도를 갖게 되는 가장 큰 이유는 낮은 임금, 시간적 여유, 장시간 근무 순으로 이는 높은 이직률로 이어진다. 전국보육실태조사(2021)에 의하면, 어린이집 1개소당 이직 또는 사직한 교사는 평균 2.3명이며, 직장 또는 사회복지법인 어린이집이 평균 3명 이상으로 유의하게 많고 어린이집 규모가 클수록 이직 또는 사직한 보육교사 수가 많았다. 한편, 조사대상 어린이집 전체 보육교사 대비 이직 및 사직한 보육교사 비율을 산출하면, 23.7%로 나타났다. 어린이집 유형별로는 가정어린이집이 28.0%로 상대적으로 높고, 국공립어린이집이 18.0%로 낮게 나타났다. 이러한 보육교사의 높은 이직률은 우수한 인력확보를 어렵게 하고 훈련된 인력을 보육현장에서 이탈시킨다는 점에서 보육인력의 전문성 저하와 보육의 질적 저하를 초래하게 된다(조혜경 외, 2012).

(6) 보육교사 양성교육 및 재교육(보수, 승급, 연수 등)

보육의 질적인 향상을 위해서는 보육환경을 개선하고 양질의 보육프로그램을 계발하고 보급하는 등 여러 가지가 있겠으나, 무엇보다도 보육과 교육에 대한 계속적인 탐구와 자신을 성장시키기 위한 재교육이 병행되어야 한다. 또한 아무리 좋은 환경과 보육프로그램을 가지고 있다고 할지라도 그것을 운영하는 교사가 우수한 자질을 가지고 있지 못할 때 교육의 효과는 제대로 나타날 수 없다.

보육교사의 연수의 내용으로는 보수교육, 승급교육, 일반 강습회, 세미나, 인터넷 강의, 전문서적을 통한 연수 등이 있는데 어린이집 유형에 따라 차이가 있다(조혜경, 2012).

이미화(2005) 연구에서, 민간은 연수가 없다는 비율이 높고, 연수 참여 횟수도 적었다. 연수시간은 국공립 보육교사의 경우 평일 오전이 많았으나 민간어린이집 교사는 주말이나 휴일 등 개인의 시간에 연수를 받는 경우가 많았다. 이외에 대체교사의 부족과 보수교육에 대한 정보부족으로 재교육에 불참하는 경우도 있다고 하였다.

3) 보육교직원의 근무환경

어린이집 대표자는 관계법령이 정하는 바에 따라 보육교직원을 대상으로 국민건강보험, 국민연금, 산재보험, 고용보험에 의무적으로 가입해야 한다. 또한 매년 1회 이상 건강 진단을 실시하여야 하며, 건강 진단 항목에 결핵 등 전염성 질환이 포함되어야 한다(「영유아보육법」 시행규칙 제 33조). 정부는 어린이집 보육교사의 처우개선을 위해 어린이집에서 지급받는 급여와 별도로 아래와 같이 보육교사 처우개선비를 개인계좌로 수당을 직접 지급하고 있다(한국보육진흥원, 2018).

(1) 보육교사의 근무환경

보육교사의 근무환경이란 보육교사가 자신의 책임을 효과적이고 효율적으로 수행할 수 있도록 하는 환경 전반을 지칭하는 것으로, 어린이집의 근무환경은 보육교사의 직무수행을 원활히 할 수 있도록 지원하는 한편, 보육교사들의 복지 차원에서도 중요한 역할을 한다(유희정 · 이미화 2004). 또한 영유아를 양육하는 공간으로 보육교사의 직무를 효과적이고 효율적으로 수행할 수 있는 물리적인 환경뿐만 아니라 인간관계, 업무량, 업무시간 등을 포함한다(이주영 · 고재욱, 2015). 보육교사의 근무환경을 담당 영유아의 연령, 영유아의 수, 보육형태, 물리적 환경(휴식 공간, 화장실 내 성인용변기, 보육실 내 교사용 책상), 휴식시간, 점심시간 등 6가지로 분류하였다(유희정 · 이미화, 2004). 여기서 근무조건 역시 근무환경에 포함된다. 근무조건은 근무시간, 급여수준, 후생복지, 고용 및 계약 등 4가지로 구분하였다. 보육교사의 주요업무로는 보육관련 업무, 보육지원 업무, 운영관련 업무, 행사실시의 횟수 및 준비 기간으로 구분하였다. 즉, 보육교사의 근무환경은 위의 내용을 바탕으로 물리적 환경, 인적 환경, 행정적 환경 및 근로조건을 포함한 개념으로 정의한다(오혜경, 2016).

(2) 보육교사의 근무환경이 미치는 영향

① 보육의 질에 영향을 미친다.
보육교사의 과중한 근무환경은 교육과 보육활동의 능률을 저하시키고, 교사의 자질과 전문성 향상을 저해하며 보육의 질에 지장을 초래한다(김현미, 2005).

② 부적절한 근무환경에 따라 보육교사가 지각하는 스트레스는 교사 자신에게 부정적인 영향을 미친다(신혜영, 2004).

③ 보육교사가 담당하는 영유아와의 관계형성 및 보육실 내 교사 행동에도 역기능적인 영향을 미친다(김은희, 2007).

④ 근무환경에 대한 만족이 높아진다면 보육교사들의 삶에 대한 만족도 높아지고 질 높은 보육서비스를 기대할 수 있다.

(3) 보육교사 근무환경개선비 지원1)

① 지원내용

가. 교사근무환경개선비(0~2세) : 월 26만원

나. 누리과정 담임수당 : 월 36만원

다. 농어촌수당 : 특별근무수당 월 11만원

다음은 어린이집 교사 실급여로서 기본급(호봉제)을 제외하고, 담임수당, 처우개선비, 기타(단, 지자체에 따라 다름) 등에 대한 수당의 종류를 국가지원과 지자체지원으로 분류하였다.

<table>
<tr><th colspan="2">국가지원</th><th colspan="2">지자체지원</th></tr>
<tr><td rowspan="2">담임수당</td><td>영아반</td><td colspan="2">처우개선비</td></tr>
<tr><td>유아반(누리과정)</td><td colspan="2">청개선비 추가지원</td></tr>
<tr><td rowspan="2">특수근무수당</td><td>영아전담</td><td colspan="2">장기근속수당</td></tr>
<tr><td>장애전담</td><td rowspan="4">기타</td><td>장려수당</td></tr>
<tr><td colspan="2" rowspan="3">농어촌수당</td><td>명절수당</td></tr>
<tr><td>교통비</td></tr>
<tr><td>복리후생비</td></tr>
</table>

② 지원대상

가. 어린이집에서 평일 8시간을 원칙으로 근무하고 반을 맡고 있는 담임교사(보육교사 및 특수교사)로서 월 15일 이상 실제 근무한 사람

※ 월급여 시간연장반 교사는 일 6시간 이상 8시간 이내 근무 가능

※ 실제 근무일수가 15일 미만일 경우에는 근로자의 날, 「관공서의 공휴일에 관한 규정」에 따른 공휴일(일요일 제외) 및 대체공휴일을 근무일수에 포함 가능하며, 월 5일 이내 휴가 또는 월 5일 이내의 법정보수교육 참석 일을 추가포

1) 한국보육진흥원(2022). 보육교사 처우개선수당지급 안내.

함이 가능함. 다만, 원장사전직무교육은 인정 불가

※ 시간 연장형 교사, 방과후 교사, 24시간 교사, 어린이집에서 직접 채용한 대체교사도 지원 대상 기준을 충족하는 경우 지원 가능

나. 육아종합지원센터에 채용된 대체교사(지자체 지원 포함)로서 평일 8시간을 원칙으로 월 15일 이상 어린이집에 근무한 사람

다. 지원 제외 대상자

- 본인이 대표자로 있는 어린이집에서 보육교사(특수교사 포함)로 근무하고 있는 사람
- 어린이집 원장 중 보육교사를 겸직하는 사람
- 보조교사
- 3~5세 누리과정 담임교사(처우개선비 별도 지원이 가능하므로 제외)

③ 지급방식

가. 원장이 매월 말 보육통합정보시스템으로 신청하면, 시 · 군 · 구에서 다음달 7일까지 보육교사 및 특수교사 개인별 통장으로 지급

나. 12월분은 지자체별 집행일정 등을 고려하여 어린이집 신청 기간 및 시 · 군 · 구 승인기간 조정 가능하므로 이를 감안하여 집행에 차질이 없도록 조치

※ 해당 월에 신청하지 못한 자에 대해서는 2개월 이내(신청 월 포함 3개월) 소급 가능하다. 교사근무환경개선비를 거짓으로 청구한 경우 등은 환수 조치

※ 시장 · 군수 · 구청장은 교사근무환경개선비의 적정 청구 등을 지도 · 감독

※ 교사근무환경개선비는 정부가 보육교사 처우개선을 위하여 지급하는 것으로 임금에 포함되지 않으며 초과근무 수당도 아님(인건비 지급 상한제 적용 제외)

Chapter 09

보육교직원과의 협력

영유아발달은 가정에서만의 노력으로 이루어지기는 어렵다. 영유아는 가정뿐만 아니라 보육교사와의 상호작용을 경험하면서, 사회의 구성원으로서 성장하는 과정에서 그 사회의 가치관과 흐름에 영향을 받는 존재이다. 따라서 바람직한 영유아발달을 위해서는 보육교직원과 가정, 사회 모두의 노력이 필요하다. 일정한 시간 동안 부모 역할을 대신 수행하고 있는 보육교직원의 협력은 낯선 환경에서 많은 시간을 보내는 영유아들에게는 긴장과 불안감을 해소시켜 주고 안정감을 얻을 수 있는 단초가 될 수 있다. 그러기 위해서는 보육교직원 간의 원만한 관계형성과 의사소통이 필요하며, 부득이하게 발생하는 갈등관리를 어떻게 해결하는가가 매우 중요한 요인이 된다. 9장에서는 보육교직원과의 관계형성, 의사소통, 갈등관리에 대해 구체적으로 알아보고자 한다.

1. 보육교직원과의 관계형성

보육교직원 간의 관계형성은 어린이집 구성원으로서의 교사 자신과 동료교사, 원장과의 바람직한 관계형성이 매우 중요하다. 어린이집은 조직 사회이니 만큼 보육교직원들과의 원활한 상호작용이 일어나야 보육 업무수행도 순조롭게 진행할 수 있고 영유아들도 행복하다고 느낄 수 있다. 교사는 자신이 속해 있는 어린이집의 특성과 운영방침을 숙지하고 그 조직 문화를 파악하고 이에 적합한 업무를 수행해야 한다. 바람직한 관계형성은 보육교직원들 간의 건설적인 상호작용 운영에 있으며, 이러한 내용에 대해서 민성혜 외(2015)를 참고하여 살펴보고자 한다.

1) 어린이집 구성원의 역할 확립하기

처음 보육교사로서 지원할 때는 어린이집의 보육철학, 교육목표, 아동관 등을 홈페이지나 소개 책자를 통해 알아보고 자신의 생각과 일치하는지를 분석해 보고 지원을 해야 한다. 자신이 활동적인 성향인 경우, 어린이집 프로그램을 통해 외적 활동이나 견학을 많이 하는 어린이집을 지원할 수 있을 것이다. 반대로 소극적이고 영아 개인의 케어를 더 좋아하는 경우는 거기에 맞는 어린이집을 선택하는 것이 바람직하다. 또한 면접시 어린이집 원장이나 주임교사에게 어린이집의 경영 방침이나 기관이 지향하는 아동관 및 교육관, 적용될 프로그램의 유형과 전개방법, 학부모 상담 등에 대한 방향성을 알아보고, 자신의 생각과 유사한지 확인하거나 약간의 차이가 있더라도 자신의 생각을 조정할 수 있는지에 따라 어린이집의 근무를 결정해야 한다.

어린이집에서의 근무가 결정되면, 다음과 같은 사항에 유의하여 자신이 속한 어린이집 조직의 효율성을 높일 수 있는 보육교사로서의 역할을 확립하여야 한다.

(1) 어린이집의 취업 규칙이나 기관 자체의 보육교직원 평가기준에 대해서 숙지해야 한다. 어린이집의 취업 규칙이나 기관 자체의 보육교직원 평가기준을 토대로 교사는 어린이집에서 제시하는 영유아 관리, 학부모와의 관계, 조직 내의 관계, 분

장된 업무를 효율적으로 처리하기 위한 구체적인 계획을 수립할 수 있어야 한다.

(2) 초기에는 조심스럽고 신중하게 동료들을 통해 원장과 주임교사의 장점과 업무 수행상 유의해야 할 사항을 파악하도록 한다.

① 평소 업무 회의나 다른 동료의 업무수행 과정을 잘 관찰하여 유의할 점 등을 정리하여 자신의 업무에 적용하도록 노력한다.

② 교사 고유의 업무와 담당하게 된 공동 업무를 처리하기 위한 사전 계획을 꼼꼼히 챙겨 업무 진행에 차질이 없도록 해야 한다.

(3) 많은 수의 영유아들과 보육교직원이 함께 생활하는 특성상 자신이 담당한 업무를 소홀히 하게 되면 다른 동료에게 피해를 주거나 영유아 보육이 원활하지 못하게 되는 경우가 발생하게 되므로 각별히 유의해야 한다.

① 소규모 어린이집에서는 각 교사에게 할당되는 공동 업무와 청결 관리 공간의 범위가 많아지기 때문에 일일 또는 주간 업무시간의 안배하는 능력이 필요하다.

② 이를 위해 월간계획안이나 주간계획안을 작성하거나 또는 일일계획안을 사용하는 것이 효과적이다.

(4) 원장이나 주임교사와 정기적인 면담시간을 갖는 것이 교사 자신을 위해 효과적이다.

① 개별적인 면담시간을 통해 교사 자신의 가치관 및 개인적 상황에 대한 정보를 공유할 수 있고 문제 상황으로 전개되지 않도록 위험의 소지가 있는 문제나 업무상의 어려움 등에 대해 의견을 나누고 도움을 받아 업무의 효율성을 높일 수 있다.

② 도움을 받았다면 원장, 주임교사 또는 동료교사에 감사한 마음을 전한다.

2) 동료교사와 효율적으로 업무 협조하기

어린이집은 소규모의 조직이 많기 때문에 업무상 동료교사와 우호적인 관계를 맺고 협조하는 것이 중요하다. 그러나 개인에 따라 성향이나 특색이 다르기 때문에 각자에 맞는 교수-학습방법이나 업무처리 방식에 차이가 있다. 이러한 이유로 동료교사와의 협조가 어려워지면 보육프로그램의 질이 낮아지는 일이 발생할 수 있다. 따라서 동료교사와 동반자적인 관계형성은 긍정적인 인간관계를 맺을 수 있으며 보육의 질을 높이는 효과가 있을 것이다. 그러기 위해서는 다음과 같은 노력이 필요하다(민성혜 외, 2015).

(1) 동등한 지위에서의 협력

① 동료교사와는 동등한 지위에서 일을 협조하는 관계이므로 동료교사를 감독하거나 경쟁하기 위한 적대적 관점을 가져서는 안 된다.

② 사소한 일이라도 걱정이 되거나 의심이 되는 부분이 있다면 솔직하게 표현할 의무와 권리가 있음을 명심해야 한다.

③ 동료교사보다 자신이 더 많이 알고 있다고 생각하거나 상위에 있다고 생각하는 태도를 보이면 안 된다.

④ 동료교사를 비난하거나 질책하는 행위 등은 갈등을 고조시키는 관계로 이어지기 때문에 하지 말아야 한다.

⑤ 업무를 좀 더 효율적으로 처리하기 위해서는 나-전달법으로 자신의 의견을 전달해야 한다.

(2) 동료들과 즐거운 경험 쌓기

① 전체 교사 회의나 소모임 후에는 다른 동료교사들과 회의 내용에 대한 이야기를 함께 나누어 공유한다.

② 좋은 아이디어나 계획을 함께 수렴하고 협의하여 경험을 쌓는다.

(3) 업무중심의 문제해결

어린이집에서 새로운 문제가 발생하거나 해결해야 하는 과제들이 있다면 동료교사들과 함께 스터디 그룹을 만들어서 논의하거나 다 함께 새로운 아이디어를 구상하여 해결한다면 동료교사 간의 협력이 증진될 수 있다.

(4) 전문성 높이기 위한 워크숍 참여

동료교사들과 함께 의사소통이나 관계증진을 위해 전문가와 함께 하는 워크숍이나 효과적인 의사소통 방식에 대한 자체 세미나 또는 동료장학을 통해 의사소통 능력을 증진하도록 한다.

(5) 문제 방치 금지

① 동료교사들이나 대인 간의 문제를 너무 오랫동안 방치하는 경우 더욱 심각해질 수 있다.

② 간단한 대화 등으로 해결되지 않은 경우, 오히려 사소한 문제에도 불구하고 오랫동안 방치하여 서로에 대한 나쁜 감정이 깊어지거나 여러 가지 요인들이 영향을 미쳐 문제의 심각성이 더 높아질 수 있다.

③ 오해를 하거나 의사소통이 안 되는 경우, 서로에게 지켜 주었으면 하는 한계나 범위를 최대한 객관적으로 제시하고 서로 협조하도록 요구한다.

④ 이러한 협조가 지켜지지 않았을 경우에는 원장이나 주임교사와 의논할 수밖에 없음을 이야기하고 협조와 도움을 요청하는 것이 좋다.

(6) 동료교사와의 관계를 위한 지침

어린이집 내에서 동료교사들은 서로 경쟁적이라기보다는 하나의 목표를 향해 협력해 가는 조력자의 관계이다. 동료관계 개선을 위해 지켜야 할 자세는 다음과 같다(정진선 · 문미란, 2011).

① 공동체의식을 가져야 한다.

② 서로의 인격을 존중해 주어야 한다.

③ 서로 신뢰해야 한다.

④ 건설적인 비판을 수용할 수 있어야 한다.
⑤ 각자의 업무를 충실히 담당하여야 한다.

3) 원장과의 바람직한 관계 맺기

보육교사는 원장의 지도·감독 하에 영유아를 보육하고 그 밖의 업무를 담당한다. 원장과 보육교사의 관계는 직장 내 상하관계로 수직관계라 할 수 있다. 어린이집 운영의 전반적인 책임을 맡고 있는 원장은 영유아보육과 관련하여 보육교사에게 지시사항을 전달하고 보육교사는 이를 따르도록 되어 있다(정옥분 외, 2015). 원장은 교사에 대해 긍정적인 태도와 지지는 교사의 효능감을 높이는 요인이므로 보육교사와 원장의 바람직한 관계를 위해 원장은 보육교사를 존중하고 각 교사의 특징을 파악하여 적재적소에 배치하며 전체적인 교사의 업무수행을 관리하여 교사의 능력을 끌어올릴 수 있어야 한다. 구체적인 내용은 다음과 같다(성미영 외, 2015).

(1) 운영방침 따르기

① 자신이 근무하는 어린이집의 기본적인 보육프로그램이나 교육적으로 추구하는 바를 인정하고 함께 협력해야 한다.
② 구체적인 활동으로 계획하고 실행하는 것은 교사가 담당할 업무이기 때문에 원장과 교사의 교육활동에 대한 의견을 공유되어야 한다.
③ 교사들을 대상으로 원장은 연수프로그램, 워크숍 등을 적극적으로 활용할 수 있도록 기회를 제공해야 한다.
④ 원장이 추구하는 보육프로그램이나 방향 등에 대해 교사들을 이해시키고, 그것이 제대로 실현되고 있는지를 점검하는 과정을 지속적으로 실행해야 한다.

(2) 적정한 거리 유지하기

① 보육교사와 원장은 적절한 거리감을 유지하는 것이 바람직하다.

② 서로를 존중하며 예절을 지키는 선에서 긍정적이고 협조적인 관계를 유지하는 것이 중요하다.

(3) 업무보고하기

① 보육교사는 업무와 관련된 여러 상황을 원장에게 보고해야 한다.
② 출퇴근 및 보육일지, 교육활동계획 및 평가, 가정통신문 작성 등 여러 가지 보육 업무 관련 상황을 보고해야 한다.
③ 학급운영 시에 발생되는 문제나 부모와의 관계에서 발생하는 문제 등은 궁극적으로 원장의 책임 하에 있다.
④ 보육업무와 관련된 사항에 대해 지속적으로 원장에게 보고하고 함께 의논하며 해결해 나가야 한다.

(4) 원장과의 관계를 위한 지침

원장은 어린이집의 보육철학 및 운영방침에 따라 보육교사가 자신의 역할을 원활히 수행할 수 있도록 안내하고, 보육교사는 이러한 어린이집 운영방침에 따라 자신의 능력을 발휘할 수 있도록 노력해야 한다(정옥분 외, 2015). 다음은 보육교사와 원장 간의 건설적인 상호작용을 위한 지침이다(민성혜 외, 2015).

① 어린이집 원장이 갖고 있는 보육철학과 신념을 이해하고 수용한다.
② 어린이집의 전체 운영을 이해한다.
③ 정기적인 교사회의 시간과 개인적인 면담을 활용한다.
④ 원장을 칭찬한다.

4) 기타 보육교직원과 관계 맺기

어린이집에는 원장과 보육교사 이외의 사무교사, 조리사, 취사부, 관리인, 위생원과 같이 조리와 위생, 행정 등을 담당하는 보육교직원이 있다. 이들의 담당 업무는 보육교사와 많은 차이가 있지만 궁극적으로는 어린이집 운영에 필요한 업무를 담당하고 있어 직 · 간접적으로 영향을 미친다. 어린이집 내에서 지속적으로 상호작용하여 서로 영향을 주고받는 관계이기 때문에 서로 원만한 관계를 유지하는 것이 바람직하다. 구체적인 내용은 다음과 같다(성미영 외, 2015).

(1) 이해하기 위해 힘쓰기

동료교사나 원장과의 관계와 달리 기타 보육교직원은 어린이집에서 담당하는 업무가 보육교사와 다르고, 근무하는 장소나 근무시간도 다르기 때문에 서로에 대한 이해도와 친밀감이 떨어질 수 있다. 그러므로 인사를 하거나 안부를 묻는 등 원만한 인간관계를 유지하기 위해서는 의식적인 노력이 필요하다.

(2) 서로 존중하고 예의 지키기

담당 업무가 다르고 보수에서도 차이가 나지만 같은 어린이집에 근무하며 함께 협력하는 관계로서 서로의 업무를 존중해야 한다. 또한 조리사, 취사부, 위생원 등 기타 교직원에 속하는 분들은 보육교사보다 나이가 많은 경우가 있기 때문에 예의를 지키고 연륜을 인정하는 태도가 필요하다.

2. 보육교직원과의 의사소통

보육교직원과의 의사소통은 원장 및 동료교사나 영유아와의 관계에서 의사소통 수단을 활용하여 얼마나 상호작용을 잘 하는가를 의미한다. 보육교사가 주변의 사람들과 원활한 인간관계를 맺고 소통을 통해 서로를 이해하는 의사소통능력이 단순히 듣고 말하는 과정이 아닌 언어적 표현 이상의 의미를 포함하고 있다(엄은나, 2006).

1) 의사소통의 개념

의사소통(communication)이란 어원상 '공유', '공통'의 뜻을 가지고 있어, 학자들에 따라 그 의미가 여러 가지로 정의될 수 있으나, 일반적으로는 언어, 동작, 기호 등을 통해 집단 또는 개인 간의 정보와 의견을 교환하는 것을 의미한다(장필남, 2010). 즉, 사람과 사람과의 심리적 상호작용인 대인관계는 의사소통이라는 매개체를 통해 형성되고 발전한다(이황은, 2009). 이에 의사소통은 인간의 생각이나 감정, 느낌, 태도 등의 메시지를 언어적, 비언어적인 수단을 통해 서로 간의 행동에 영향을 주고 서로 수용하는 매개체로서 대인관계의 순환적인 과정이며 의사소통능력의 향상은 대인관계에 있어서 필수적인 것이라 할 수 있으며, 인간 개인의 인간성을 발전시키는 것은 물론 다른 사람과의 원만한 관계를 맺게 하는 중요한 능력이다(정경미, 2012).

2) 보육교사의 의사소통

어린이집에서 보육교직원, 교사와 영유아, 학부모, 지역사회, 보육활동내용 간의 끊임없는 상호작용이 이루어지며, 이때 서로 간의 상호작용에서 의사소통능력은 매우 중요한 부분을 차지하고 있다. 의사소통은 친밀감의 열쇠이며, 다음과 같은 중요한 요소라고 할 수 있다(박미금 외 역, 2003).

(1) 의사소통은 인간관계를 맺는데 있어서 중요한 요소들 중 하나이다.
(2) 관계가 성립된 이후에도 두 사람 혹은 조직의 친밀감을 유지시키고 발전시키는 핵심적인 기술이다.
(3) 인간관계에서의 친밀감 수준은 의사소통의 질에 따라 달라진다.
(4) 의사소통기술은 동료교사와의 감정표현에도 영향을 미친다.
(5) 의사소통은 동료교사들과 친밀하게 만드는 힘이며 서로의 차이를 인정하는 능력이다.
(6) 의사소통을 하려는 의지와 노력은 조직의 응집력을 기르고 유지하는데 크게 기여한다.

(7) 말하기 · 듣기와 같은 바람직한 의사소통기술은 학습을 통해 향상될 수 있다.

(8) 보육교직원의 바람직한 의사소통능력은 영유아발달에도 긍정적인 영향을 미친다.

(9) 보육교사는 보육전문가로서 영유아들의 전인적 발달을 위해 교육적 목적과 목표 달성을 위해 의사소통능력을 기르고, 보육교사의 전문적 자질인 교수-학습기술 중 하나로 매우 중요하다(이은화 외, 1995).

(10) 보육교사는 영유아, 학부모, 동료교사, 원장, 지역사회 등 이해 관계자들과 상호 관계를 유지하며 협력적 소통관계를 맺기 위해 교사의 의사소통능력은 필요한 직무능력이다(이은주, 2004).

3) 의사소통의 장애물

의사소통과 친밀감은 밀접하게 관련되어 있다. 말을 하지 않거나 반응을 보이지 않고 무시하거나 상대방에 대한 자신의 감정을 이해하지 못할 때 의사소통의 장애가 된다. 의사소통에 장애가 되는 요인은 다음과 같다(박미금 외 역, 2003).

(1) 추측하지 않기

대부분의 사람들은 상대방에 대해 잘 안다고 생각하고 추측한다. 그러나 동료교사의 감정과 생각은 시간이 흐르면 변화하기 마련이다. 말로 표현하지 않고 추측만으로 이해해 주기를 바라는 것은 오히려 의사소통에 문제를 일으킬 수 있다.

(2) 긍정적 의사소통하기

의사소통을 할 때 초점을 어디에 두는가가 중요하다. 부정적인 측면에 더 초점을 두게 되면 결국 더 많은 문제가 발생한다. 중요한 점은 긍정적인 측면이 부정적인 측면을 상쇄한다는 것이다.

(3) 경청하기

① 말하기와 마찬가지로 듣기에도 주의를 기울여야 한다.
② 듣기는 친밀감을 유지하고 증진시키는 중요한 의사소통기술이다.
③ 동료교사와 건강한 관계를 맺기 위해서는 듣기 기술을 배워야만 한다.
④ 진정한 듣기는 인내와 상대방의 이야기에 대해 판단을 유보하는 능력과 동료교사를 이해하려는 능력 등을 필요로 한다.
⑤ 동료교사의 말을 다 듣기 전에 섣불리 판단하거나 결정을 내리지 말고, 열린 마음으로 상대방의 말을 끝까지 경청하여야 한다.

(4) 명료화(paraphrasing)하기

중요한 듣기 기술의 명료화를 통해 상대방의 말을 방어적으로 듣거나 상대방의 말을 다 듣기 전에 판단하는 것을 막을 수 있다. 명료화는 두 단계로 나누어볼 수 있다.
① 1단계 : 동료교사의 말을 요약하거나 확인함으로써 상대방의 말을 이해하였다는 반응을 보이는 단계이다.
② 2단계 : 동료교사의 정서나 감정에 초점을 맞추는 정서확인 단계이다. 이런 과정은 시간이 걸리지만 오해와 갈등을 줄일 수 있다.

4) 협의와 의견 수렴

어린이집은 동료교사이지만 보육교사 경력에 따라 위계적인 특성도 지닌다. 전체 교사회의나 소모임 후에는 다른 동료교사들과 회의 내용에 대한 이야기를 함께 나누어 공유하고 이에 대한 아이디어나 계획을 함께 수렴하여 협의한다.

5) 적절한 사례 교환

(1) 어린이집 동료교사가 영유아와 상호작용하는 방법이 걱정된다면 자신에게 도움

이 되었던 방법이나 사례를 이야기해주는 지지적인 방법이 효과적이다.

(2) 후배교사는 선배교사의 현장 경험과 지식을 인정하고 존중하는 태도가 필요하고 선배교사는 후배교사의 패기와 학교에서 배운 것을 보육현장에서 적용해 나가는 과정을 격려하며 잘 이끌어갈 수 있을 것이다(성미영 외, 2015).

(3) 이와 달리 보육현장에서 곤란한 상황을 겪었을 때 어떤 기분이었고 심정이 어떠했는지에 대한 공감과 이를 해결하기 위해 노력했던 방법들을 알려준다면 상대교사는 정서적 지지뿐만 아니라 효과적인 업무능력을 배울 수 있다.

3. 보육교직원과의 갈등관리

갈등은 인간관계에서 필연적으로 존재한다. 어린이집의 조직사회에서 우리 모두는 공통점도 있지만 차이점도 있어서 항상 조화로운 인간관계를 유지할 수 없다. 그러나 갈등을 조정하고 건전한 방식으로 해결하면 갈등은 모든 사람의 관계에 득이 될 수 있다. 다음은 갈등관리에 대한 1), 2), 3) 요인들을 박미금 외 역(2003)에서 발췌하여 정리하였다.

1) 분노 해결하기

일반적으로 분노는 관심을 기울여야 하고 변화가 필요한 관계에서 나타나므로 우리는 분노를 주의 깊게 다루어야 한다.

(1) 갈등을 어떻게 인식하는가, 친밀한 관계에서도 분노가 일어날 수 있다.

(2) 분노가 모두 문제가 되는 것은 아니다. 분노가 갈등을 악화시킬 때만 문제가 된다.

(3) 화가 나더라도 안정을 되찾았을 때까지 침묵하면서 논쟁을 참아야 한다.

(4) 화가 났을 때, 생각할 시간을 충분히 갖지 못하면 결코 되돌릴 수 없고 상대방에

게 상처의 말을 할 수 있다.

(5) 그 상황에서 벗어나서 분노를 곰곰이 생각할 시간을 가지면 훨씬 더 분명하게 그 문제에 대해 논의할 수 있게 된다.

(6) 분노를 감추거나 억누르게 되면 또 다른 분노가 발생하므로 동료교사나 인간관계를 더 악화시키게 된다.

(7) 분노에 대해 의식적으로 원인을 밝히고 상대방과 함께 그 문제에 대해 논의해야 한다.

2) 위계적 갈등모델

위계적 갈등모델은 '그 날 일어난 사건에 대해 이야기하기'에서부터 '위기'에 이르기까지 작은 문제가 해결되지 않았을 때 더 큰 문제가 되고 확대될 수 있음을 염두에 두어야 한다.

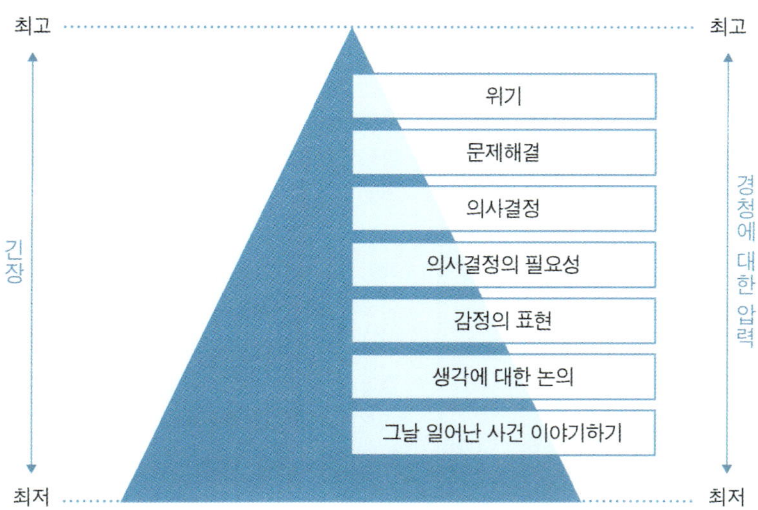

[그림 9-1] 위계적 갈등모델 (Hierarchy of Conflict Model)

출처 : David H. Olson & Amy K. Olson(2000). 건강한 부부관계 만들기. 박미금 외 역. 21세기가족문화연구소. p. 58.

위기적 갈등모델에서 하위의 세 단계, 즉 그날 일어난 사건에 대해 이야기하고 생각을 함께 하며 감정을 표현하는 단계에서는 의사결정이 필요 없으므로 스트레스가 발생하지 않는다. 그러나 상위의 네 단계는 심도 있는 논의와 의사결정이 요구되므로 긴장이 발생하게 된다. 문제를 건설적으로 해결하기 위해서는 의사결정을 해야 한다. 그러나 의사결정이 제대로 이루어지지 않으면 문제는 해결되지 않으며, 결국 문제는 해결하기 어려운 위기로 발전하게 된다.

3) 건설적인 갈등해결 방식

어린이집의 조직사회에서 어떤 갈등해결 방식은 건설적이지만, 어떤 갈등해결 방식은 파괴적이다. 갈등을 해결하는 과정에 있어서 파괴적인 갈등해결은 변화에 저항하는 반면에, 건설적인 갈등해결은 새로운 문제해결 방식을 모색하기 위해 변화를 추구한다. 다음의 〈표 9-1〉은 건설적인 갈등해결과 파괴적인 갈등해결을 비교한 것이다.

〈표 9-1〉 건설적인 갈등해결과 파괴적인 갈등해결

건설적인 갈등해결	영 역	파괴적인 갈등해결
현재의 문제를 명확히 한다	문제	과거를 들추어낸다
긍정적 · 부정적 감정을 모두 표현한다	감정	부정적인 감정만 표현한다
있는 그대로의 정보를 제공한다	정보	제한된 정보만을 제공한다
사람보다는 문제에 초점을 둔다	초점	문제보다는 사람에게 초점을 둔다
모두에게 책임이 있음을 인정한다	책임	상대방에게 모든 책임을 전가한다
유사성에 초점을 둔다	인식	차이점에 초점을 둔다
변화를 추구한다	변화	변화에 저항한다
두 사람이 모두 이긴다	결과	한 사람이 지거나 두 사람 모두 진다
갈등해결을 통해 친밀감이 높아진다	친밀감	갈등을 증폭시킴으로써 친밀감이 낮아진다
신뢰가 형성된다	태도	의심을 낳는다

출처 : David H. Olson & Amy K. Olson(2000). 건강한 부부관계 만들기. 박미금 외 역. 21세기가족문화연구소. p. 65.

4) 동료와의 갈등을 건설적으로 해결하기

동료와 불편한 관계가 발생했다면, 다른 동료교사와 상의하기 전에 스스로 그 문제에 대한 자신의 생각을 정리하도록 한다(민성혜 외, 2015).

(1) 동료교사와 조용히 방해받지 않고 이야기할 수 있는 시간과 장소를 만들어 이야기하되 마주앉지 말고 같은 방향을 보고 나란히 앉아서 나-전달법을 사용하여 이야기하도록 한다.

(2) 동료교사의 행동이나 태도가 자신에게 어떤 느낌을 들게 하는지를 설명하고 이에 대한 동료교사의 의도를 확인하도록 한다. 만약 이 과정에서 새로운 오해가 있다면 오해에 대해 서로 사과하고 앞으로 오해가 생기지 않는 방법에 대해서 의논하도록 한다.

Chapter 10

부모 및 지역사회와의 협력

어린이집과 부모 및 지역사회와의 협력은 영유아의 바람직한 성장과 발달을 위해 부모와의 상담, 부모교육, 참여지원을 통해 부모와 협력하며, 어린이집은 지역사회의 일원으로서 기여할 수 있도록 지역사회와의 협력을 도모하여야 한다. 10장에서는 부모와의 관계형성, 부모상담 및 참여 유형, 지역사회 자원활용에 대해 구체적으로 알아보고자 한다.

I. 부모와의 관계형성

보육교사가 영유아를 보육하는데 있어서 필수적인 것이 부모와의 원활한 관계형성이다. 부모와 보육교사의 관계가 상호 협력적일 때 영유아에게 최적의 보육환경을 제공할 수 있기 때문이다. 부모와의 관계에서 상호 신뢰가 형성되지 못하면 영유아를 사이에 두고 서로 간에 오해가 생기거나 갈등이 생기는 사례가 발생하여 영유아를 보육하는데 악영향을 끼치기 때문에 서로 협력적인 관계 구축이 필요하다. 상호 존중의 분위가가 조성되고 형성된다면 영유아발달에 있어 긍정적인 효과를 기대할 수 있다.

1) 부모-교사 간의 관계형성의 원리

어린이집과 가정과의 양방향적인 의사소통은 영유아를 양육하는데 합의와 동의를 이끌어내는 데 매우 중요하다. 동반자적인 관계형성을 위해 보육교사가 인식해야 하는 원리는 다음과 같다(정옥분 외, 2015 재인용).

(1) 모든 부모들은 누구보다도 자녀에 대해 가장 잘 파악하고 있다.

(2) 대부분의 사람은 동반자적 협력관계의 가치를 이해한다.

(3) 부모는 자녀교육에 대해 중요한 관점을 갖고 있다.

(4) 모든 부모들은 자녀에 대해서 배려한다.

(5) 부모의 부재가 비보호를 뜻하는 것은 아니다.

(6) 이러한 원리들을 잘 인식하여 긍정적이고 효과적인 동반자적 협력관계를 성취하기 위해 노력해야 한다.

2) 부모-교사 간의 협력에 영향을 주는 요인

부모-교사 간의 협력에 영향을 주는 요인은 다음과 같다(정옥분 외, 2015 재인용).

(1) 영유아의 연령과 보육시간이다.

(2) 부모의 연령, 교육수준 등과 같은 부모의 특성이다. 부모의 교육수준과 경제적인 수준이 높을수록 교사와의 협력적인 관계를 맺는 경우가 많다는 보고가 있다.

(3) 가족의 형태나 교통수단 등의 요인으로 인해 부모-교사 간의 동반자적 관계가 방해받기도 한다. 구체적인 내용은 〈표 10-1〉을 참조한다.

〈표 10-1〉 부모-교사 간의 동반자적 관계를 방해하는 요인

요인	내용
가족의 형태	• 한부모, 다문화부모, 입양부모, 조부모, 이혼부모, 합법적 후견인, 친인척, 십대 혹은 나이가 너무 많은 부모, 주말부모 등
교통수단 및 지리적 문제	• 어린이집 이용에 편리성이 떨어짐(주차공간 부족, 교통수단의 문제 등)
부모	• 의사소통의 문제(이해능력 부족, 교사가 주는 정보를 듣고 반응할 능력 부족, 해석능력 부족 등) • 부모의 양육태도가 일관적이지 않을 경우 • 이전 영유아교육기관에서의 부정적인 경험을 한 경우
교사	• 부모의 장점 및 능력을 파악하거나 활용하지 못함
부모와 교사의 태도	• 불안, 어색함, 상호 신뢰 부족한 경우 • 부모와 영유아교육기관 사이의 오해 또는 불분명한 기대감

출처 : 정옥분 · 김경은 · 김미진 · 노성향 · 박연정 · 엄세진 · 임정하 · 정순화(2015). 보육교사론. 학지사. p. 242.

3) 부모와의 상호작용

교사와 부모의 신뢰를 바탕으로 한 협력적 관계는 교사와 부모의 상호작용을 통해 형성된다. 교사와 부모의 상호작용은 공식적으로 주로 개별 또는 집단 면담을 통해 이루어지며 개별적인 상호작용은 등 · 하원을 하는 어린이집의 경우, 매일 행해지는 등 · 하원 시의 부모와의 상호작용이 큰 역할을 한다. 다음은 부모와의 상호작용 중에서 영유아교육기관에서 매일 반복적으로 이루어지고 있는 등 · 하원 시의 부모와의 상호작용에 대해 성미영 외(2015)의 내용을 요약하여 살펴보기로 한다.

(1) 등원 시의 상호작용

① 영유아를 등원시키는 부모와의 상호작용에서 교사가 꼭 확인해야 하는 것은 영유아의 건강상태이다.

② 건강상태를 부모와 이야기를 나누고 관련된 정보를 공유하는 것은 사후에 발생할 수도 있는 영유아의 컨디션 난조나 상처의 원인 등에 대한 논쟁과 갈등을 미연에 예방할 수 있기 때문이다.

③ 등원 이전까지 가정에서 일어난 일이나 특이 사항에 대해 부모와 이야기를 나눔으로써 교사가 함께하지 못한 영유아의 가정생활에 대한 이해를 높일 수 있다.

④ 등 · 하원 시 부모가 교사를 직접 만나지 못하는 경우에는 보육수첩 또는 가정통신문을 통해 의사소통이 가능하다.

⑤ 등원 시에는 영유아를 진심으로 환영하는 태도를 보여 주어야 한다.

(2) 하원 시의 상호작용

① 개별적으로 하원을 하는 경우 영유아의 인수인계를 분명하게 해야 한다.

② 어린이집에서 일어난 특별한 사항이 있다면 구체적으로 설명한다.

③ 하원 시에도 등원과 마찬가지로 교사와 상호작용이 반복적으로 이루어짐을 명심한다.

④ 보육교사는 하원 시에 자연스럽게 이루어지는 상호작용을 잘 활용하여 부모와 신뢰 있고 친밀한 관계를 맺을 필요가 있다.

4) 부모와의 협력

영유아교육기관에 자녀를 맡기는 부모들은 교사와 부모 간의 협력관계에 대하여 중요성을 인식하고 많은 공감을 하고는 있으나 자녀인 영유아를 위하여 어떻게 참여해야 하는지, 방법적인 면에서 안내를 요구하고 있는 편이다(성미영 외, 2015).

부모와의 협력은 교사와 부모의 협력관계, 교사와 영유아와의 상호작용, 부모와 자녀 간의 상호작용 등 세 가지로 나누어서 진행한 연구에서 특별히 부모와 영유아의 교육을 담당하는 보육교사 간의 협력관계가 긍정적이며 친밀할수록 교사와 영유아와의 상호작용은 긍정적인 결과를 가져 온다고 보았다(Owen, 2000). 다시 말해 어머니와 교사 사이에서 영유아에 대한 정보 공유는 영유아발달에 중요한 요인이 된다(배혜영, 2017). 또한 부모와의 협력적 관계는 영유아발달을 촉진시키고, 부모에게는 심리적 안녕감을 주며, 보육교사에게는 부모의 지원을 통해 보육프로그램을 더욱 발전시킬 수 있는 효과를 지닌다(Decker & Decker, 2005).

5) 부모와의 협력을 위한 지침

부모와 교사의 협력은 영유아에게 양질의 보육경험을 제공하는 요소 중에 하나이지만 지나치게 적극적인 부모의 태도는 영유아교육기관에서 여러 가지 갈등을 초래할 수 있기 때문에 주의해야 한다. 갈등을 줄이고 긴밀한 관계형성을 위해 교사는 부모의 다양한 입장을 이해할 필요가 있다. 아래 내용은 정갑순(1996) 연구에서 성미영 외(2015)가 인용한 것을 참고하여 재인용한 내용을 정리하여 살펴보고자 한다.

(1) 부모는 때때로 교사의 말을 이해하지 못하고 엉뚱한 것 같기도 하지만 자녀교육에 있어서는 아주 실질적이고 그 나름대로의 확고한 신념을 가지고 있다.

(2) 부모는 친지, 친구, 이웃 등 많은 사람들과 복잡한 관계를 갖고 있으며, 이러한 관계는 영유아의 생활에 영향을 미치는 중요한 변인이 된다.

(3) 부모는 보육과정에 수반되는 보육활동의 목적을 이해할 수 있고, 혹은 이해하지 못할 수도 있다.

(4) 부모는 영유아가 원해서 영유아교육기관에 보내는 것이 아니라, 강제로 강요해서 보내는 입장일 수도 있고, 반대로 영유아가 원하지만 부모는 영유아교육기관의 보육보다는 다른 기능적 훈련을 위한 프로그램에 등록하기를 더 원할 수도 있다.

(5) 부모의 부부생활은 영유아의 일상생활, 즉 수면과 식사습관, 사고의 유형 등에

영향을 준다.

(6) 부모는 자녀가 갖고 있는 문제를 효율적으로 처리하지 못할 수도 있다.

(7) 부모는 자기 자신의 건강, 가족문제, 자녀문제에 비판적이거나 더 이상 지탱해 나가지 못하고 포기하는 사람들도 있다.

(8) 부모는 자신의 목적과는 일치하지 않지만 영유아교육기관의 운영방침에 호응해 나가려고 노력하는 사람도 있다.

(9) 부모 자신의 생활이 너무 바쁘기 때문에 교사와의 관계를 유지하기가 힘들고, 교사의 보육방침이나 교육방법에 비협조적이며 순응할 수 없는 입장도 있다.

(10) 부모는 자녀 교육에 대한 책임이 모두 교사에게 있고, 부모는 단지 경제적 부담의 책임만 지면 된다고 생각할 수 있다.

2. 부모상담

부모상담은 교사와 부모의 가장 적극적인 의사소통이라고 할 수 있다. 대화를 통해 교사는 영유아의 가정환경에 대해 알 수 있고, 부모는 영유아교육기관에서 자녀의 생활에 대해 알 수 있다(정옥분 외, 2015).

1) 부모상담의 개념

부모는 자녀가 어린이집에서 어떻게 생활하고 있는지 매우 궁금해 한다. 교사는 영유아를 지도하면서 부모에게 도움을 요청하기도 하고 가정과의 연계를 위해 부모와의 만남을 필요로 한다. 따라서 영유아의 건전한 성장을 위해 부모와 어린이집의 보육교직원은 긍정적인 협조관계를 형성해야 하며, 이를 원활하게 수행할 수 있도록 도와주는 것이 부모상담이라고 할 수 있다.

부모상담은 가정 내에서 부모와 영유아 그리고 이들을 포함한 가족이 바람직한 인간관계를 가지며 행복하게 생활하도록 지지 · 강화해 주는 역할을 한다. 즉, 교사와 부모가 서로 대면하여 영유아의 가정생활과 어린이집에서의 생활 전반에 대해 의견을 교환함으로써 어린이집과 가정이 상호 연계를 갖고 영유아발달을 돕고자 하는 활동이다.

자녀를 양육하면서 부딪치는 여러 가지 문제, 특히 영유아의 문제 행동에 대해서 부모가 교사에게 상담을 함으로써 영유아가 어린이집에서 적응하는 정도 및 발달상태 등을 부모에게 알려주어 부모와 어린이집의 연계를 갖게 한다(심성경 외, 2010).

2) 부모상담의 원리

성공적으로 부모상담을 하기 위해서 교사는 전문적 지식, 효율적 의사소통 방법과 기술, 바람직한 태도를 갖춰야 한다. 이를 위해 다음의 원리를 숙지하는 것이 좋다(박근주 외, 2008). 다음은 부모상담을 위한 세 가지 측면을 국가직무능력표준 NCS(2019) 가정과의 협력 학습모듈을 참고로 하여 작성하였다.

(1) 바람직한 태도 측면

① 부모는 영유아의 성장을 위해 함께 노력하는 동반자임을 인식한다.

② 부모와의 친근감을 바탕으로 안정된 분위기를 형성한다.

③ 부모의 이야기에 공감하며 잘 경청한다.

(2) 전문적 지식 측면

① 영유아의 전반적 발달 및 성장에 관한 전문적 지식을 갖춘다.

② 부모와 영유아의 상황을 고려한 상담 기법과 주의할 점을 알아둔다.

(3) 효율적 방법 · 기술 측면

① 영유아에 대한 행동관찰은 장점을 바탕으로 전개한다.

② 영유아에 대한 평소 관찰과 기록물을 상담 자료로 활용한다.

③ 객관적으로 관찰된 실제 상황을 중심으로 상담한다.

④ 조언이 필요한 경우, 부모가 수용 가능한 방법을 제공한다.

3) 부모상담의 형태

부모상담의 형태는 상담 시기, 상담방법, 대상 수에 따라 구분하여 진행할 수 있다. 다음의 내용들은 국가직무능력표준 NCS(2019) 가정과의 협력 학습모듈을 참고로 하여 재구성하였다.

(1) 상담 시기에 따른 구분

① 정기상담

가. 학기 초 상담 : 영유아가 어린이집 생활에 잘 적응하고 있는지를 부모에게 전달하고 가정에서의 생활에 대해 부모의 의견을 듣는다.

나. 학기 중간 상담 : 영유아의 어린이집 적응, 발달적 특성 등에 대한 변화에 대해 부모와 논의한다.

다. 학기 말 상담 : 어린이집 생활을 통해서 영유아에게 나타난 발달적, 교육적 변화를 부모에게 전달하고, 다음 해의 보육계획에 반영하고 논의한다.

② 비정기상담

가. 적응기간 상담

영유아의 적응도에 대해 부모와 상담하며 이후 적응 일정과 교사, 부모의 역할을 결정한다. 특히, 신입원아의 경우 부모와의 상담을 통하여 신입원아의 식사습관, 잠자는 습관이나 시간 등의 생활리듬, 기질, 좋아하는 음식이나 놀잇감, 특별한 질병이나 개별적 요구에 대한 정보를 미리 파악하는 것이 바람직하다.

나. 특별한 행동에 대한 상담

부모나 교사가 생각하는 영유아의 주요 행동 특성에 대한 상담이다. 특별한 행동이 무엇이고 이로 인해 일상생활에서 겪는 어려움이 무엇인지, 이 행동이 언제부터 시작되었는지, 이 행동의 원인이 무엇인지에 대해 상담한다.

다. 일상적 상담

등·하원 시간에 영유아의 하루 생활에서 나타난 특별한 사항과 보육을 위해 필요한 전달사항 등을 주고받으며 이루어지는 상담이다. 영유아가 선호한 놀이, 특별한 반응, 또래관계, 급식과 간식의 양, 배변 등 다양한 내용으로 이루어진다.

(2) 상담방법에 따른 구분

① 직접상담 : 부모상담은 연 2회 이상 1:1로 실시하는 것이 바람직하다.

② 전화상담 : 부모가 어린이집을 직접 방문하기 어려운 경우에는 전화를 이용하여 상담할 수 있다.

③ 홈페이지 또는 이메일상담 : 부모가 어린이집을 직접 방문하거나 전화 통화가 어려운 경우에 이용할 수 있다

④ SNS 또는 서면상담 : 그 외 서면으로도 상담이 가능하다.

(3) 대상 수에 따른 구분

① 집단 상담

집단 상담은 교사와 여러 영유아의 부모가 함께 영유아 지도에 대하여 의견을 나누는 과정이다. 영유아를 처음 접하여 아직 영유아에 대한 정보가 부족한 학기 초기에 실시하는 것이 효과적이다. 어린이집에서 집단 상담은 연 1~2회 정도를 실시할 수 있다.

가. 장점

- 여러 부모와 함께 공개적으로 상담하기 때문에 부모들끼리도 서로 의견과

경험을 나눌 수 있다.

- 부모가 자녀교육에서 느끼는 어려움을 공감하고 서로의 다른 지도방법을 경험하며 먼저 경험한 부모의 의견을 듣고 정보를 얻을 수 있다.
- 어린이집과 교사에게 기대하는 바를 전달하고 비슷한 입장의 부모 이야기를 듣고 의견을 나누는 과정에서 학기 초에 자녀에 대하여 느끼는 불안한 마음을 덜 수 있는 기회가 된다.
- 교사는 부모로부터 앞으로의 보육에 대한 기대, 어린이집에 대한 기대 및 영유아에 대한 정보를 얻을 수 있다.

나. 단점

- 공개된 자리이므로 경우에 따라서는 솔직한 문제의 제기와 개별 영유아에 대한 깊이 있는 대화가 이루어지기 어렵다.

② 개별 상담

개별 상담은 교사와 영유아의 부모가 1 : 1의 관계에서 상담하는 형식이다. 어린이집에서의 개별 상담은 연 1~2회 정도 실시할 수 있으며, 교사가 영유아의 부모와 그 자녀에 대하여 이야기하는 시간이므로 교사가 모든 영유아와 충분히 상호작용하고 영유아를 충분히 관찰한 이후 실시하는 것이 바람직하다. 연 2회 실시할 때는 매학기 말에 실시하는 것이 적절하다.

가. 장점

- 교사가 어린이집에서 관찰한 것을 근거로 하여 개별 영유아에 대해 깊이 있게 의견을 교환할 수 있다.
- 부모가 자녀에 대하여 생각하고 있는 내용과 교사의 관찰 자료를 토대로 개별 영유아에 대하여 보다 발전적인 방향으로 도움을 줄 수 있는 의견을 교환할 수 있다.
- 교사는 영유아에 대한 충분한 정보와 지도방향을 갖고 있어야 하며, 어린이집에서 관찰한 것에 근거하여 부모에게 정보를 제공하고 발달의 정도를

알리며 어린이집과의 일관성 있는 지도를 지속하기 위한 방법을 모색할 수 있다.

나. 단점

- 개별 상담이 이루어지기 위해서는 무엇보다 교사의 영유아에 대한 정확한 관찰이 선행하지 않으면 어렵다.
- 교사는 영유아와 지내는 하루 일과 속에서 영유아에 대한 관찰을 면면히 하여 상세하게 기록하여야 하는 번거로움이 있다.

4) 부모상담의 기법

부모상담을 위한 기본자세와 상담자로서의 교사의 역할을 정리하면 다음과 같다.

(1) 상담의 기본자세

① 경청 : 부모의 언어적 · 비언어적인 메시지를 함께 잘보고 들어야 한다.

② 존중 : 사람을 소중히 여기며, 존중하고 부모의 지나친 요구도 하나의 의견으로 수용하고 받아들여야 한다.

③ 비판단적 태도 : 부모가 어떠한 요구를 하든, 영유아에게 어떤 행동을 취해 달라는 요구와 행동의 내면에 깔려 있는 부모의 기대와 요구를 이해하려고 노력해야 한다.

④ 솔직함 : 교사는 상담 중에 문의하는 사항에 대하여 솔직하게 알려주어야 한다. 알리기 곤란한 사항이 있다면 '말씀드리기 어려운 사항이다'라고 말하고 양해를 구하는 것이 거짓된 정보를 주는 것보다 낫다.

⑤ 협동적 관계형성 : 교사와 부모는 경쟁적인 관계가 아니라 상호보완적 역할을 수행하여야 한다.

(2) 상담에서의 교사의 역할

① 보육전문가로서 부모와 정보를 나누며 면담의 내용이 영유아의 성장에 도움이 되도록 재구성하는 연구자이어야 한다.

② 부모를 도와주는 지원자이자, 부모에게 자문을 하는 자문자이어야 한다.

③ 부모에게 정보를 주는 안내자이어야 한다.

④ 부모가 스스로 변화할 수 있도록 돕는 촉진자이어야 한다.

⑤ 부모와 부모, 부모와 교사, 영유아와 영유아 등 다양한 관계에서 나타나는 갈등을 조정하는 조정자이어야 한다.

5) 부모상담을 위한 자료

부모상담을 위한 자료는 어린이집 관련 자료, 영유아 관련 자료, 부모와 관련된 자료로 구분하여 〈표 10-2〉와 같이 제시한다.

〈표 10-2〉 부모상담을 위한 자료

구 분	자 료	자료 내용
어린이집 관련 자료	어린이집 운영 안내서	• 어린이집의 보육철학 및 목표, 운영현황, 보육프로그램, 하루 일과, 건강·영양·안전관리, 부모 및 지역사회와의 협력, 공지 사항 등을 통해 어린이집의 운영을 파악한다.
	보육계획안	• 연간, 월간, 주간, 일일보육계획안을 통해 보육내용을 파악한다.
	일일보육일지	• 영유아 해당 반의 하루 일과와 보육과정 및 내용을 파악한다.
영유아 관련 자료	생활기록부	• 상담 대상 영유아의 가정배경, 양육배경을 파악한다. • 부모의 요구도, 양육 시 중점 사항 등을 파악한다.
	신체 발달 관련 검사	• 신체검사, 건강검진 등 신체 발달 관련 검사 자료를 검토한다.
	영유아 관찰기록	• 일화기록, 표본식 일화기록, 사건기록, 표본식 사건기록, 체크리스트 등을 이용하여 영유아의 행동과 발달에 대한 객관적인 관찰기록을 확보하여 발달 상황을 파악한다.
	영유아 포트폴리오	• 영유아의 작품이나 검사, 면담 기록 등 관련 내용들을 수집하여 모아놓은 작품 표집을 분석하여 영유아의 특성을 파악한다.

부모 관련 자료	부모 설문지	• 부모들이 상담하고 싶어 하는 내용을 미리 설문지를 통해 파악하여 상담시간을 효율적으로 사용하고 심도 있는 상담을 준비한다.
	부모상담 일지	• 생활기록부, 영유아 관찰기록을 바탕으로 영유아의 발달 관련 내용을 발달 영역별 또는 보육과정 영역별로 작성한다. • 영유아발달, 영유아 행동 등 부모의 양육태도에 대해 궁금한 점을 기록한다.

출처 : 이미화 · 황혜정 · 양미선 · 장혜진 · 엄지원(2013). 누리과정 가정연계 어린이집 부모교육프로그램 개발. p. 259.

3. 부모 참여의 유형

부모 참여는 보다 나은 영유아 보육을 위하여 더욱 강화되고 또한 다양해지고 있다. 과거에는 부모와 영유아교육기관과는 서로 수직적 관계로서 기관에서는 자녀양육을 위한 지식과 기능을 전달하고 부모는 그것을 수동적으로 전달받는 관계가 주를 이루었다. 그러나 오늘날에는 부모와 영유아를 함께 양육하고 보호하며 교육하는 파트너로 보고 영유아교육기관의 운영 전반과 보육과정에 부모들을 참여시키고 있다.

스왑(Swap, 1993)은 부모 참여의 바람직한 유형을 동반자적 모델(partnership model)이라고 주장하면서 이 모델의 특징을 네 가지로 제시하였다(기순신 · 김호인, 2012 재인용).

첫째, 교사와 부모 간의 양방적 의사소통을 중시한다.

둘째, 가정과 어린이집이 영유아의 바람직한 성장과 발달을 위하여 함께 힘쓴다.

셋째, 교사와 부모가 상호 지원하는 활동을 한다.

넷째, 교사와 부모가 공동으로 의사결정을 한다.

요컨대, 동반자적 모델은 어린이집과 부모가 진정한 파트너로서 상호 유기적 관계를 맺으려 함께 노력하는 형태이다. 동반자적 모델에서는 교사와 부모가 영유아교육 전반에 걸쳐 동질의 책임감을 갖고 함께 협력하고 노력하는 것을 목표로 하며, 보육활동 전반에 걸쳐서 다각도로 부모 참여가 이루어진다.

엡스타인(Epstein, 1987)은 동반자적 모델의 부모 참여 형태를 다음과 같이 다섯 가지로 나누었다(기순신 · 김호인, 2012 재인용).

첫째, 영유아의 건강, 안전, 긍정적 가정환경을 제공하는 기본적인 부모 참여 형태

둘째, 영유아의 학습, 진보상황 등의 정보를 영유아교육기관으로부터 듣는 기본적인 부모 참여 형태

셋째, 자원봉사자 활동, 운동, 행사 등의 활동에 부모 참여 형태

넷째, 활동을 돌보아 주거나 보육실에서 배우는 학습기능을 익히도록 도와주는 가정 연계활동에 부모 참여 형태

다섯째, 교사-부모 조직 참여, 의사결정, 자문역할에 참여 등 영유아교육기관 관리 운영, 의사결정, 권리옹호에 부모 참여 형태

1) 부모 참여의 유형

부모는 영유아를 양육하는 것에서부터 어린이집에 대한 다양한 협력에 이르기까지 여러 가지 방법을 통해 어린이집과 교류하게 된다. 부모 참여의 유형으로는 소극적 부모 참여, 부분적 부모 참여, 적극적 부모 참여로 구분할 수 있다. 다음에 제시하는 내용은 정옥분 외(2015)에서 발췌하여 정리한 것이다.

(1) 소극적 부모 참여

소극적인 부모 참여 유형에는 오리엔테이션, 가정통신문, 강연회, 참관 수업, 면담 행사를 통한 부모 참여 등이 있다.

① 오리엔테이션

신입 원아의 경우 부모 오리엔테이션은 학기가 시작되기 전에 보육교직원 소개, 어린이집의 보육철학 및 운영, 영유아의 적응과정 등에 대해 설명하고, 앞으로 어린이집에 대해 적극적인 협조를 부탁하는 내용으로 실시된다. 재원 중이던 원아의 부모 오리

엔테이션은 주로 학기 초에 실시하며, 작년에 중점을 두었던 사항을 평가하는 시간을 갖고 올해 어린이집의 연간 보육계획과 중점 사항 등을 설명하고, 보육교직원을 소개하는 등의 내용으로 실시된다.

② 가정통신문

가정통신문은 어린이집에서 가장 보편적으로 활용하고 있는 부모와의 교류방법이다. 가정통신문이 한 번에 너무 많은 정보를 제공하거나 횟수가 너무 빈번하면 부모들의 주의 집중도가 떨어질 수 있기 때문에 적당한 분량과 적절한 간격으로 유지하여 활용하는 것이 유용하다.

③ 강연회

강연이란 전문 강사를 초청하여 자녀양육에 관한 도움이 되거나 부모의 자아실현을 위해 도움이 되는 정보와 기술을 제공하는 것이다. 강연회에 참석한 부모들이 자녀지도 등에 도움을 받았다고 느끼면 추후의 부모교육에도 꼭 참석하고 싶은 동기를 갖게 한다. 따라서 어린이집에서는 학기 초에 성공적인 강연회를 통해 부모의 지속적인 관심을 유도할 필요가 있다.

④ 참관수업

참관수업은 부모들이 어린이집에서 수업이 이루어지고 있는 보육실에 직접 들어가서 교사의 수업을 관찰하는 것을 뜻한다. 참관수업 시에는 사전에 미리 치밀하게 준비하여 공개하는 것보다는 일상적인 수업활동을 자연스럽게 진행하는 것이 바람직하다.

⑤ 면담

부모면담은 대화를 통해 부모와 의사소통을 하는 것으로 개별면담과 집단면담이 있다.

⑥ 행사를 통한 부모 참여

행사를 통한 부모 참여란 운동회, 현장학습, 바자회, 전시회 등 어린이집에서 계획하는 행사에 부모가 함께하는 것이다. 예를 들면, 어린이집 보육프로그램을 진행하고 그 결과물을 전시하고 부모를 초대하는 경우도 있다.

(2) 부분적 부모 참여

부분적 부모 참여 유형에는 워크숍, 부모 참여 수업, 자원봉사 등이 있다.

① 워크숍

워크숍은 부모들이 한 가지 주제에 대한 보육활동에 직접 참여하여 실제로 배우고 연습해보는 과정이다. 워크숍을 진행하기 위해서는 교사와 부모가 공동으로 계획하고 흥미와 관심이 있는 분야를 선정해야 한다. 워크숍이 끝난 후에는 성공적인 결과를 영유아와 공유해 볼 수 있다.

② 부모 참여 수업

부모 참여 수업은 자녀와 함께 어린이집 활동프로그램에 직접 경험해 보는 활동이다. 부모는 영유아가 교사와 또래 영유아와 함께 생활하는 모습을 지켜보며 심리적 안전기지가 되어주기도 하고, 영유아의 생활 모습을 관찰하며 자녀에 대한 이해를 넓힐 수 있다. 자연스러운 상황에서 교실에 들어가 영유아가 하는 활동에 참여하는 방법이 있으며, 참관실이 따로 있다면, 영유아의 활동을 방해하지 않고 관찰할 수 있다(윤매자 외, 2012).

③ 자원봉사

부모는 어린이집 전문지식을 활용한 봉사, 교육 자료의 제작, 수업보조교사 등 자원봉사자로 참여할 수 있다. 또한 현장학습이나 다양한 행사에 부모가 보조교사로 참여하여 영유아들이 진행하는 활동프로그램이나 프로젝트에 적극 도움을 주기도 한다. 또한 부모가 자원봉사자로 활동하게 되면 부모-교사 간 파트너십을 구현할 수 있다(박화윤 · 최재숙, 2002).

(3) 적극적 부모 참여

부모가 보육프로그램을 구성하고 조직, 운영 등의 의사결정과정에 직접 참여할 수 있는 가장 진보적인 부모 참여 유형이라고 할 수 있다. 대표적인 참여 형태로는 운영위원회, 부모 모니터링 등이 있다.

① 운영위원회

어린이집의 원장은 어린이집 운영의 자율성과 투명성을 높이고 지역사회와의 연계를 강화하여 지역실정과 특성에 맞는 보육을 실시하기 위하여 협동어린이집을 제외한 모든 어린이집에서는 어린이집 운영위원회를 설치 · 운영하여야 한다. 운영횟수는 분기별 1회 이상으로 한다. 어린이집 운영위원회는 당해 어린이집의 원장, 보육교사 대표, 학부모 대표 및 지역사회 인사(직장어린이집의 경우에는 당해 직장의 어린이집 업무담당자)를 포함한 5~10인 이내로 구성한다. 소규모 가정어린이집의 경우 지역사회 인사는 제외할 수 있다.

운영위원회의 위원장은 보육교직원이 아닌 위원 중에서 선발한다. 운영위원회의 회의는 가급적 상 · 하반기 각 1회 이상 개최하고 공개를 원칙으로 하며, 회의록을 작성하고 보관한다.

어린이집운영위원회는 다음의 각호 사항을 심의한다.

가. 어린이집 운영규정 제 · 개정에 관한 사항

나. 어린이집의 예산 및 결산의 보고에 관한 사항

다. 영유아의 건강 · 영양 및 안전에 관한 사항

라. 보육시간 · 보육과정의 운영방법 등 어린이집의 운영에 관한 사항

마. 보육교직원의 근무환경 개선에 관한 사항
바. 영유아의 보육환경 개선에 관한 사항
사. 어린이집과 지역사회의 협력에 관한 사항
아. 그 밖에 어린이집 운영에 대한 제안 및 건의사항

② 부모 모니터링

「영유아보육법」 제25조의 2에 따르면, 시 · 도지사 또는 시장 · 군수 · 구청장은 어린이집 보육환경을 모니터링하고 개선을 위한 컨설팅을 하기 위하여 부모, 보육 · 보건 전문가 점검단('부모 모니터링단')을 구성 · 운영할 수 있도록 하고 있다. 부모 모니터링단은 어린이집 급식, 위생, 건강 및 안전관리 등 운영상황의 모니터링, 어린이집 보육환경 개선을 위한 컨설팅 등의 직무를 수행한다.

4. 지역사회의 자원 활용

지역사회와 협력하기 위해서는 그 지역의 자원들을 활용한다. 영유아는 태어나면서부터 다양한 지역사회에 속하게 되며, 이러한 환경 속에서 자아를 형성해 가고 사회화되어 간다. 즉, 지역사회는 영유아의 사회화 과정에 직 · 간접적으로 영향을 주는 중요한 사회 · 문화적 환경이다. 따라서 어린이집에서 영유아의 학습과 안녕을 지원하는 다양한 지역사회기관과 협력관계를 체결하고, 지역사회기관에 대한 다양한 정보를 가족에게 제공함으로써 어린이집과 가족이 지역사회와 상호 호혜적인 관계를 형성할 수 있도록 도와야 한다(한국보육진흥원, 2014 재인용). 다음의 내용들은 국가직무능력표준 NCS (2019) 지역사회와의 협력 학습모듈을 참고로 하여 재구성하였다.

1) 지역사회 협력의 목표

지역사회와의 협력은 영유아를 둘러싼 부모, 가족, 지역사회에 대한 이해를 바탕으로 이들과 소통하고 협력함으로써 최적의 보육을 실천하는 데 목적이 있다. 이를 위한 구체적인 목표는 다음과 같다(한국보육진흥원, 2013 재인용).

(1) 가족 및 지역사회 협력의 필요성을 인식한다.
바람직한 보육은 영유아가 속한 가족과 지역사회 안에서 이루어진다는 것을 인식하고, 이들과 협조할 수 있는 자세를 가진다.

(2) 보육활동을 진행하기 위해 필요한 지역사회 자원을 인식하고, 다양한 가정의 영유아와 가족에게 필요한 지역사회서비스를 알고 연결해 줄 수 있는 능력을 기른다. 특히, 맞벌이가정, 빈곤가정, 한부모가정, 조손가정, 다문화가정, 재혼가정 등 취약가정의 요구와 필요를 알고, 이를 지역사회의 네트워크에 연결시켜야 함을 안다.

(3) 지역사회에 존재하는 생태, 문화, 공공 자원을 발굴하여 보육활동을 계획할 수 있는 역량을 가진다. 지역사회에서 체험하고 탐구할 수 있는 자원을 개발하여 연간 및 월간 보육활동에 반영할 수 있는 능력을 기른다.

(4) 어린이집이 갖고 있는 보육 역량과 자원을 나누어야 함을 깨닫는다.
어린이집이 사회 통합과 공공질서를 유지하는 데 필요한 자원이며 환경이라는 것을 인식한다.

(5) 부모, 가족, 지역사회 관련 활동을 실시한 후에 이를 평가하고, 다음 해의 보육활동에 반영할 수 있는 역량을 기른다.

2) 지역사회 협력을 위한 사전 준비

지역사회는 영유아의 발달과 성장에 미치는 간접 환경으로서 어린이집에 위치하고 있는 지역 특성에 따라 다양한 자원을 보유하고 있다. 어린이집은 이러한 지역사회 자원을 제공받기 위해 사전 준비가 필요하다.

(1) 지역사회 특성 파악

보육활동을 계획하기 위해 사전에 지역사회 특성을 고려하여 구체적인 내용을 반영한다. 또한 지역사회 특성을 이용한 보육활동을 진행하기 위해서 사전에 긴밀한 협조체계를 맺고 안전교육을 실시한다.

(2) 지역사회 자원 활용

보육활동 중에 지역사회 내에 있는 각종 기관이나 단체를 활용하고, 공공건물이나 시설을 현장 학습에 이용하기 위해서 사전에 허락을 받아야 하며, 영유아의 필수적인 건강관리를 위해 지역사회의 보건소 또는 병원과 협력관계를 사전에 맺는다.

(3) 보육활동 계획 시 지역주민의 참여

어린이집은 지역사회기관으로서 지역주민이 언제든지 방문할 수 있는 편안한 분위기를 조성하여 부모교육, 강연, 바자회 등을 통하여 지역주민을 참여시켜 지역사회 협력을 돕도록 사전에 지역사회에 개방한다.

3) 제4차 표준보육과정의 '사회관계' 영역

제4차 표준보육과정(보건복지부 고시 제2020-75호)는 0~1세, 2세 보육과정, 3~5세 보육과정(누리과정)으로 구성되어 있다. '사회관계' 영역에서 지역사회와 관계된 내용은 0~1세, 2세 보육과정에는 발달 특성상 포함되지 않고, 3~5세 보육과정에만 포함되었다. 제4차 표준보육과정의 '사회관계' 영역의 내용 범주에 따른 구체적인 내용은 〈표 10-3〉과 같다.

〈표 10-3〉 제4차 표준보육과정의 '사회관계' 영역

내용 범주	내용
사회에 관심 가지기	• 내가 살고 있는 곳에 대해 궁금한 것을 알아본다. • 우리나라에 대해 자부심을 가진다. • 다양한 문화에 관심을 가진다.

출처 : 교육부 · 보건복지부(2020). 제4차 표준보육과정 해설서.

4) 지역사회 자원의 활용

지역사회 자원은 지역사회에서 활용 가능한 것으로써 인간이 생활을 유지하고 발전해 나가는 데 필요한 생필품이나 사회제도, 교육, 환경 등을 포함하여 인간에게 기여할 수 있는 모든 것이라고 할 수 있다. 이러한 지역사회 자원들은 개인적 · 사회적으로 제공되는 인적 · 물적 · 문화적 · 정보적 자원의 총체라고 할 수 있다.

어린이집은 각자 다른 지역사회에 위치하고 있으며, 가까운 곳 또는 먼 곳에 위치한다. 지역사회는 그 지역의 특정한 자원들을 가지고 있으며, 어린이집은 지역사회의 다양한 자원을 보육활동에 반영하여 계획하고 유용하게 활용할 수 있어야 한다. 지역사회의 자원들을 다음과 같은 네 가지 유형으로 분류한다(Gestwichi et al., 2004; 이희은, 2016 재인용).

(1) 자연적 자원

① 손쉽게 활용할 수 있는 지역사회의 자원으로는 그 지역의 자연, 주변 가게들, 산책로, 공원, 건설현장, 녹지 지역, 학교 운동장, 근린 체육시설 등이 있다.

② 자연적 자원은 영유아에게 무한한 교육적 경험을 제공해 주는 중요한 자원이 된다.

(2) 인적 자원

① 지역사회의 관련 인사가 어린이집의 경영이나 운영에 참여함으로서 지역사회의 기대나 요구를 어린이집 운영에 반영하고, 지역사회의 다양한 지원을 받는다.

② 특정한 보육활동 전개를 위해 지역사회 인사의 참여를 유도한다.

가. 전통에 관한 보육 주제 전개를 위해 지역사회 인사를 참여하게 한다.

나. 소방관, 경찰관, 의사, 간호사 등 다양한 직업 관련 주제를 전개하기 위해 다양한 지역사회 인사를 활용한다.

다. 병원, 치과 등의 의사와 간호사가 어린이집을 방문하여 영유아에게 위생, 질병예방 및 편식 지도와 함께 건강한 치아에 대한 교육활동을 하게 한다.

③ 부모 자원을 활용할 때는 신학기 오리엔테이션 진행 시 부모 자원을 위한 설문조사를 통해 부모 자원을 확보하고 보육활동을 계획에 반영한다.

④ 지역의 다양한 인적 자원을 자원봉사자로 활용한다.

실습생, 대학생, 자원봉사자 등 지역사회의 인적 자원을 적극 활용한다. 예를 들어, 지역사회 어르신을 영유아 보육의 자원봉사자로 활용하거나 전래 동화 이야기 선생님, 예절 선생님 등으로 활용할 수 있다.

(3) 물적 자원

① 지역사회 각종 기관이나 사업체들에 관한 정보를 수집하여 어린이집에 활용 가능한 물적 자원에 대한 지원 가능성을 타진해 볼 필요가 있다.

② 지역사회 관련 기관이나 시설 활용을 통해 우호적인 관계를 유지한다.

가. 현장 학습을 위해 공공건물이나 시설을 활용한다.

나. 다양한 지역사회기관이나 시설과의 형식적·비형식적 관계를 유지한다.

③ 공공기관과 연계하여 영유아에게 필요한 서비스를 연결해 준다.

주민자치센터, 보건소, 지역 내 복지기관, 도서관, 아동 상담소나 장애 관련 상담실, 소아정신과 병원 등과 연계하여 영유아뿐만 아니라, 부모와 가족을 지원해 주는 역할을 하는데 활용한다.

④ 지역사회기관으로부터 보육활동을 진행하는 데 활용할 수 있는 물적 자원을 지원받아 보육과정에 적극 활용한다.

(4) 문화적 자원

① 어린이집에서는 지역사회가 가진 다양한 문화적 자원을 활용할 수 있다.

② 지역사회에서 주최하는 행사(예 : 알뜰 바자회, 다도 대회 등), 문화 공연(예 : 구청에서 개최하는 각종 공연, 인근 대학교의 인형극 관람 등), 영유아를 대상으로 하는 각종 대회(미술 대회, 체육 대회 등)에 영유아 및 어린이집이 참여하여 특색 있는 지역 문화를 향유하는 등 지역사회의 문화적 자원을 연계하여 영유아들이 다양한 경험과 체험을 할 수 있게 해 준다.

PART 4

보육교사의 역량 개발

보육교사의 역량은 어린이집 조직 환경 속에서 효과적으로 업무수행을 할 수 있는 교사의 역할과 자질, 능력에 관련된 것으로 보육교사가 갖추어야 할 전문적 지식과 기술, 태도를 보여주는 전문성과 관련이 있다. 전문성은 영유아에게 질적인 보육환경을 제공하고 다양한 경험을 통해 그들의 발달 단계에 따른 요구를 충족시켜 전인적인 발달을 도모하게 한다.

보육교사도 영유아와 마찬가지로 자신의 관심사를 가지고 성장과 발달과정을 겪는다. 초임교사는 초임교사 나름의 고민과 기대가 있고, 경력교사는 경력교사로서의 고민과 기대가 있을 것이다. 이들은 각각의 고민과 기대는 다르지만 스스로 자신의 역량을 개발해 나가면서 해결하려고 노력한다. 제4부에서는 보육교사의 전문성 향상을 위한 노력과 보육실 내에서 일어나는 딜레마와 갈등을 어떻게 관리하고, 보육교사의 자기관리 및 계발에 대해 살펴보고자 한다.

11 Chapter

보육교사의 전문성 개발

영유아를 논의할 때 교사들은 대체로 영유아의 발달 요구나 단계를 중시한다. 이와 마찬가지로 교사들의 전문성도 그 성장 유형이 발달적 과정을 거친다고 볼 수 있다 (Katz & Weir 1969). 보육교사도 초임교사로부터 시작한다. 그 과정에서 보육교사로서 성장하고 발달하기 때문에 교사의 발달 단계에 맞추어 교사교육과 다양한 지원들이 이루어져야 한다. 「영유아보육법」에 근거한 법정 의무교육인 보수교육뿐만 아니라 어린이집 원내 및 외부교육이나 세미나, 학회 등의 재교육 및 참여교육으로 전문성 향상을 위한 끊임없는 노력이 필요하다. 11장에서는 보육교사의 발달과 전문성에 대해 살펴보고자 한다.

I. 보육교사의 발달

일반적으로 교사의 발달은 교사가 교직생활의 전체 기간을 통하여 교직과 관련된 제반 영역에서의 가치관, 신념, 지식, 기술, 태도, 행동에서 보이는 양적·질적인 변화를 의미한다(박명호, 2004). 보육교사의 발달은 여러 가지 의미로 학자들에 따라 관계영역들을 다르게 규정하고 있는데(이순영 외, 2013), 일반적이고 보편적인 패턴에 따라 점진적으로 발달해 나가는 것이라고 보고, 다음과 같은 보육교사 발달의 개념, 발달영역, 발달단계에 대해 구체적으로 살펴보고자 한다.

1) 보육교사 발달의 개념

교사발달(Teacher Development)은 여러 가지 의미로 사용되는데, 일반적으로 다음과 같이 세 가지로 분류한다(Floden, 1980). 첫째, 교직생활기간 중에 교사들이 어떻게 발달하고 변화하는가? 라는 문제에 초점을 두고 교사발달이론을 구성하려는 것, 둘째, 발달이론 내의 여러 구성(constructs)들이 교사들 간의 개인적 차이를 설명할 수 있는가? 라는 문제를 탐구하는 것으로 발달심리학으로 자아, 도덕성, 인지발달 등을 설명하려는 것, 셋째, 교사의 성장발달을 어떻게 지원, 강화할 것인가? 라는 문제에 초점을 두는 것으로, 전문적 프로그램을 운영하는 교사의 성장 발달을 촉진하고 지원하려는 것이다(이순영 외, 2013).

따라서 교사발달이란 개념의 정의는 학자에 따라 다소 차이가 있으나, 교사발달이란 교사가 초임교사로 교직생활을 시작하여 교직경력을 쌓아가면서 퇴직에 이르는 전체 교직기간 중에 교사로서 필요한 여러 가지 영역과 관련하여 지식과 기술, 태도, 가치관, 신념, 행동 등에 있어서 양적·질적인 면에서 계속적인 변화를 의미하는 것으로 볼 수 있다(Burden, 1990).

교사발달의 중요성으로는 첫째, 교사발달 단계별 주요 관심사를 개념화하여 발달적 관점에서 교사 스스로 자신의 학습을 강화시킬 수 있는 많은 방법을 제안해 준다고 보고 교사들이 자신의 성장에 대해 발달적 견해를 갖는 것이 매우 유익하다(이순영 외,

2013). 둘째, 교사의 인성적, 상황적, 특수성에 대한 정보를 제시하여 교사들의 현재 능력을 평가해 볼 수 있고 미래를 예측해 볼 수 있게 된다. 셋째, 교사들이 문제를 적절히 개념화하고 개별화된 교사발달 프로그램을 계획하는데 새로운 기초를 제공할 수 있다(민성혜 외, 2015; 성미영 외, 2015).

요약하면, 교사발달이란 교직경험이 쌓여감에 따라 교육관, 학교관, 학생관의 변화뿐만 아니라, 개인적 및 사회적 모든 영역에서 관심을 가지고 교사로서 바람직한 행동의 변화를 발달해 나가는 것을 말한다. 이러한 관점에서 볼 때, 보육교사도 교사발달을 경험하게 되는데 보육경험이 쌓여감에 따라 보육철학, 보육관, 아동관, 보육에 대한 고지식성 등이 변화와 더불어 바람직한 행동의 변화로 발달해 나간다고 볼 수 있다.

2) 보육교사 발달의 관점

보육교사 발달의 관점은 어떤 기준에 따라 개념화하느냐에 달라질 수 있다. 교사발달 관점의 측면으로 볼 때, 보육교사가 교직생활 전 과정을 통해 자신의 전문성을 끊임없이 향상시켜 나아가기 위해서는 보육교사에게 요구되는 지식과 기술 측면에서의 전반적인 발달과 교사 개개인에 대한 이해를 높이고 나아가 이를 도와줄 수 있는 다양한 지원이 필요하다. 구체적 내용은 다음과 같다(민성혜 외, 2015).

(1) 지식과 기술 발달로써의 교사발달

교사에게 효과적인 교수-학습을 위한 지식과 기술을 요구하고 이를 학습할 수 있는 기회를 주어야 한다는 관점이다. 비판점은 개인적 상황과 특성을 고려하지 않고, 전문가에 의해서 지식과 기술만을 요구하게 된다면 보육교사의 자발적인 참여 부족, 실천적 지식이 무시될 수 있다.

(2) 자기 이해로써의 교사발달

교사의 자기 이해와 자신에 대한 지식이 전문성 발달의 중요한 요인이며, 교사의 개인의 연령, 성별, 생활방식, 인생주기의 발달단계 등이 교사 자신과 교수-학습방법에 영향을 미친다는 관점이다. 교사는 적극적이며 사려 깊은 반성적 사고의 실천가로서 자신의 전문성 발달에 대한 책임감을 가지고 있어야 한다.

(3) 생태학적 변화로써의 교사발달

단순히 생존의 의미를 넘어서 좀 더 잘 가르치기 위한 교수-학습 기회와 지속적인 개선과 전문적 학습을 지지하는 직무환경이 조성되어야 한다는 관점이다. 생태학적 환경의 중요성은 다음과 같다.

① 교사의 근무환경이 교사발달의 성공과 실패의 시발점이 된다.

② 교사 상황 그 자체가 교사발달의 초점이 될 수 있다.

3) 보육교사의 발달 단계

교사의 발달 단계는 영유아가 발달 단계를 거쳐 성숙하는 것처럼 모든 생물체는 성숙을 향해 나름대로 발달적 단계를 거친다는 성인발달이론에 기초한 것으로, 좁은 의미로는 교사 양성과정에 들어갈 때부터 마칠 때까지를 말하며, 넓은 의미는 전체 교직생활을 통해 지속적으로 진행되는 과정을 말한다. 이러한 최근의 발달적 관심과 접근은 이전의 능력중심 교사교육과는 달리 현저하게 대조를 이루는 것이라 볼 수 있다(박명호, 2004). 이에 교사 또한 마찬가지로 교직생활을 통해 끊임없는 성장과 변화하는 성인학습자로서 일률적인 교사교육이 아닌 교사의 개인차를 인정하여 개인적 성장을 돕기 위한 교사 수준에 맞는 교사교육이 이루어져야 한다(이순영 외, 2013).

교사발달이론을 적용한 Katz(1985)에 의하면, 영유아교사의 관심사에 따라 생존기, 강화기, 갱신기, 성숙기의 4단계로 나누고 있다.

[그림 11-1] Katz의 유아교사 발달 단계

(1) 1단계 : 생존 단계(survival stage)

교사에게는 직접적인 현장에서의 지원과 기술적 도움이 필요한 시기로 주로 교직생활 최초의 1년에 해당되는 시기이다. 즉, 보육과목을 이수하고, 관련 자격증을 취득하여, 어린이집에 취업한 첫해, 취업하자마자 담임교사라는 중책을 맡게 되는 시기를 말한다. 초임교사의 경험은 다음과 같다(민성혜 외, 2015).

① 내가 잘 하고 있는 것인지 부담 없이 물어볼 수 있는 사람이 없다.

② 도움을 받을 사람도 없다.

③ 영유아를 혼자 가르치면서 자신이 되고 싶었던 교사의 모습을 유지하지 못하는 데서 오는 좌절감, 영유아와의 관계에서 너무나 미숙한 나의 정서(미움, 야속함, 괘씸함), 부모들에게 인정받지 못하는 교사의 권위 등으로 인해 힘들어 하는 시기이다.

④ 이런 고민을 이야기를 했을 때, “그럴 수 있지, 나도 그랬어”라고 말해주는 사람이 있었다면 훨씬 자신감을 얻을 수 있다.

하지만 생존 단계에서 모든 보육교사가 어려움을 겪는 것은 아니다. 어떤 초임교사는 수월하게 지나가기도 하고, 어떤 교사는 3~4개월 만에 경력교사처럼 운영하기도 한다. 그렇지만 몇 년이 지나도 초임교사와 같은 모습을 보이는 미성숙한 교사도 있다. 이처럼 개별 보육교사의 특성에 따라 생존 단계에서 경험하게 되는 어려움의 정도는 차이가 있다. 생존 단계에 있는 보육교사에게 적절한 지도방법은 다음과 같다(성미영 외, 2015).

① 보육교사를 지원, 이해, 격려, 확신, 위로 등의 심리적 안정을 제공한다.

② 교수-학습방법이나 보육실 운영에 대해서 보다 구체적으로 지도해 준다.

③ 자신과 비슷한 성향의 교사를 원내 또는 원외에서 찾아서 그 지지자에게 어려움을 이야기하고 지원을 받는다.

(2) 2단계 : 강화 단계(consolidation stage)

교사들은 처음 단계에서 얻은 것을 강화시키고자 하며, 세부적인 기술에 관심을 두게 되므로 전문가와의 접촉, 동료, 지도자로부터의 충고가 도움이 된다. 이 단계에 이르면 어느 정도 안정감과 자신감 갖게 되며 지금까지 배운 것들을 확고히 할 수 있다. 교사들이 가장 정열적으로 일하는 시기이며, 2~3년 경력교사의 경험은 다음과 같다.

① 일상적인 업무처리에 익숙해지고 다른 업무나 기술이 숙달된다.

② 개별적인 영유아 문제와 상황에 관심을 가지고 적극적으로 해결해 나간다.

③ 부모들과의 상담도 능숙해진다.

④ 아직 보육교사직에 대한 전문적인 시각이 생기지 않은 채, 생활의 익숙함이나 일상의 습관화로 인해, 이직 의도 또는 전직 의도를 느끼는 시기가 될 수 있다.

이처럼 강화 단계에서는 생존에 대한 즉각적인 관심에서 벗어나 개별 영유아와 특정한 문제 상황에 관심을 가지게 된다(성미영 외, 2015). 부모와 떨어지기 싫어하는 영유아를 어떻게 도울 것인지, 자신의 감정을 잘 조절하지 못하는 영유아를 어떻게 지도하는 것이 좋을지, 집단생활에 어려움을 경험하거나 또래의 활동을 방해하는 영유아를 도울 수 있는 효율적인 방법은 무엇인지 등 영유아를 잘 지도할 수 있는 방법에 관심을 두게 되는데(문혁준 외, 2014), 강화 단계에 있는 보육교사에게 적절한 지도방법은 다음과 같다(성미영 외, 2015).

① 보육활동에서 자기만의 특성을 살리고 전문적인 교사의 모습을 갖출 수 있도록 한다.

② 강화 단계의 보육교사에게 가장 적절한 장학은 동료 장학이다.

③ 경험이 많은 교사와 짝을 지어 영유아의 문제행동에 대한 경험이나 정보를 제공해 준다.

④ 보육활동에서 융통성과 조직화에 대해 지도하여 보육교사라는 직업에 대해 전문적인 시각을 가지도록 지도한다.

⑤ 동료교사 및 상담자의 충고가 도움이 된다.
⑥ 정서적 지원과 격려를 아끼지 않아야 한다.

(3) 3단계 : 갱신 단계(renewal stage)

보육교직에 대한 권태를 느끼고 갱신의 욕구를 느끼기 시작하는데, 이때는 협회 참여나 전문단체 가입, 그리고 자신의 수업 분석을 통해 도움을 얻는 시기이다. 즉, 이 시기는 자신에게 익숙한 교육적 접근 외에 새로운 아이디어를 찾게 되며, 경력이 2~5년 정도의 갱신 단계에서의 교사의 경험은 다음과 같다.

① 3~4년이 지나면서 어린이집의 보육교사로서 반복되는 일상에 싫증을 느끼게 된다.
② 기존에 자신이 사용했던 교수-학습방법에 대해 되돌아보면서 개선할 사항을 찾는다.
③ 새로운 아이디어를 찾는 등 교사발달에 대한 욕구가 생긴다.

또한 갱신 단계에서 교직 경력 3년이 지나면 좀 더 다른 교재, 기술, 개입방법 혹은 아이디어는 없을까? 등 많은 질문을 던지게 된다. 이때 적절하게 지도해 줄 수 있는 방법은 다음과 같다.

① 이 직업에 만족하고, 결정한 교사들은 이제 새로운 정보와 도움을 얻도록 조언해 준다.
② 자기장학의 방법으로, 전문서적을 읽거나 대학원 등 상급학교로 진학을 하도록 지지한다.
③ 교사 발달 단계에 따른 재훈련 욕구가 있는 갱신 단계의 경우, 협회와 전문적 단체, 저널, 잡지, 시범 프로젝트, 육아종합지원센터의 다양한 교육프로그램 등에 참여하여 적극적인 방법을 취하도록 한다.

(4) 4단계 : 성숙 단계(maturity stage)

교직경력 5년 이상이 되면 성숙기에 해당되는데, 교사로서 자기 자신에 대해 생각하게 된다. 이때 자신감을 가지고 교사로서의 유능감을 형성하게 되는 시기로 심오하고 추상적인 질문을 던지게 된다. 예를 들어, 보육교사로서의 아동관이 무엇인지, 성장과 발달의 근원은 무엇인지 등 일상적인 관심사에서 벗어나 보육에 대한 근본적인 질문을 하게 된다. 아쉽게도 우리나라 보육교사 중, 성숙 단계에 도달한 교사는 그리 많지 않으므로, 보육교사의 전문성에 대한 인식이 요구되고 있다. 성숙 단계에 이른 교사들의 경험은 다음과 같다.

① 자신감과 다양한 경험을 갖추게 된다.
② 자신감을 가지게 되고, 부족한 부분에 대해 자율적으로 채워 나간다.
③ 자신의 경험을 조직화하여 다른 교사들을 지도하고 지원하는데 사용한다.
④ 자신이 갖고 있는 보육과 교육에 대한 철학에 의문이 생긴다.
⑤ 보육에 대한 안목을 가지며 문제해결 능력이 있다.

하지만 일반적으로 교직경력이 5년 이상 되었을 때 성숙 단계라고 하지만 단지 경력만 5년 이상을 채웠다고 성숙 단계에 이르렀다고 할 수 없다. 보육교사의 관심사가 성숙 단계에 해당하는 관심사에 도달했느냐에 따라 성숙 단계에 해당되는지의 여부가 결정된다. 성숙 단계에 있는 보육교사에게 적절한 지도방법은 다음과 같다(임승렬 외, 2014).

① 교사로서 완전한 자신감과 경험을 갖추게 되므로 자신을 인정하고 자아 갱신을 위한 전략과 방법을 개발하도록 돕는다.
② 보육철학과 성장학습의 본질, 사회관계 등 교직 전반에 걸쳐 나름대로의 안목과 관점을 갖도록 한다.
③ 직접적 지원방식보다는 보다 심층적인 지식을 탐구하기 위한 전문가협회나 세미나 참석 등을 통하여 자신의 요구가 충족될 수 있도록 기회를 제공한다.

이처럼 캐츠(Katz)는 각 단계의 시기에는 개인에 따라 차이가 있고, 2단계의 교사들에게 유익한 현직교육의 내용과 방법이 4단계의 교사들에게 지루한 것이 될 수 있으며, 교사의 발달 단계에 따라 관심분야와 현지교육의 요구가 상이함을 지적하였다(Katz, 1977). 이러한 캐츠의 교사발달 이론은 상황에 맞추어 단계를 나누고 있으며 보육교사 경력이 많아지면서 성숙, 발달해 나가는 것으로 보고 있다(이순형 외, 2013). 다음 〈표 11-1〉은 보육교사의 각 단계별 훈련적 요구에 관한 내용을 제시하였다.

〈표 11-1〉 보육교사의 발달 단계와 훈련적 요구

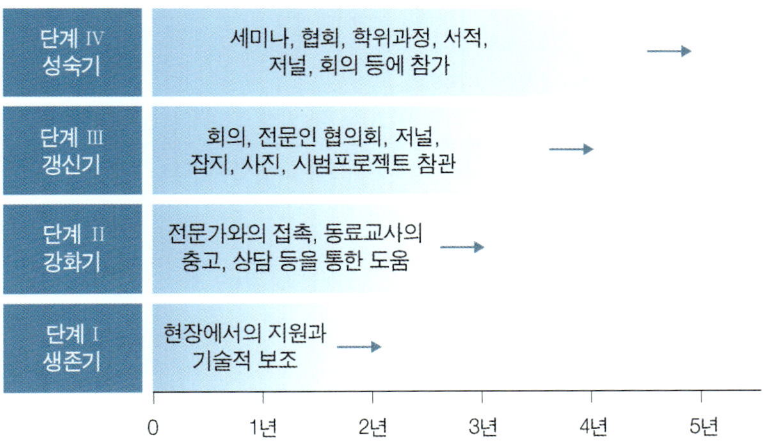

출처 : Lilian G, Kate(1977). 유아교육을 위한 제언. 이차숙 역(1989). 양서원. p. 13.

4) 보육교사의 발달 단계에 따른 교사의 관심사

보육교사 발달 단계는 앞에서 제시하였듯이 생존기, 강화기, 갱신기, 성숙기 등으로 발달 단계마다 교사가 갖고 있는 관심사는 어느 정도 차이를 보이며 교사의 관심사는 교사의 수업 및 수행에 직접적으로 영향을 미칠 뿐만 아니라 영유아의 흥미나 학습결과에도 간접적으로 영향을 미친다는 점에서 매우 중요하다(정옥분 외, 2015). 다음의 〈표 11-2〉는 보육교사의 발달 단계에 따른 관심사의 범주와 내용을 정리한 것이다(정옥분 외, 2015 재인용).

〈표 11-2〉 보육교사 발달 단계에 따른 교사의 관심사

교사 발달 단계	관심사 범주	관심사 내용
생존기	규율	• 학급의 영유아 수에 관심 갖기 • 학급 통제나 훈육의 중요성 인식하기
	불충분한 시간	• 수업준비를 위한 충분한 시간 할애하기
	불충분한 정보	• 영유아에 대한 적절한 수준의 기대 갖기 • 교사발달에 관한 정보 접하기 • 교수매체 제작 및 활용에 관한 정보 접하기 • 영유아에게 지도할 학습내용 지도하기 • 영유아의 기초기술 평가하기
	불충분한 교수기술	• 일과 계획 조직하기 • 수업활동 계획하기 • 수업상황에 따른 수업내용 및 방법 조절하기
	불충분한 준비	• 교사로서 나의 학력에 대한 적절성 생각하기
	인정	• 영유아로부터 인정받기 • 직장 동료로부터 인정받기 • 장학사로부터 인정받기 • 행정적 지원에 관심 갖기 • 부모로부터 인정받기
강화기	학업	• 문제 영유아를 돕기 위한 프로젝트에 관심 갖기 • 영유아교육기관에 오기 싫어하는 영유아 돕기 • 학습부진아 돕기
	행동	• 교사에게 의존적인 영유아 다루기 • 계속해서 우는 영유아 다루기 • 공격적인 영유아 다루기
	언어	• 영유아의 언어장애에 관심 갖기
	인성	• 영유아의 긍정적 자아개념 증진하기
	영유아 문제 및 문제상황	• 특별한 욕구를 가진 영유아 돕기 • 영유아교육기관에서 부모격리에 어려움을 겪는 영유아 돕기 • 영유아들이 보이는 갈등 해결하기 • 병약한 영유아 돕기 • 문제 영유아의 부모와 상담하기

갱신기	새로운 정보	• 다양한 영유아 교육프로그램에 관심 갖기 • 영유아 교육 전문잡지나 학습지 보기 • 영유아 정보를 교수법에 적용하기 • 연수에서 배운 새로운 지식 · 기술을 적용하기
	새로운 기술과 접근	• 교수법에 관련된 자료 영화 · 비디오 시청하기 • 부모회 조직을 위한 새로운 방법 모색하기 • 프로그램 목표달성을 위한 새로운 방법 모색하기 • 영유아발달 이론 적용을 위한 다양한 방법 추구하기 • 시범 영유아교육기관 참관하기 • 영유아를 위한 새로운 과학활동에 관심 갖기
	연구 프로젝트	• 현장연구 계획하기
	협회 및 워크숍 참가	• 보육관련 협회에 가입하기 • 보육관련 협회나 워크숍에 참여하기
성숙기	폭넓은 교양지식의 기초	• 교양지식을 위한 다양한 독서하기 • 다른 분야의 전문가와 만나기
	추상적 문제에 대한 탐구	• 세미나 참석하기 • 원아 모집 및 선발에 관한 윤리적 · 철학적 기초 갖기 • 성장과 학습의 특징 이해하기 • 보육(교육)정책의 이행과정에 관심 갖기 • 근무하는 보육기관의 철학적 근거 알기 • 영유아보육(교육)의 역사와 철학 알기 • 급변하는 사회 속에서 보육(교육)기관의 역할과 기능 알기
	보다 나은 학업수행	• 학위과정에 등록하기

출처 : Tsai, C. T.(1990). A surver of chinese kindergarten teacher concems. Unpublished Doctoral Dissertation, University of Illinois; 정옥분 외(2015) 재인용. pp. 291-292.

2. 보육교사의 전문성

가족구조의 변화와 더불어 보육에 대한 사회적 책임이 강조되고 있으며 보육의 질적 향상에 대한 관심이 증대되면서 보육현장에서의 영유아에게 직접적인 영향력을 미치는 인적 환경인 보육교사의 전문성이 강조되고 있다(김은영 · 박은혜, 2006). 보육교사의 전문성이란 영유아에게 양질의 보육서비스를 제공하기 위해 교사가 갖추어야 할 전문적 지식과 기술, 태도를 의미한다.

1) 보육교사의 전문성 개념

전문성(professionalism)에 대한 개념적인 특징은 시대적 변화와 시간의 흐름에 따라 달라져 왔고 한마디로 정의하기는 어려우며 학자마다 다른 견해의 차이가 있다(김지영 · 윤진주, 2011). 일반적으로 전문성은 직업에 종사하는 사람들이 보여주는 태도와 행동을 의미하며, 자신의 일에 대한 신념, 직업에 헌신하는 태도, 전문가로서 지니고 있는 지식에 의해 결정할 자유가 있다고 믿는 태도 등에 대한 전문성을 갖추어야 한다(백은주 · 조부경, 2004).

보육교사의 전문성은 보육현장에서 미성숙한 영유아에게 질적 서비스제공을 위해 국가자격증을 취득하고, 직업에 대한 신념으로 장기간에 걸쳐 필요한 지식과 기술을 체계적으로 교육받아야 하며, 직업에 헌신하는 태도와 지식에 의한 고도의 자율성 및 책임감과 전문적인 지식을 바탕으로, 자유로운 의사결정에 대한 믿음과 태도이며 타인과의 관계형성 및 상호작용 등을 포함하는 능력을 말한다(김정미, 2017; 진경미, 2017).

2) 보육교사의 전문성 인식

보육교사의 전문성 인식은 보육의 필요성을 인식하고, 영유아의 발달 특성을 이해하고 개인적 발달에 적합하도록 보육하는 보육교사의 역할에 대해 교사 자신이 역할의 중요성과 사회적 가치를 인식할 때 확고해지는 중요한 요인이다(김유진 2003). 또한 사람을 가르치는 일로 국가수준의 표준보육과정(누리과정)에 대해 보육계획 수립과 실행 및 평가, 인내와 봉사, 직업윤리 등이 요구되어진다.

보육교사의 전문성에 대한 중요성은 보육의 질을 결정하는 전문적 자질의 역량으로 영유아에게 연령에 맞도록 적절한 프로그램과 발달적 환경을 제공하여 보육활동을 체계적이고 일관성 있는 활동으로 사전에 준비하여 계획하고 영유아의 전인적인 발달과 성장에 기여한다(정선영, 2002). 또한 전문성 인식은 보육교사의 개인적인 노력과 함께 사회적 차원의 체계적이고 포괄적인 변화로 미래 국가의 발전이 토대가 된다(위숙희, 2008). 따라서 보육교사의 역할수행에 있어서 전문성이 발휘될 수 있도록 근무환경 등도 안정적으로 개선되어야 한다(강란혜, 2006). 보육교사가 훌륭한 교사가 되기 위해 스스로 자기계발 등의 노력과 함께 전문성 인식을 확립하고, 영유아의 발달 수준에 맞는 방법으로 개인차를 고려하여 끊임없이 학습하고, 실험하며, 훈련과 더불어 반성적 사고 등을 통해 전문성이 유지할 수 있도록 노력해야 한다(이은아, 2017; 최은영, 2016).

3) 전문성의 기준과 특징

보육교사의 전문성을 강조하는 요인을 구분한 진경미(2017)는 Saracho & Spodeck(1993)의 연구를 토대로 다음과 같이 전문성의 기준과 특징을 살펴보았다(권영미, 2014; 김지연, 1997).

(1) 전문지식과 기술 요구이다

① 보육교사는 고도의 지적인 능력이 필요하다.

② 보육의 목적과 목표를 정확하게 인지하고 영유아의 발달 수준에 적합한 보육내용을 선택하고 조직화할 수 있어야 한다.

③ 장기간에 걸쳐 전문적인 교육을 필요로 한다. 즉, 체계적이고 전문적인 지식과 기술로 보육교사는 보육의 목적을 명확하고 충분히 이해하고 영유아의 발달에

맞는 보육내용을 효과적으로 수행할 수 있도록 하는 지식과 기술능력이 요구된다.

(2) 사회 봉사성이다

① 봉사성이란 보육교사가 아동복지 등과 관련한 전문가로서 철학적 신념과 사명감, 영유아의 전인적인 성장과 발달에 기여하려는 책임감과 의무를 말한다(진경미, 2017).

② 현대사회는 영유아 보육이 보육에만 그치지 않고 주변세계의 성인교육과 같은 지역사회의 복지를 위한 종합적인 아동복지, 여성복지, 가족복지서비스를 제공할 수 있다.

③ 영유아 보육이 사회적으로 기여할 수 있는 역할을 수행한다.

(3) 자율성이다

① 보육교사는 자율성을 가지고 자신의 철학적 신념과 아동관을 통해 최선의 방법으로 가장 적합하다고 판단하는 교육목표와 교수방법을 자율적으로 선택한다.

② 보육활동에 책임감을 갖고 수행한다(최은영, 2016).

(4) 전문단체와 직업윤리이다

① 보육교사는 교사로서 확고한 신념에 따른 역할수행에 스스로를 규명하고 충실하게 임할 수 있는 직업윤리를 가지고 있다.

② 영유아의 인격을 존중하고 모든 영유아를 이해하고 수용하며 개인발달의 차이를 고려하여 긍정적으로 지도하는 것을 포함한다.

(5) 사회 · 경제적 지위수준이다

① 전문직 종사자들은 그에 맞는 사회적 지위와 경제적 보상이 주어지고 사회구성들도 수용하고 인정해야 한다.

② 보육교사는 전문가로서의 경제적 보상 및 사회적 지위와 전문직종으로서의 사회적 안정성이 보장되어야 하는 것을 말한다(최진아, 2015).

이와 같이 보육교사의 전문성에 대한 기준을 정리해보면, 보육교사는 전문성 확보를 위한 전문적인 지식, 기술, 태도를 갖추고 보육현장에서 교사가 역할을 제대로 수행하도록 돕는 자율성을 확보하고 영유아 보육의 중요성을 인식한 전문가다운 역량을 인정받을 수 있도록 사회적 직위와 처우가 개선되어져야 한다(박선욱, 2018). 또한 보육교사는 사회 봉사성 및 사회와의 연관성을 운영에 반영할 수 있는 전문적인 역할을 수행하고 국가수준의 표준보육과정(누리과정)에 교사의 철학적 보육신념과 책임감을 갖고 전문성 향상을 위한 윤리강령 및 전문기관 등의 단체를 통해 장기간에 걸쳐 훈련과 연수 등에 참여하는 것이 필요하다(박선욱, 2018). 즉, 보육교사의 전문성 인식은 교직전문성의 수준 향상을 위해 전문가로서의 자부심과 책임감을 가질 수 있도록 지속적인 재교육 등에 참여하여 전문가다운 지적 능력을 향상시키는 노력을 통해 새로운 지식체계를 구축하고, 전문적인 지위를 갖도록 전문적인 조직체를 강화하여 보수교육, 재교육 등 자격취득기준을 강화한다(김현숙, 1994).

12 Chapter
딜레마와 갈등 해결

보육현장에서의 딜레마는 두 가지 중 한 가지 대안을 포기하고 다른 한 가지 대안을 선택할 때 의사결정자가 느끼는 심리적 부담감을 의미한다. 보육교사는 보육실에서 영유아들과 상호작용 과정에서 발생하는 문제에 대해 매 순간 올바른 판단을 하고 결정해야 하는 순간들을 맞이하게 된다. 이때 발생하는 보육교사의 심리적 부담은 어떻게 하는 것이 가장 적절한 방법인지에 대한 의문과 함께 누구나 딜레마를 경험하게 된다. 12장에서는 보육실에서 발생하는 보편적인 문제 상황과 영유아와의 효과적인 의사소통, 갈등해결을 위한 윤리강령의 활용 내용 등을 살펴보고 대처하는 방법을 찾아보고자 한다.

I. 보육실에서의 보편적 문제 상황

보육실에서는 다양한 문제 상황들이 발생한다. 보육교사가 보육실을 운영하는 과정에서 문제 상황이 발생할 수 있고, 개별 영유아의 어려움과 관련된 문제 상황이 발생할 수 있다. 보육실에서 자주 일어나는 문제 상황을 어떻게 관리하는지에 대한 민성혜 외(2015)에서 내용을 발췌하여 재정리하였다.

1) 자기중심성과 자기조절능력이 부족한 발달 문제

영유아기는 자기중심성이 강하며 조망수용능력이 부족하여 또래와의 갈등이 빈번하게 일어난다. 발달 단계상 자기를 인식하는 단계를 거쳐 점차 성장하게 되는데, 각 연령에 따라 발달 단계에 크게 영향을 받는다. 다음과 같은 상황들이 자기중심성이 강하고 자기조절능력이 부족한 발달의 문제와 관련이 있다.

- 친구들과 놀잇감 나누기가 되지 않아 자주 싸우게 된다.
- 욕심이 많아서 매일 친구들과 싸우는 아이가 있다.
- 서로 자기가 엄마 하겠다고 고집을 부린다.
- 아이들이 선생님 말을 안 듣고, 모두 자기가 잘났다고 우긴다.
- 잘 우는 아이가 있다.
- 친구를 잘 때리는 아이가 있다.
- 혼자서 하려고 거짓말을 하는 아이가 있다.
- 좋아하는 장난감을 몰래 숨기는 아이가 있다.
- 손과 발을 가만히 두지 못하고 산만한 아이가 있다.
- 친구의 간식을 빼앗아 먹는 아이가 있다.

이와 같이 자기중심성이 강한 영유아는 이러한 행위를 할 때, 화를 내거나 밀치거나 공격적이거나 때리거나 소리를 지르는 경우를 많이 볼 수 있는데, 이러한 행위는 아직 자율적인 자기조절능력이 발달되지 않아서 발생하게 된다. 보육실 내에서는 집단생활을 하기 때문에 교사는 문제 상황에 대해 전후의 사정을 이해하지 못하거나 미성숙한 발달이라는 것을 잊고 아이들을 혼내는 경우도 종종 발생하게 된다. 이런 경우 아이들은 억울하거나 속상할 수 있는 상황이 되어버린다. 이에 교사는 다음과 같은 방법으로 영유아의 문제 상황에 대해 사전에 예방할 수 있도록 해야 한다.

(1) 충분한 놀이자료

① 독점력을 가지게 하는 매력적인 놀이자료의 제한적인 세팅

가. 놀잇감의 숫자를 좀 더 늘린다.

나. 보육실 내 다른 공간도 매력적으로 구성하여 갈등을 줄인다.

② 망가진 놀이자료

가. 영유아에게 충분히 흥미를 끌 수 있도록 망가진 자료를 고쳐놓는다.

나. 망가진 놀잇감, 심이 다한 색연필, 부족한 퍼즐의 그림, 굳어버린 물감 등은 새것으로 교체해 놓는다.

③ 밀도가 높은 공간

가. 어떤 영역은 보다 넓게 어떤 영역은 보다 좁게 한다.

나. 보육실 평수 자체가 작다면 영역의 수를 줄인다.

다. 다소 구체적인 제안으로 수를 조절한다.

라. 밀도에 대한 염려가 과한 경우 원장에게 의논한다.

(2) 교사의 보육실 통제 조절

① 타율적 조절전략으로 운영하는 경우

가. 엄하게 지도한다.

나. 양보하여 지속적으로 지도한다.

다. 갈등 상황에서 해결전략으로 지도한다.

라 교사는 이것만 하지 말아야 한다.

- 지나친 타임이웃
- 뺏기
- 선생님 말 들어!
- 맴매

② 자율적 조절전략으로 운영하는 경우

영유아의 자기조절능력을 발달시키기 위해 다음과 같이 지도할 수 있다.

가. 친구의 마음을 생각해 보자고 이해시키기

나. 어떻게 하면 좋겠니? 대안 물어보기

다. 모두가 안녕한 상태로 가기 위해 적절하게 표현하기

라. 계획과 평가를 스스로 하고 그에 대한 책임지기

(3) 친사회적 행동에 대한 강화와 반사회적 · 비사회적 행동에 대한 훈육

① 친사회적 행동 지도를 위한 원칙

가. 인정하기

친구에게 양보하는 일은 칭찬받을 만한 일이라고 칭찬한다.

(예 : "너도 하고 싶을 텐데 애썼다." 혹은 "정말 힘든 결정을 하였구나."라고 인정해 준다)

나. 격려하기

친사회적인 행동을 하였을 때, 그리고 반사회적인 행동이나 비사회적인 행동을 하지 않았을 때 교사는 영유아들을 격려한다.

(예 : "다른 방법을 생각해 볼 수 있어?" 혹은 "친구들과 의견을 나눌 수 있어?"라고 격려한다)

라. 긍정적인 결과에 대한 기대 나누기

친사회적인 행동을 하는 경우 긍정적인 결과를 기대하게 하고 그것을 함께 공유하도록 한다.

(예 : "이렇게 하면 친구들이 너에 대해 좋게 생각하게 되지?" 혹은 "이렇게 하면 우리 모두 안전하게 놀 수가 있게 되지?"라는 긍정적인 결과에 대한 기대를 알려 준다.)

② 친사회성 지도를 위한 영역별 다양한 방법

가. 자유선택놀이영역에서의 친사회성 지도

ⓐ 쌓기놀이영역

- 블록을 함께 사용하기
- 협력하여 하나의 작품 만들기
- 공간이나 사물에 대한 분쟁을 타협으로 해결하기
- 다른 친구들의 안전을 위해 정해진 규칙 지키기

ⓑ 역할놀이영역

- 사회적 역할을 분담하여 연습하기
- 역할에 대해 상호존중하기
- 협력하여 즐거운 경험하기
- 하나의 주제를 가진 활동을 협동하거나 타협하여 이루기

ⓒ 수 · 과학놀이영역

- 게임활동에서 사전에 정해진 규칙대로 놀이하기
- 이기고 진 것에 대해 존중하기
- 놀이한 물건 정리하기
- 자신이 아는 것을 또래들에게 가르쳐 줌으로써 유능한 또래 역할 하기

ⓓ 언어놀이영역

- 동화를 읽으며 다양한 정서를 인식하고 적절한 표현 익히기
- 동화를 읽고 동극화하면서 역할을 타협하고 협동하여 동극하기
- 고마운 마음이나 미안한 마음을 편지로 전달하기

- 긍정적인 사회성이 드러나는 이야기를 지어보기

ⓔ 미술놀이영역

- 작품활동을 위해 자료를 나누어 쓰기
- 작품활동을 어려워하는 친구들을 도와주기
- 서로의 작품에 대해 존중하고 칭찬하기
- 전시하면서 만족감과 성취감 얻기

ⓕ 실외놀이영역

- 친구들과 실외에서의 긍정적인 경험을 인식하고 서로에게 고마움을 표현하기
- 도전해야 하는 다소 모험적인 놀이를 협력하여 해내기
- 실외놀이의 안전을 위해 설정한 규칙 지키기
- 질서 있게 생활하여 안전사고가 없도록 하기

나. 동화를 통한 통합교육 활동에서의 친사회성 지도

동화는 영유아에게 어릴 적 다양한 경험들을 통해 개념, 지식, 사고에 대한 자극을 주며 경험을 함께 나누어 사회적 관계를 알게 해 준다(Taylor, 1978; 최윤정, 1998 재인용). 또한 감상력, 창조적 표현력, 문화적 경험을 제공하여 영유아가 살아가고 있는 사회와 다른 방법으로 친숙해지도록 돕는다(정영희, 2012). 이처럼 동화는 영유아가 좋아하는 교수-학습매체로써 그 다양함으로 인해 교육적 효과는 물론 통합교육 활동에도 친사회성을 증진시키고 있음이 보고되고, 동화를 통한 통합적 교육활동이 영유아의 친사회성 증진에 효과적인 이유를 네 가지로 설명하고 있다(최윤정, 1998).

- 그림 동화책에서 제시된 상징적인 친사회적 모델을 통해 주인공의 반복되는 친사회적 행동을 묘사하는 이야기와 그림을 보면서 모델링 효과가 증진된다.
- 이야기 속 주인공의 관점을 이해하고 감정이입하는 것이 친사회적 행동의 핵심적 내적 요소인 역할 담당과 추론능력과 관련이 있다.

- 그림 동화책을 사용하는 것은 친사회적 행동을 일으키는 동기를 내면화하는데 효과적이다.
- 문학은 영유아에게 사람들이 왜 나누는지의 이유와 방법을 구체적으로 배울 기회를 제공해 준다.

다. 집단토의 활동을 통한 친사회성 지도

집단토의는 영유아들이 서로 자신의 느낌을 이해하고 말로 표현하도록 도우며 다른 사람도 비슷한 느낌을 가지고 있다는 것을 인식하는데 도움이 된다. 집단토의를 위한 다음 몇 가지 전략에 대해 민성혜 외(2015) 내용을 참고하여 알아본다.

- 교사는 토의의 촉진자이며 중재자이다.

  교사의 토의 주제에 대해 목적을 가지고 종점에 도달해야 한다. 그러기 위해서는 정답을 요구하지 않고 의견을 많이 들어주고, 토의활동 방향을 재조정하여 친사회적인 분위기로 유도하고 모든 친구들이 참여하도록 하며 친구들이 이야기할 때 잘 경청하고 기다려 주도록 지도한다.
- 원형으로 둘러 앉아 서로 얼굴을 보는 것이 좋다.

  토의는 서로 얼굴을 보며 하는 것이 좋고, 원형이 어려운 경우 의견을 말하는 친구는 서서 이야기하도록 하여 모든 아이들이 경청하도록 지도한다.
- 주제를 명확히 한다.

  주제는 가능하면 구체적이고 실제적인 것으로 정해서 아직 자기중심성이 강하고 자율적인 조절능력이 미숙한 영유아들이 자기의견이나 느낌을 적절한 언어로 표현할 수 있도록 지도한다.
- 표상화하고 일반화한다.

  영유아는 자신들이 토의한 내용의 결과물이 눈에 볼 수 있으면 만족감을 가지게 된다. 표상은 언어표현으로 가능하지만 그림이나 공동작업, 기호 등으로 쉽게 표현할 수 있다. 따라서 나이에 상관없이 사용할 수 있다. 만약 공동으로 작업한 것이 있다며 서로 나누어 가지도록 일반화하는 것을 권한다.

라. 공동 작품 활동을 통한 친사회성 지도

자기중심적인 영유아가 협동하여 공동 작품을 하기 위해서는 다른 친구들의 입장을 고려하고 존중하며 자기 자신의 의견을 명확하게 표현함과 동시에 타인의 말을 귀를 기울일 줄 알아야 한다. 영유아들이 공동 작품을 할 때는 사전 활동이 중요하다. 사전에 무엇을 공동 작품으로 만들 것인지 혹은 그릴 것이지 충분히 이야기를 나누고, 공동 작품에 대해 서로 역할을 나누어 협력할 수 있도록 사전에 협의하고 이야기를 나누도록 지도한다.

2) 제한된 공간 문제

요즈음 영유아들은 어린시기부터 집이 아닌 곳에서 하루 종일 정해진 공간 안에서 많은 시간을 보내게 되는데 그런 환경에서 문제가 발생할 수도 있다. 모든 친구들이 동적인 활동할 때 가만히 있고 싶거나 반대로 정적인 활동을 할 때 움직여보고 싶은 아이들도 있다. 개개인의 성향과 취향에 맞추어 활동을 지도하기란 여간 어렵지 않다. 이처럼 운영시간이 적절하지 않을 때 문제 상황이 발생할 수 있음을 보육교사는 염두에 두고 있어야 한다.

(1) 동적과 정적 활동의 균형

보육현장에서는 보육활동 중 정적인 활동과 동적인 활동의 균형이 중요하다. 즉, 몸을 활발하게 움직이는 활동을 한 뒤 정적인 활동으로 전환했을 때 훨씬 더 영유아들이 집중할 수 있고 흥미를 가지고 활동에 임할 수 있다. 그러나 정적인 활동만 계속 이어진다면 오히려 집중력이 떨어지고 지루해 할 수 있다. 또한 동적인 활동만 계속하게 되면 신체적으로나 정서적으로 조절을 익히지 못해 오히려 건강을 해치고 피곤하여 또래와 부적절한 갈등을 낳을 수 있다.

(2) 교사와 영유아 주도성의 적합성

보육활동에 있어 아동중심 또는 교사중심이라는 말을 사용하기도 하고 듣기도 하는데, 과거에는 교사가 주도하여 활동을 전개하였다면 최근에는 아동중심교육이라는 용어에 익숙해져 있다. 하지만 보육현장에서는 교사가 주도하는 활동이 있는가 하면 영유아가 주도하는 활동이 있어 균형을 이루는 것이 바람직하다고 본다. 그 내용을 구체적으로 살펴보면 다음과 같다.

① 교사 주도적인 활동

가. 전체적인 보육시간표 운영
나. 특정 문제 행동 영유아에 대한 지도
다. 보육실 내 규칙 준수 지도
라. 안전교육에 관한 지도
마. 교수매체 결정에 관한 지도

② 영유아 주도적인 활동

가. 자유선택놀이
나. 작품 구성방법 결정과 수행
다. 전시방법

③ 교사와 영유아 함께하는 주도성

가. 환경구성
나. 규칙 타협 및 결정
다. 이야기 나누기 활동

3) 규칙 준수로 인한 문제

보육실 내에서 보편적으로 일어날 수 있는 문제 중 하나는 규칙에 대한 것이다. 서로 합의 하에 토의하여 규칙을 정하고 그것을 제시하여 지키도록 지도해야 한다. 지켜야 할 규칙이 너무 많거나 습관 형성이 되지 않았거나 교사에게 규칙을 어겨서 혼나도 괜찮다는 영유아가 있을 경우, 그 영유아의 내면을 읽을 수 있어야 한다. 오히려 교사에게 관심을 받기 위해 그런 행동을 할 수 있다. 그럴 때마다 규칙을 지키지 않아서 갈등을 초래하는 경우가 많이 발생한다. 교사는 다음과 같은 내용으로 보육현장에서 규칙 준수로 인한 문제발생을 예방할 수 있다.

(1) 지킬 수 있는 만큼의 규칙

영유아는 규칙이 너무 많으면 지키기가 어렵다. 한꺼번에 많은 규칙을 제시하는 것보다 보육실 내의 문제 상황이 발생했거나 안전교육을 실시할 때 연령에 맞게 순차적으로 규칙을 만들어서 반드시 기억할 수 있도록 반복적인 교육이 필요하다.

(2) 습관이 들기 전까지 교육

규칙은 영유아가 그것에 대해 습관화되기 전까지 매일 규칙을 같이 읽거나 그 의미를 다시 새기는 과정을 거치는 것이 바람직하다.

(3) 혼내기 위한 수단이 아님

규칙은 영유아를 혼내기 위한 수단이 아니라 규칙을 미리 지도하여 문제발생을 사전에 예방하기 위한 것이라고 교육한다.

(4) 부정적 관심에 대한 대응

어떤 아이들은 교사의 관심 끌기를 위해 문제 행동을 하는 경우가 있다. 분명히 알고 있음에도 불구하고 어기는 경우, 교사는 규칙을 어길 때는 무시(ignore)하고 규칙대로 행동했을 때 칭찬이나 긍정적인 강화하는 방식으로 지도한다.

4) 개별 영유아의 다름으로 인한 문제

영유아는 각 개인의 생체리듬이나 가정환경이 다르기 때문에 아침에 일찍 일어나는 아이가 있는가 반면에, 부모가 아침 늦게까지 잠을 자는 경우에는 아이도 늦게 일어나는 습관이 생길 수 있다. 환경적인 문제이다. 보육현장에서 영유아의 생체리듬 시계를 인정해 주기는 참 어려운 현실이지만 아침 시간에 졸려하는 아이에게 자도록 둘 수는 없을 것이다. 영유아의 연령에 맞게 하루 일과 계획안에 따라 움직이고 진행하는 보육교사는 이로 인해 문제가 발생하기 때문에 불편하고 에너지가 소진될 수 있다. 하지만 영유아에게 불평을 하거나 비난하는 것보다 "아침에 일어나는 것이 힘이 들어"라고 이야기해 주면서 긍정적인 방법으로 유도한다.

2. 영유아와 효과적인 의사소통

의사소통은 인간다운 생활을 영위하기 위해 필요한 기본적인 능력 중의 하나이다. 영유아는 자신이 예상할 만한 반응들을 끌어내거나 사물에 대한 궁금증을 해소하기 위해서 자신의 감정상태에 따라서 말을 하게 된다. 그리고 영유아가 부모, 교사, 또래와의 다양한 언어적 상호작용을 통하여 인지적, 사회 정서적, 언어적 발달을 도모하고 보다 안정적인 사회적 대인관계를 맺는데 기초가 된다는 점으로 비추어 볼 때 그 가치를 높이 평가받고 있다(신근영, 2016).

영유아기의 효과적인 의사소통은 영유아와 신뢰하는 관계를 형성하고 유지하는데 필요하며, 또한 교사와의 건설적인 상호작용에서 시작된다.

1) 영유아의 의사소통 행동

영유아의 의사소통 행동은 영유아가 성인을 향한 상호적인 행동을 보이는 것으로(Wetherby & Prizant, 2002), 의사소통 의도가 사용된 목적에 따라 의사소통 기능과 이러한 의사소통 기능을 어떠한 방법으로 전달했는지에 따라 의사소통 수단으로 보았다. 영유아는 월령이 증가함에 따라 의사소통 기능과 수단이 다양해지고 빈도수가 증가하는 등의 발달적 변화가 나타난다(김기숙, 2004).

(1) 영유아의 의사소통 기능 발달

영유아는 말하기 이전부터 울기, 원하는 사물에 손 뻗기와 같은 비언어적 행동으로 의사표현을 하고, 성인은 그러한 영유아의 행동을 해석하여 그에 적절한 반응을 하며 의사소통을 한다. 생후 9~10개월경에 영유아는 타인의 주의를 이끌고자 분명한 신호 행동을 하며 의도적 의사소통 행동(intentional communication)을 보이게 된다(Bates, 1979). 영유아는 이러한 의도적 의사소통 행동을 특정한 목적을 갖고 타인에게 전달하게 되는데, 이러한 행동을 의사소통 기능(communication functions)이라고 한다(Wetherby et al., 1988).

(2) 상황이 의사소통 행동에 미치는 영향

영유아의 의사소통 행동은 어떠한 활동을 통해, 어떠한 상황에서 수집이 되었는지에 따라서도 달라질 수 있다(Wetherby et al., 1988). 또한 상황별 의사소통 행동은 책 읽기 상황에서 명명, 진술, 모방, 질문, 반응하기가 많이 나타났고, 놀이 상황에서는 요구하기가 더 많이 나타났다. 이러한 결과는 놀이 상황에서 영유아가 교사 또는 양육자와 주고받는 형태의 의사소통을 유지하기 위하여 요구하기 기능을 더 많이 사용하기 때문이다.

2) 교사와 영유아의 상호작용

영유아의 의사소통 기능이 어떻게 발달하고 의사소통 행동에 미치는 영향을 살펴봤을 때 보육교사와의 상호작용이 의사소통의 기능과 행동으로 발전하는 것을 알 수 있다. 그렇다면 어린이집에서 교사가 무엇을 어떻게 가르치는가는 교사와 영유아의 상호작용에 의해 이루어지므로 교사와 영유아 간의 상호작용은 교수-학습과정의 핵심적인 요소이자 정서적 신뢰를 바탕으로 형성된다. 영유아와의 상호작용은 양방향적 과정으로 이해되어야 하며, 실제 보육현장에서 교사와 영유아의 상호작용은 보육교사의 지원과 영유아의 반응의 상호교류가 역동적으로 이루어진다. 그러므로 보육교사는 고정적이거나 단편적인 수업기술을 습득하려는 노력보다 교사의 사고를 변화시켜서 순간순간 펼쳐지는 역동적인 장면마다 사회적·개별적 요구를 반영하여 교육 및 일상생활 지도를 적절하게 실천하는 노력이 필요하다(성미영 외, 2015).

요약해보면, 교사와 영유아 간 상호작용은 언어적 상호작용과 비언어적 상호작용을 모두 포함하는 포괄적 의미를 가지며 그 과정 속에서 영유아에게 자신의 감정과 신념을 자기가 속한 문화와 사회에 적합한 수행방법으로 표현하도록 한다. 이를 통하여 영유아는 지식과 정보를 익히고 내면화하는 교육적 도움을 받는 것이다(안수연, 2000).

3) 교사와 영유아 상호작용의 중요성

교사와 영유아 간 상호작용의 질은 보육의 질에 영향을 주는 중요한 변인이며, 영유아의 발달과 또래관계에도 밀접한 관련성이 있다(김시연, 2014). 교사와의 상호작용은 영유아의 상호작용 참여나 의사소통 수준에 따라서 달라질 수 있으며, 영유아의 상호작용에 크게 영향을 미친다고 하였다. 또한 NAEYC의 '발달에 적합한 실제(DAP : developmentally appropriate practice)'에서는 영유아의 놀이를 조장하고 사회·정서 발달을 지원할 수 있는 민감하고 수용적인 방법으로 교사의 상호작용을 강조하며, 유아교육기관의 질적 측면 가운데 중요한 요소로 교사와 영유아의 상호작용을 제시하였다(Bredekamp & Rosefrant, 1992).

교사와 영유아 간의 상호작용의 중요성이 인식됨에 따라 2012년에 시작한 5세 누리과정의 교수-학습방법에서도 교사와 유아 간 능동적인 상호작용, 유아와 환경, 유아와 유아 간의 관계가 함께 제시되어 있다(장승희, 2015). 또한 어린이집 제3차 평가인증 통합지표(2017.11) 변경으로, 과거의 2차 지표, 3차 시범지표에서 6개 영역에서 통합지표 4개 영역으로 개선되었다. 평가지표에 4개 영역 중 제1영역 평가지표의 1-4는 교사-영유아 상호작용을, 1-5는 영유아 간 상호작용 시 교사 역할이 제시되어 있다. 또한 제1영역 평가개요에서는 교사는 보육과정을 운영할 때 영유아의 흥미나 개별적 차이를 파악하여 다양한 보육활동, 놀이, 일상생활 경험 등이 균형 있게 이루어지도록 하고, 영유아의 발달 수준과 개인차를 고려하여 민감하고 적절하게 상호작용해야 한다고 명시되어 있다(한국보육진흥원, 2019). 이것은 교사와 영유아 간 상호작용이 교육의 질에 있어 얼마나 중요한 것인지를 나타낸 것이라고 볼 수 있으며, 교사의 긍정적이고 질 높은 상호작용은 영유아의 발달과 성장에 영향을 주고 교육기관의 질을 평가할 수 있는 척도가 되며 질적인 수준을 결정하는 중요한 요소가 된다고 볼 수 있다(임영미, 2016).

4) 영유아 상호작용의 종류

교사와 영유아 간의 상호작용은 크게 언어적 상호작용, 정서적 상호작용, 행동적 상호작용 세 가지로 나누어 볼 수 있다(이정숙, 2003).

(1) 언어적 상호작용(verbal interaction)

인간의 감정, 생각을 표현하고 의사소통하기 위해 사용하는 문자나 소리와 관련된 것으로 둘 이상의 사물이나 현상이 서로 인과관계가 되는 작용이라고 볼 수 있다. 다시 말해, 영유아에게 안정감 있는 목소리로 대화하거나 영유아의 요구와 질문에 언어적으로 반응하고 영유아가 생각과 느낌을 언어로 자유롭게 표현하도록 하는 것을 의미한다(이정숙, 2003).

① 목소리 사용하기

교사의 목소리는 영유아의 상호작용에서 중요한 매체가 된다. 교사가 획일적인 하이

톤으로 이야기한다고 오해하는 사람들도 있다(민성혜 외, 2015).

가. 나도 너와 같은 마음이야

(예 : 수줍음이 많은 아이에게 말을 붙이려면 다소 천천히, 다소 톤을 낮춰서 이야기하는 것이 좋다.)

나. 나도 너와 같은 속도야

(예 : 어떤 아이는 밥을 빨리 먹고 또 어떤 아이는 천천히 먹는다. " 빨리 빨리 먹고 친구들하고 놀아야지"라고 하는 것은 적절하지 않다.)

다. 잘 들리지?

(예 : 문장이 길고 짧음에 상관없이 대부분의 말이 입안에서 웅얼거리고 문장의 끝은 사라져 버리는 경우이다. 교사 앞에서 말을 얼버무리거나 지루하게 활동을 이끌어 가면 문장의 끝이 사라진다.)

라. 날 따라 해도 돼

(예 : 정확한 발음과 더불어 표준어를 사용하는 것이 기본이다.)

(2) 정서적 상호작용(emotional interaction)

사람의 마음속에 생겨나는 다양한 감정으로 둘 이상의 사물이나 현상이 상호 원인과 관계가 되는 작용이라고 볼 수 있다. 다시 말해, 교사가 영유아에게 친절한 말투와 웃는 얼굴로 대하거나 영유아의 개별적인 감정이나 욕구에 예민하게 반응하고 생각이나 느낌을 자유로운 가운데 표현할 수 있는 허용적인 분위기를 제공하는 것을 의미한다(이정숙, 2003).

① 영유아 신호에 민감하기

교사는 언어로 모든 것을 표현하지 못하는 영유아의 요구(need), 상태(situation), 표현을 기가 막히게 알아차려야 한다(민성혜 외, 2015).

가. 지속적으로 영유아에게 관심을 가지고 관찰하자

(예 : 평소에 신뢰관계를 맺고 있고 질적인 관계인 경우, 영유아가 보내는 신호(sign language)를 잘 알아차린다.)

나. 부모와 협력작업을 하자

(예 : "이런 행동을 하던데 이건 무슨 의미일까요?"라고 물어 볼 수 있다.)

다. 동료교사들과 이야기하자

(예 : 민감하게 알아차려주어야 하는 것들은 다음과 같다. ~싫어요. 나는~이래요. 나요~ 등)

(3) 행동적 상호작용(behavioral interaction)

교사가 몸을 움직이면서 어떤 동작이나 행동을 하며 둘 이상의 현상이나 사물이 서로 인과관계가 되는 작용이라고 볼 수 있다. 다시 말해, 교사가 자세를 낮추어 영유아의 눈높이를 맞추거나 모델링을 보여주기, 스킨십 행동 등의 신체적 표현을 통해 영유아들이 긍정적인 표현방법으로 행동을 나타낼 수 있도록 하는 것을 의미하고, 이는 영유아의 성격 형성 및 행동에 영향을 미치게 된다(김주현, 2017). 이처럼 영유아의 발달단계와 수준에 맞게 정서적, 행동적 상호작용이 이루어진다면 더 효과적인 상호작용을 할 수가 있다(안수연, 2000).

① 몸 사용하기

영유아는 상호작용할 때 몸을 많이 사용한다. 영유아와 개방적이고 온전한 상호작용을 하기 위해 교사도 몸을 많이 사용하는 것이 좋다(민성혜 외, 2015).

가. 정서적 유대관계를 위해 몸을 사용하기

(예 : "○○야 오늘 기분 어때?" 등을 만져준다.)

나. 정확한 의사전달을 위해 몸 사용하기

(예 : 교사가 "뭐라고 그랬어."라고 하는 경우, 몸을 사용하여 표현하고 얼굴 표정으로 전달한다.)

다. 긍정적 정서 전달을 위해 몸 사용하기

(예 : 주먹을 잡고 부르르 떨면 화가 난 것이고, 리듬에 맞추어 깡충깡충 뛰면 기분이 좋다는 표시이다.)

라. 신체발달을 촉진하기 위해 몸 사용하기

(예 : 교사는 "거북이처럼" 혹은 '이번에는 캥거루'라고 하면서 같이 무릎을 굽혔다 폈다 하면서 뛰어볼 수 있다.)

5) 의사소통이 영유아발달에 미치는 영향

상호작용이 영유아의 발달에 미치는 영향을 살펴보면 다음과 같다.

(1) 영유아의 인지적, 언어적, 사회적, 정서적 발달을 촉진시킨다.

(2) 교사 및 주변 성인들과 안정된 애착관계를 형성한다.

(3) 주변 환경을 적극적으로 탐색하고 학습할 기회를 제공한다.

(4) 또래와의 긍정적인 사회적 관계를 맺는다.

(5) 위기 상황을 극복할 수 있는 심리적 건강성을 증진시킨다.

(6) 상위교육기관의 적응과 학문적 성공을 위한 기초를 수립한다.

구체적으로 교사와 유아 간의 효과적인 상호작용을 위하여 교육부가 제시한 상호작용 원칙은 다음과 같다(곽희경, 2011 재인용).

(1) 교사는 유아에 대한 기대 행동, 행동의 필요성, 그만두어야 할 이유를 설명해야 하며 영유아의 이해 수준에 맞추어 말하고, 유아가 이해하지 못한 경우에는 한 번 더 반복한다.

(2) 유아에 대한 관심과 애정을 표현하며, 유아와 대화할 때는 온화한 표정을 짓고 유아의 자율성과 독립성을 존중하고 유아의 요청이 있을 때 가능하면 즉시 반응해 준다.

(3) 교사가 유아의 잘못을 야단치고 지적하기보다는 잘했을 때 칭찬해주는 긍정적인 강화를 사용하고 유아가 장황하게 두서없이 말할 때는 유아의 생각과 의도를 정리해서 말해준다.

(4) 유아에게 지시할 경우에는 분명한 태도로 말하며 흔들리거나 불확실하다는 인상을 주지 않도록 한다록 제시한다.

3. 딜레마 상황과 갈등 해결

딜레마란 두 개의 가치를 두고 선택할 때, 어느 한 가지의 선택으로 나타나는 기회손실로 인해 선택을 하기가 곤란한 상황으로서, 두 가지 중 한 가지 대안을 포기하고 다른 한 가지 대안을 선택할 때 의사결정자가 느끼는 심리적 부담감을 의미한다(이종범, 1994).

보육현장에서는 수많은 선택상황들이 발생한다. 하지만 그 상황들을 현명하게 대처하기엔 시간적, 정신적 여유가 없을 뿐만 아니라 전문적 지식의 부족으로 딜레마 상황과 갈등을 초래한다. 이러한 과정에서 보육교사는 윤리강령을 활용하여 갈등을 해결할 수 있어야 한다.

1) 보육현장에서의 딜레마

교육의 질은 교사의 질을 능가할 수 없다고 하였다. 그러기에 보육의 질에 결정적 역할을 하고 있는 보육교사들이 올바르고 균형 잡힌 의사결정을 하기 위한 사고의 자질을 갖추는 것은 매우 중요하다(이은영, 2017). 그러나 현재 보육교사의 자격취득 경로는 너무나도 광범위하다. 온라인과 오프라인에서 보육교사가 배출되고 있으며 유아 및 보육관련 학과를 나오지 않은 학생들도 학점을 이수하면 보육교사가 될 수 있다. 이렇듯 다양한 경로로 배출된 보육교사의 양적 팽창 현상은 보육서비스의 질적 저하의 우려를 낳을 뿐만 아니라(이기숙, 2004), 언론매체를 통해 보육교사로서의 자질이 수시로 언급되는 딜레마 상황이 야기되고 있다(이은영, 2017).

보육현장에서 교사의 돌봄과 가르치는 과정에서 수많은 선택의 순간과 문제점이 발생한다. 이 역시 어떻게 해결할 것인가에 대한 딜레마에 봉착하게 되고, 이러한 문제상황이 잘 해결되지 않을 때, 보육교사는 적잖은 스트레스의 요인으로 작용되기도 한다. 또한 이러한 다양한 문제 상황들은 곧잘 보육교사의 딜레마 상황과 연결된다. 영유아교육기관에서는 영유아 이외에도 부모, 조직, 사회현상 등 많은 딜레마 상황들이 빈번히 발생하므로 보육교사가 딜레마 상황들을 잘 극복하고 교사로서의 가치 실현과 만족감, 더불어 행복한 교사가 되기 위한 다양한 지원 및 해결방안의 모색이 필요하다(이은영, 2017). 즉, 보육교사는 얘기치 못한 수많은 상황들과 영유아에 대한 책임의식, 사명감 또는 업무와 사무처리 요인, 그리고 원장 및 동료교사와의 관계 및 물리적 환경요인 등을 비롯하여 근무시간과 경영적인 요인, 영유아의 보육과 교육, 또 사회적인 낮은 평가로 인한 열등감 등의 개인적인 요인, 학부모의 지나친 간섭과 상식 밖의 행동 등으로 인해 딜레마에 빠지게 되며, 이러한 여러 가지 딜레마 상황들은 결국 보육교사 직무스트레스의 원인이 되기도 한다. 따라서 보육교사들이 어린이집에서의 딜레마 상황을 잘 해결할 경우 보육교사들의 직무스트레스는 경감될 수 있을 것이다(이은영, 2017).

2) 보육교사의 윤리적 딜레마 해결

보육교사는 보육과정을 진행함에 있어 발생되는 딜레마 상황 중 어떤 문제는 쉽게 해결하지만, 어떤 문제는 해결을 매우 어려워한다. 이는 교사의 잘못된 의사결정으로 인해 더 큰 책임감과 사회적 질타를 받는 경우가 발생하고, 보육교사 자신이나 영유아의 삶에까지 큰 영향을 끼치기도 하며, 보육교사가 속한 조직의 존폐에 영향을 미치기도 하기 때문이다. 이와 관련하여 허미경(2014)은 잘못된 의사 결정에 따라 야기되는 문제의 심각성이 크기 때문에 보육교사는 딜레마 상황 속에서 자아정체성에 혼란을 겪기도 하고 스트레스를 경험하기도 하며 때로는 스스로 선택한 만족스럽지 못한 의사결정으로 인하여 무기력감을 느끼고 자신감 또한 잃게 된다고 하였다. 이런 상황에 봉착했을 때 보육교사는 영유아의 권리를 존중하고 보육인의 윤리강령을 다시 한 번 되새겨, 영유아 최선의 이익을 추구하는 방향성을 가지고 결정하게 된다면 윤리적으로 딜레마를 해결할 수 있을 것이다. 구체적인 내용은 다음과 같다(윤매자 외, 2012; 이은영, 2017).

(1) 보육교사로서의 명확한 역할 인식

질 높은 보육서비스를 제공하는 주체가 되기 위해서는 무엇보다 보육교사 스스로 자신의 역할에 대한 명확한 인식과 지각이 요구된다.

(2) 보호와 교육의 균형적 지향

① 보육교사는 보호와 교육의 균형을 지향해야 한다. 현대사회가 요구하고 있는 보육교사의 역할은 영유아를 안전하게 보호하는 역할과 교육시키는 역할 모두가 포함되어 있기 때문이다.

② 보육교사들이 보육현장에서 효과적인 보육기능을 수행하기 위해서는 자신에게 적합한 교육신념을 내면화하고 이를 보육현장에서 실천하는 것이 필요하다.

(3) 전문성 향상을 위한 적극적인 노력

① 보육의 수요가 증가하고 있는 시점에서 보육교사의 역할이 누구나 할 수 있는 일이 아니라 전문적인 일이라는 긍정적인 인식을 가질 필요가 있다.

② 보육교사가 전문가로서의 역할을 수행하기 위해서는 무엇보다 전문가에 상응하는 학문적 지식과 기술을 익히고, 이를 유지하기 위한 재교육을 받는 것이 중요하다.

(4) 반성적 사고

① 유능한 보육교사는 시대에 따라 그 개념이 바뀌어져 왔는데, 현대 영유아 보육에서 말하는 유능한 보육교사란 실천적 지식과 끊임없는 반성적 사고(reflective thinking)를 통해 자율적으로 의사결정을 할 수 있는 교사를 의미하고 있다.

② 전문직에 종사하는 사람들이 현장에서 어떤 문제에 직면했을 때, 자신이 가지고 있는 전문적인 지식에 근거하여, 문제를 여러 각도에서 분석하고, 그 분석의 결과에 따라 자율적으로 결정을 내리는 것으로, 내려진 결정은 사회·윤리적으로 적합하고 타당한 것이어야 한다.

③ 반성적 사고는 보육교사의 일상적인 하루 일과뿐만 아니라 학문적, 이론적, 실천적 문제를 모두 포함하는 것이다.

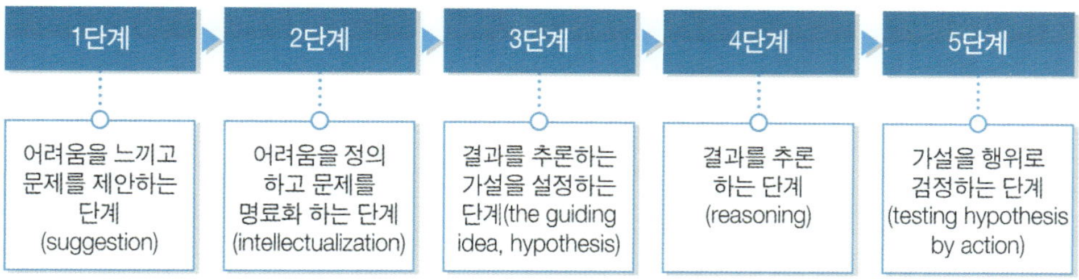

[그림 12-1] Dewey의 반성적 사고의 5단계

Chapter 13 보육교사의 자기관리 및 계발

보육교사는 양육과 교육자로서의 역할뿐만 아니라 어린이집과 관련된 대부분의 업무를 담당하고 있기 때문에 상당히 바쁜 일과를 보내게 된다. 이러한 이유로 초임교사나 경력교사 모두 스트레스를 경험하게 되고, 지나친 업무분장으로 에너지가 소진되며 이직을 생각하는 경우도 종종 발생한다. 부모들은 사랑과 전문성을 갖춘 우수한 교사에 의해 자녀들이 보육되기를 원하고 있다. 따라서 바람직한 보육의 실천적 유용성을 도모하기 위하여 보육교사는 온화함, 인성, 건강함과 같은 개인적 자질과 지식, 교수-학습능력, 보육관, 아동관과 같은 전문적 자질을 모두 갖추어야 한다. 보육교사 스스로가 자신의 전문성을 향상시키고 건강을 유지하기 위한 자기관리가 필요하다. 13장에서는 보육교사의 자기관리와 자기계발에 대해 살펴보고자 한다.

I. 보육교사의 자기관리

자기관리는 사회적으로 요구되는 일정한 생활방식이나 외모 등을 유지하는 것으로 자기관리의 분야와 개념은 직업의 유형에 따라 다르다(조미영 외, 2016). 보육교사라는 직업은 보육의 역사를 돌아볼 때 현대사회에서 요구하는 전문성 향상을 위한 재고는 전문적 직업임이 분명하다. 예를 들면, 보육인의 윤리강령, 어린이집에 대한 평가인증(평가제) 제도, 국가수준의 표준보육과정(누리과정), 보육교사의 자격관리 등 점차 전문적인 직종으로 인정받고 있음을 알 수 있다. 보육교사는 전문 직업인으로서 매일 반복되는 일과 속에서 영유아, 동료교사, 부모들을 포함하여 지역사회기관들과 관계를 맺으며 시간을 관리하여 하루 일과를 계획하고 실행, 평가하는 과정을 반복해 나간다. 이 과정 속에서 기쁨과 보람도 있지만 복합적인 관계 속에서 스트레스를 경험하면서 교사로서 자기관리의 필요성을 느끼게 된다(조미영 외, 2016).

1) 보육교사의 이미지 관리

이미지(image)는 어떠한 사물이나 대상에 대해 주관적으로 지각되고 형성된 실상과 허상의 집합체라고 할 수 있다. 또한 이미지는 특정한 대상에 대하여 개인이 가지고 있는 믿음, 개념, 인상의 총합이라고 할 수 있는 것으로, 보통 교사의 이미지는 교사에 대하여 사회 · 문화적으로 형성되어 있는 이상적인 이미지와 개인적 관점에서 나타나는 정의적, 내면적 이미지들의 총체적인 개념으로 볼 수 있다(김향숙, 2013). 즉, 상대방의 옷차림이나 생김새, 말투 등의 단서를 통해 그 사람에 대한 이미지를 형성하며 그 이미지를 통해 상대를 기억하게 된다(조미영 외, 2016).

이미지는 모든 사물의 가치를 결정하는 매우 중요한 기준이 되기 때문에 이미지가 한번 형성되면 사람들은 주관적으로 형성된 이미지에 의해서 반응하고 이로 인해 개인의 반응에 많은 영향을 미친다. 이에 보육교사에 대한 이미지를 학부모들이 어떻게 인식하고 있는지 살펴볼 필요가 있다(김향숙, 2013).

이러한 관점에서 본다면, 보육교사의 이미지는 보육교사가 만나는 대상, 즉 영유아와 부모, 보육교직원, 그리고 일반인들이 직·간접적으로 느낀 경험을 통하여 가졌던 인상이 모아져 보육교사의 이미지가 형성된다고 볼 수 있다.

2) 보육교사의 스트레스 관리

스트레스에 대한 관점은 다양한 시대를 살아온 사람과 다양한 사회현상에 따라 변화하여 왔다. 더불어 교사의 직무스트레스를 바라보는 관점 또한 변해 왔다. 역할이란 어떤 사회구조 안의 직위가 수행하여야 할 행동에 관한 일련의 기대감이라고 정의되는데, 직무 소진과 밀접한 관련이 있다. 보육교사의 직무스트레스란 교사로서의 직무를 수행하는 과정에서 영유아, 부모, 보육교직원, 기타 지역사회구성원, 그리고 사건, 사고로 인하여 신체적 괴로움, 심리적 불안감, 불쾌한 정서 등을 경험하는 것이다. 보육교사는 직무스트레스를 적절하게 관리하여 건강한 몸과 마음의 상태를 유지하고 관리할 수 있어야 한다.

(1) 스트레스의 개념

① 스트레스란 개인이 환경으로부터 가해지는 압박 때문에 느끼는 일종의 심리적·신체적 증상을 말한다.

② 개인이 자신에게 가해진 요구를 인지하는 정도(인지된 요구)와 그러한 요구에 적절하게 대처할 수 있다고 인지하는 능력(인지된 능력) 사이에 불균형이 발생할 때 스트레스가 생긴다.

③ 스트레스는 순기능과 역기능이 서로 공존하는데, 개인이 대처할 수 있을 정도의 적당한 스트레스와 개인이 관리할 수 없을 정도로 심각한 스트레스가 있다.

(2) 스트레스의 유형

일반적으로 스트레스는 반응으로서의 스트레스, 자극으로서의 스트레스, 심리적 스트레스로 나눌 수 있다.

① **반응(response)으로서의 스트레스**

가. 외부에서 스트레스원(stressor)으로부터 자극이 가해졌을 때, 그 결과로서 개인에게 나타나는 정서적 또는 생리적 반응이다.

나. 스트레스원에 대한 내적 반응은 불안, 근심, 걱정, 분노, 두통, 고혈압 등으로 나타난다.

다. 스트레스는 스트레스원을 만들어 내는 산물이며 직무에 직접적인 영향을 미친다.

(예 : 직무 성과에 불만족, 직무 소진 등)

② **자극(stimulus)으로서의 스트레스**

가. 외부의 자극이나 환경 속의 자극이 개인의 스트레스를 불러일으키는 경우이다.

나. 개인에게 무엇인가 요구하는 외부의 사건이나 개인에게 위협을 가하는 환경에 노출되어 있을 경우에 나타난다.

다. 심리적 차원의 불편함 등과 같은 반응을 불러오는 자극을 말한다.

(예 : 일의 강도, 역할 충돌, 낮은 임금, 위험한 일, 일하는 시간의 양, 대인관계의 갈등 등)

③ **심리적(psychological) 스트레스**

가. 스트레스는 심리적 상호작용으로 정의하는데, 개인의 환경(외부의 자극)과 내면적인 반응 간의 상호작용에 주목하고 있다.

나. 환경으로부터의 자극과 그에 대한 개인의 독특하고 상의한 대응, 양자의 상호작용의 결과로 보고 있다.

다. 외부로부터 자신에게 가해지는 요구를 적절히 처리할 능력이 없다고 인지하는 경우, 심리적 스트레스를 받는다.

(3) 보육교사의 역할 스트레스

역할 스트레스는 자신이 해야 할 일이 무엇인지 확실하지 않아 생기는 역할의 모호성과 동시에 여러 가지 역할이 기대될 때 갈등적인 요구 사항으로 생기는 역할 갈등, 개인에게 요구되는 업무요구가 과다하다고 느끼는 경우에 생기는 역할 과부하로 구분한다(김연, 2016; 조미영 외, 2016).

① **역할 모호**(role ambiguity)

가. 역할 모호는 역할 수행자가 자신의 역할과 관련된 정보의 결핍에 직면해 있는 상태를 말한다.

나. 주어진 역할이 무엇인지 명확하게 이해하지 못하거나 역할 수행의 결과를 예측하지 못하는 상황을 말한다.

(예 : 영유아의 갈등 상황에 적절한 개입을 못하는 경우, 자신과 다른 사람이 기대하는 바가 다를 때, 다른 사람이 자신에게 기대하는 것을 충족시키기 위해 어떤 행동을 하여야 할지 모르는 경우 나타난다.)

② **역할 갈등**(role conflict)

가. 조직구성원이 업무 상황을 인식함에 있어서 서로 상충되는 두 개 이상의 역할이 주어졌을 때 나타나는 현상이다.

나. 역할수행 과정에서 발생하는 실제 요구와 업무자가 가진 자원, 능력, 가치관 사이의 불일치가 있을 경우 나타난다.

다. 개인과 역할 간, 역할 전달자 간, 전달자 내부와 역할 과부하 등 상황에 의하여 역할 갈등이 발생한다(김연, 2016).

- 개인-역할 갈등(person-role conflict) : 역할에 대한 기대가 역할 담당자의 개인적 가치관과 일치하지 않을 때 발생한다.
- 전달자 간의 갈등(intersender conflict) : 특정 역할 전달자로부터의 기대가 다른 역할 전달자로부터의 기대와 모순되는 경우 발생한다.
- 전달자 내부의 갈등(intrasender conflict) : 역할 담당자의 시간, 자원, 능력과 기

대되는 역할 사이의 갈등을 말한다.

- 역할 과부하(role overload) : 한 사람의 역할 담당자에게 서로 양립하기 어려운 여러 역할들이 부여될 때 생기는 갈등을 의미한다.

③ **역할 과다**(role overload)

가. 역할 과다는 역할 수행자가 주어진 시간 동안 담당해야 하는 역할이 너무도 많은 상황을 지칭한다.

나. 한정된 시간이나 자원으로 과도한 업무를 수행하여야 한다는 인식을 의미한다.

다. 근로자가 시간과 능력에 비해 자신이 처리하여야 할 업무량이 많다고 느끼거나 업무가 힘들다고 느낄 때 경험하는 현상이다.

3) 보육교사의 스트레스 대처

행복한 교사가 되기 위해 스트레스를 관리하고 스스로를 칭찬하고 동료교사를 격려하며 행복한 교사가 되려고 노력해야 한다. 보육교사는 어느 누구도 할 수 없는 대단한 일을 하고 있다고 생각하며 하루 일과를 시작한다. 모든 교사들이 동일한 요인에 의해 스트레스를 받는 것은 아니다. 사람에 따라 스트레스 호르몬의 수치는 다르기 때문에 대처하는 방법도 다르다고 할 수 있다. 자신에게 맞는 스트레스 해소방법이 무엇인지 생각해보고 자신만의 스트레스 해소방법을 찾아야 한다. 다음은 스트레스 대처 유형과 대처 전략에 대해 알아본다(민성혜 외, 2015).

(1) 스트레스 대처 유형

① **사회적 지지형**

가. 가까운 사람에게 감정을 털어 놓는다.

나. 다른 사람들이 하는 위로나 이해의 말이 도움이 된다.

다. 다른 사람에게 문제를 상담한다.

라. 비슷한 문제를 경험한 주위 사람들이 나를 이해해주거나 공감을 해 주면, 위로가 되고 힘이 된다.

② 문제해결형

가. 문제를 최대한 해결하기 위해 주변상황을 다시 한 번 정리해본다.

나. 문제를 다루기 위해 목표를 세운다.

다. 선택한 대안들을 신중하게 검토해본다.

라. 문제 상황을 바로잡기 위해 필요한 것들을 생각하고 해결하기 위해 노력한다.

③ 회피형

가. 문제를 외면하고 관심을 다른 곳으로 돌린다.

나. 더 좋을 때를 그리며 몽상한다.

다. 문제를 잊기 위해 취미나 스포츠 활동에 몰두한다.

라. 평상시보다 많이 잔다.

(2) 스트레스 대처 전략

① 유머

가. 개인의 정서를 안녕한 상태로 만드는데 중요한 기제이다.

나. 즐거움과 웃음을 주며, 긴장을 완화시킨다.

다. 최근에는 치료적인 목적으로 사용될 정도로 인정받고 있다(예 : 웃음치료).

라. 부정적 영향으로부터 스스로를 보호하기 위해 부정적인 정서 표출의 가능성을 농담이나 익살로써 무마시키도록 하여 비판적이지 않고 해가 덜 되게 하는 기제이다.

마. 불필요한 에너지들이 웃음으로 방출되어, 다시 긍정적인 에너지가 생겨난다.

② **긍정적인 관계 나누기**

가. 건강한 사람들이 현실을 자신에게 유리하게 왜곡시키는 경향을 긍정적 환상(positive illusion)이라고 한다.

나. 긍정적 환상은 자기와 가까운 관계에 있는 사람에게 확장되고, 이후에는 다른 관계에까지 확장된다.

다. 긍정적인 환상은 행복한 교사가 되는 필요 요건이다.

라. 영유아에 대해서 긍정적인 환상을 가지고 있는가? 아이들의 하는 행동이 예쁘고 귀엽고 사랑스러운가? 그렇다면 우리는 행복한 교사가 될 수 있을 것이다.

③ **자기분석과 자기애**

가. 어린 나

최대한 어린 시절을 기억해 보면서 다음의 질문에 대한 답을 생각해본다.

- 어떤 표정을 짓고 있으며, 그 시절을 떠올리면 기분 좋게 미소가 떠오르는가?
- 다소 두려운 마음이나 부정적인 감정이 드는가?
- 두렵거나 부정적인 감정이 든다면 그 부정적인 감정은 언제 없어진 것 같은가?
- 그 부정적인 감정을 없애게 도와준 사람은 누구인가?
- 긍정적인 감정이 떠오른다면 자신에게 "좋았었지?", "좋았었구나"라고 이야기해 주고, 부정적인 감정이 떠오른다면 스스로에게 "애썼어", "수고했어"라고 이야기해 준다.

나. 그래프

- 종이 한 장에 나의 인생 그래프를 그려본다.
- 좋았을 때는 올라가게 그려보고, 어려웠을 때는 내려가게 그려본다.
- 그래프를 통해 어려웠을 때 어떤 계기로 벗어나게 되었는지를 기억하게 되고, 앞으로 유사한 어려움이 생겼을 때 빨리 회복할 수 있는 힘이 되기

도 한다.

다. 나를 사랑하자

- 자기애란 자신에 대한 관심 또는 집중이다.
- 보육현장은 지치기 쉬운 현장이므로 보육교사 자신이 자신을 사랑하는 것이 필요하다.
- '나는 이 세상에 하나밖에 없고 내가 담당하는 아이들은 이 세상에서 하나밖에 없는 나에게 가르침을 받고 있다'는 생각이 필요하다.
  → 자기분석을 하고 자기애를 회복하면서 교사로서의 스트레스를 경감할 수 있다.

4) 직무수행을 위한 업무계획

(1) 보육교사의 직무수행

직무는 사전적으로 직업상의 업무를 의미하고, 임무, 책임, 과업, 기능, 역할 등의 여러 용어로 사용된다(김예진 2015). 직무수행은 교사의 직무를 수행하기 위하여 갖추어야 할 지식, 기능, 가치관과 태도, 실천능력 등을 말하는 것으로, 그 요인은 학습지도 능력, 교사로서의 자질, 학급경영 능력, 업무수행 능력을 직무능력이라고 정의하였다(김영만, 2004).

보육교사의 직무수행이란 어린이집에서 영유아를 보호하는 일뿐만 아니라 하루 일과에 따른 보육활동과 상호작용으로 영유아의 성장과 발달 촉진을 위해 지원하는 것이며, 직무수행 능력은 직무내용을 전문성 있게 수행하는 것을 의미한다(임미정, 2015).

(2) 직무수행 능력

교사가 갖는 전문적인 교육신념, 교육철학, 교육목표는 영유아의 성장에 중요한 영향을 마치며 교육현장에서 교육의 실제를 주도하는 교사들의 능력이나 태도, 동기 또는 행동여하에 따라 교육의 과정이나 결과가 달라진다(염지숙 외, 2008).

보육교사는 단순한 교수자로서의 직무수행보다는 영유아의 전인적 발달을 돕고 성장할 수 있도록 기본적인 욕구를 만족시키고, 발달에 적합한 보육과정을 계획 수행하고, 안전하게 보호, 전문적인 의사결정, 적절한 판단과 행동수행자로서의 역할을 수행해야 한다. 또한 다양한 보육교사의 역할이 강조되면서 올바른 역할수행을 위해서는 무엇보다도 전문성이 확보되어야 한다는 전문성에 대한 논의가 확대되었고 보육교사의 직무에 대한 규정도 세분화되었다(박복매, 2011).

결론적으로 보육교사의 직무수행 능력은 교사가 전문가로서 보육활동을 수행하는데 필요한 능력과 자질을 말하며, 또한 영유아를 보호하는 일뿐만 아니라 하루 일과에 따른 활동과 상호작용으로 영유아의 발달과 성장 촉진을 위해 지원하는 것이라 정의할 수 있다.

(3) 직무수행을 위한 업무계획

직무수행을 위한 업무계획은 영유아가 건강하고 안전하게 성장할 수 있도록 영양, 안전, 건강 등의 심신 보호와 더불어 발달에 기여할 수 있는 교육적 경험을 할 수 있게 해주고, 그로 인해 성장 시기에 맞는 적절한 발달과업 습득과 개개인의 잠재능력을 개발하여 건전한 사회구성원으로 성장할 수 있도록 도와주는 역할을 하는 것이다(조방제, 2003).

보육교사가 수행하는 직무영역을 보육활동 준비, 보육활동 실제, 보육활동 평가, 전문성 신장, 영유아 보호 관련 업무, 부모 관련 업무, 행사 관련 업무, 사무 관련 업무, 시설 · 설비업무, 대인관계 및 사회적인 업무 등으로 분석할 수 있다(강문숙 · 황해익, 2008).

(4) 교사의 직무수행 능력 요소

교사의 직무수행 능력 요소로는 교사로서의 자질, 학습지도 능력, 학습경영 능력, 업무수행 능력으로 보았으며 요소와 내용을 요약 제시하면 〈표 13-1〉과 같다(김영만, 2004).

〈표 13-1〉 교사의 직무수행능력 요소와 내용

구성	직무수행능력 요소	주요 내용
교사로서의 자질	• 투철한 교육관의 확립 • 상냥하고 친절하며 원만한 성격 • 인간으로서의 겸손한 자세 • 신체적 · 정신적 건강	• 영유아에 대한 깊은 관심과 사랑 • 영유아의 인간형성에 대한 책임감 • 교직에 대한 사명감 • 전문적 능력을 갖추기 위한 노력
학습지도능력	• 교육과정에 대한 전반적인 지식 • 충실한 교재 연구 및 준비 • 학습내용의 명확한 전달 및 표현 • 돌발적인 학습상황에 대한 대처능력 • 수업에 대한 열의	• 영유아 수업모형에 대한 지식과 적용능력 • 기자재에 대한 지식과 활용능력 • 특별활동의 지도능력 • 객관적 종합적 영유아 평가 • 영유아의 집단 및 개별 지도 능력
학습경영능력	• 학급경영 계획수립 능력 • 창의적이고 특색적인 학급활동 • 개개인의 상황을 파악 • 영유아 부모와의 상담 • 학급사무를(각종 장부) 처리하는 능력	• 안정적인 학급환경 구성 능력 • 기본생활습관 정착을 위한 지도 • 영유아의 개별적 능력 인정 태도 • 생활지도 및 인성지도 능력
업무수행능력	• 담당 업무에 대한 기획 능력 • 창의적인 업무수행 능력 • 업무정보를 수집, 분석, 처리 • 업무수행 시 관리자의 의견 수용 • 보육교직원 직무관계 연락, 조정, 지도	• 장기적인 안목으로 업무 계획 및 수행 • 공과 사의 구분 • 업무수행에서 동료 교사들과의 협조 • 직원회의, 각종 위원회 활동에 참여 • 행사에 적극 참여하는 태도

출처 : 김영만(2004). 교사발달단계와 교사의 직무능력 및 직무만족간의 관계 연구. p. 38.

5) 직무수행을 위한 스트레스 관리

직무스트레스란 직무수행과 관련한 모든 스트레스를 말한다(장윤화, 2012). 직무수행 스트레스는 교사의 발전을 꾀한다는 긍정적인 면도 있지만 장기간 계속되면 교사의 책무성, 효율성, 근무의욕과 시기를 저하시키고 교사의 정신적 · 신체적 건강을 손상시킨다(유희정 · 이미화, 2004). 이러한 결과는 교사가 효율적으로 보육프로그램이나 보육실을 운영하는데 장애가 될 뿐만 아니라 영유아발달에도 부정적인 영향을 미치는 요인으로 작용한다. 따라서 교사 직무스트레스를 적절하게 관리하여 건강한 몸과 건전한 마음의 상태를 유지할 수 있어야 한다(조미영 외, 2016).

(1) 직무수행 스트레스

직무수행 스트레스는 개인의 특성, 업무상이나 환경의 특성 등이 상호 의존적으로 작용하여 나타난 결과로 개인 내적 특성과 환경적 특성으로 나누어 살펴볼 수 있다(조미영 외, 2016).

① 개인 내적 특성 : 성격, 경험, 능력, 욕구 및 가치, 교사로서의 사명감 등이 있다.

② 환경적 특성 : 어린이집의 조직 문화와 구조, 부모, 영유아, 동료교사와의 관계, 승진, 근무여건, 집단 내의 갈등 등이 있다. 예를 들어, 교사 경험이 적은 교사와 미혼교사들은 학부모와 관련하여 직무스트레스를 많이 경험하는 것으로 나타났다(김수현, 2013). 또한 보육교사의 보수가 적거나 근무시간이 길수록, 동료교사가 많은 어린이집일수록, 보육교사를 전문직으로 인식하는 사회적 편견을 지속적으로 경험하거나, 하루 종일 영유아들과 함께 생활하는 가운데 경험하는 소진도 보육교사의 직무스트레스를 가중시킨다고 볼 수 있다(이윤영 외, 2013). 이를 구체적으로 살펴보면 다음과 같다(Kyricon & Sutcliffe, 1980: 이은상 외, 2013 재인용).

(2) 직무스트레스를 가중시키는 원인

① 기관의 폐쇄성이다.
교사의 자율성이 제한되고 하향식 전달 및 일방적 통보, 운영, 회의 등이 포함될 수 있다.

② 권위의 상실이다.
보육과정을 계획하고 실행하는 의사결정 과정에서 상급자 혹은 부모 등의 지나친 간섭과 다양한 평가활동, 부당한 지시 등은 교사로서의 권위를 상실시켜 직무스트레스를 가중시킨다.

③ 낮은 사회적 대우이다.
보육교사들은 사회 · 경제적으로 낮게 평가되고, 전문성에 대한 인식이 높지 않은 것이 사실이다.

④ 보육시간과 근무시간의 과다이다.

보육교사는 맞벌이 부모의 직장 근무시간으로 인해 근무시간이 평균 8시간을 초과하는 것이 일상이며, 행사준비나 특정 행정업무 처리로 인해 초과 근무가 불가피하여 이로 인한 직무스트레스가 가중된다.

⑤ 과다한 업무와 보조 인력의 부족이다.

보육교사는 자신의 보육실을 비롯하여 청소, 문서관리, 홈페이지 관리, 교재 · 교구 계발 등 매우 복합적이고 다양한 업무를 수행해야 한다. 이를 지원하고 조력해 줄 보조 인력이 부족하여 이 모든 일을 감당하면서 직무스트레스를 경험한다.

⑥ 적정한 수당 지급의 문제이다.

어린이집에서 교재 · 교구 계발이나 부모상담 등으로 늦어지는 경우 그에 적절한 수당이 지급되지 않을 때 자신의 업무가 정당한 일로 수용되지 않음에 직무스트레스를 받는다.

⑦ 대인관계의 어려움이다.

보육교사는 부모, 원장, 동료교사 등의 성격 및 성향에 의해 관계가 원만하지 않아서 불화 및 갈등을 느낄 수 있다. 원만하고 협력적인 분위기가 형성되지 않을 경우 스트레스가 되어 교직생활에 부정적인 영향을 미친다.

(3) 직무수행에 대한 스트레스 대처

직무스트레스는 개인이 지각하는 정도에 따라 스트레스 강도가 다른 것과 마찬가지로, 직무스트레스를 관리하고 그에 적절하게 대처하는 방안 또한 개인에 따라 다르게 나타난다.

라자러스와 포크만(Lazarus& Folkman, 1980)은 직무수행 스트레스의 내적 · 외적 요구에 의해서 발생되는 스트레스의 영향을 극복, 감소 또는 관용하려는 인지적이고 행동적인 노력이라고 정의하였다(이장환, 2014 재인용). 즉, 인간의 적응 노력 과정을 가장 잘 반영하는 것이 바로 스트레스 대처방식인 것이다.

앞에서 설명한 민성혜 외(2015)에서는 보육교사의 스트레스 대처 유형을 사회적 지지형, 문제해결형, 회피형으로 분류하여 설명하였다. 또한 보육교사의 직무수행 시에 발생하는 스트레스 관리를 김정희(1987)가 포크만과 라자러스(Folkman & Lazarus, 1980)의 대처방식을 네 가지 하위요인으로 구분하여 설명하였는데 그 내용은 다음과 같다(이장환, 2014 재구성).

① 사회적 지지추구 대처방식(사회적 지지형)

스트레스 상황에 직면했을 때 친구나 신뢰할 수 있는 주변인으로부터 지지나 조언 등의 도움을 구하는 것으로 그 일에 대해 좀 더 알아보려고 누군가와 이야기한다.

② 문제 중심적 대처방식(문제해결형)

스트레스 상황에 직면했을 때 이를 수용하고 능동적으로 문제를 변화시켜 영향을 주기 위한 노력을 말한다. 즉, 당면한 문제를 회피하지 않고 적극적으로 해결하려는 대처방식이다.

③ 소망적 사고 대처방식(회피형)

스트레스에서 벗어나거나 상황이 종결된 상태를 공상이나 상상하는 것으로 그 일이 지금보다 더 나쁠 수도 있었음을 스스로에게 일깨운다. 현실에서 회피하고 이러한 상상을 통해 정서를 조절하여 대처하는 것을 말한다.

④ 정서중심 대처방식(노력형)

스트레스 상황에서 비롯된 감정상태를 통제하기 위한 일련의 노력을 말하며, 그 일을 잊기 위해서 다른 일을 하거나 다른 활동을 한다.

이처럼 보육교사의 직무수행 시에 발생하는 스트레스 대처방식을 비교하여 보면 학자들에 따라 다를 수가 있으나 정서중심 대처방식을 제외하고 거의 유사한 점을 찾아볼 수 있다.

교사의 직무수행 스트레스 감소에 영향을 줄 수 있는 요인을 찾아보면 [그림 13-1]과 같다.

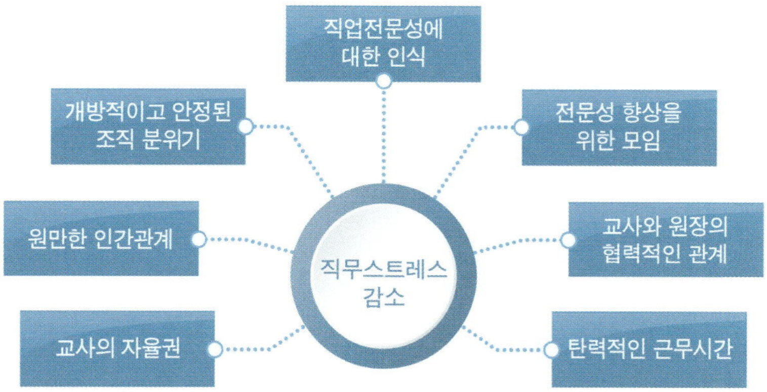

[그림 13-1] 보육교사의 직무스트레스 감소에 영향을 주는 요인
출처 : 문혁준 외(2014)에서 조미영 외(2016). 보육교사론. p. 276. 재인용.

2. 보육교사의 자기계발

자기계발의 사전적 의미는 자기 자신에 대한 새로운 무엇을 만들어냄을 의미하고, 욕구는 무슨 일을 하고자 하거나 무엇을 얻고자 바라는 일을 말한다(한현주, 2017). 교사의 자기계발은 교사의 전문적 기능에 발달 측면뿐만 아니라 개인으로서 교사의 변화까지 포함하는 것을 의미하며, 교사의 개인적인 요구와 조직에서 요구되는 전체적인 요구 모두에 관심을 두어야 한다(김성희, 2003).

1) 보육교사의 자기계발 의미

보육교사직이 전문직으로 인정받기 위해서는 직무수행에 필요한 기술적 향상 및 전문적 지식을 위한 활동을 지속적으로 해 나갈 수 있도록 보육교사는 항상 자기계발을 해야 한다.

보육교사의 자기계발은 교사가 당연히 해야 할 책무이며 교사가 수행해야 할 학습은 단순하고 일시적인 것이 아니라 시대의 변화나 사회적 요구에 맞춰 적응하고 꾸준히 노력하는 과정이라고 할 수 있다(박병열, 2013).

이처럼 보육교사의 자기계발이란 열린 마음의 자세를 가지고 자신의 능력, 동기, 잠재력 등을 좀 더 높이 평가하며, 개인으로서의 자신이나 사회와 대인관계 차원으로서의 자신, 교사라는 직업과 관련된 자신에 대해 현재보다 더 나은 자기로의 변화를 이끌어내는 것이라 할 수 있다(한현주, 2017).

2) 교사의 자기계발영역

교사의 자기계발영역은 교사의 개인적 발달영역, 교사의 전문적 발달영역, 기관의 조직적 발달영역으로 분류 제시하였다(이윤식, 2002).

(1) 교사의 개인적 발달영역(Personal development)

교사의 개인적 발달영역은 교사 개인에 초점을 두는 것으로 교사들이 사회적, 심리적, 개인적, 신체적, 가정적 영역에서 성장과 만족, 안정을 도모하는 것과 관련된 영역이다. 교사의 개인적 발달영역에서는 신체적, 교사의 성격 및 취향, 정서적 건강, 가정생활, 종교활동, 사회생활, 취미활동 등의 내용을 다룬다.

(2) 교사의 전문적 발달영역(Professional development)

교사의 전문적 발달영역은 교육과정 운영에 초점을 두는 것으로 교사들이 교과 지도, 특별활동 지도, 생활 지도를 포함하는 교육활동의 전반에 있어서 안정과 숙달, 성장을 도모하는 데 관련 된 것이다. 내용으로는 교육철학 및 교직관, 교육목표 및 교육계획 수립, 교육과정 및 교과 지도, 생활 지도, 특별활동 지도, 교육기자재 및 자료 활용, 학급경영, 컴퓨터 활용, 정보시사, 부모 및 지역사회 관계 교육, 교육연구 등을 다룬다.

(3) 교사의 조직적 발달영역(organizational development)

교사의 조직적 발달영역은 그 초점이 조직의 전체적인 개선에 있어 대체로 조직 풍토 및 조직환경을 긍정적인 방향으로 변화시켜 조직기관 내의 교사들의 삶의 질을 높이고, 조직의 목표를 효율적으로 달성하는 것에 관련된 내용을 의미한다. 내용은 교직원 인사관리, 의사소통 및 의사결정, 학급경영 및 평가, 보육교직원 간의 인간관계, 기관의 제 규정, 대외적인 관계, 시설관리 등을 다룬다.

3) 보육교사의 현직교육

보육교직원의 현직교육이란 일정한 자격을 갖고 보육현장에 임용된 교사에게 해당 직무에 대한 적응능력을 길러주기 위해 의무적으로 부가되는 제반 교육훈련 활동을 의미한다(성미영, 2016). 현직교육의 유형은 정부주도의 현직교육과 관련 협회나 학회 등이 있고, 기관 중심의 현직교육, 어린이집 중심의 현직교육 또는 개인이 주도하는 현직교육 등이 있다.

(1) 현직교육의 개념

현직교육이란 일정한 자격을 갖고 임용된 교사에게 해당 직무에 대한 적응능력을 길러주기 위해 의무적으로 부가되는 교육 훈련과 재직 중 교사의 전문적 능력을 배양하고 일반적 자질을 향상시키기 위해 자발적 또는 의무적으로 행하는 제반 교육 훈련 활동을 말한다(김종철 외, 1994). 다음의 보육교직원 현직교육에 대한 내용은 성미영 외(2016)에서 발췌하여 정리한 것이다.

넓은 의미에서 교사의 현직교육과 보육교직원의 현직교육은 차이가 없으나 앞에서 설명했듯이 행정 담당부처가 주도하는 현직교육의 제도에 있어 유치원 교사와 보육교사의 차이를 보인다. 유치원 교사의 현직 교육제도는 「유아교육법」에 근거하여 교원연수에 관한 내용과 관련이 있고, 보육교직원의 현직 교육제도는 「영유아보육법」에 근거한 보수교육과 관련이 있다. 즉, 보육교직원의 현직교육은 보육교사직을 수행하는 중에 이루어지는 모든 교육이나 훈련을 의미한다. 보육교직원의 현직교육은 교육행정기관이 정책적으로 시행하는 각종 연수와 교사 개인이 자발적으로 시행하는 자기연수까지 포함한다.

보육교직의 자질은 보육의 질을 가름할 수 있는 핵심요소로 보육전문가에게 전문성 함량을 위한 자기계발과 현직교육이 필수적이다. 그러므로 보육교사가 되기 위해 직전교육을 받았으므로 직전교육과 현직교육의 차이점이 무엇인지 비교해 보고자 한다.

〈표 13-2〉 직전교육과 현직교육의 차이점

구분	내용
직전교육	• 교사가 되기 위해 필요한 기초적인 내용을 체계적으로 교육받는 것 • 대학이나 보육교사 양성교육기관을 통해 교사자격증을 취득하기 위한 교사 양성과정이 이에 해당된다.
현직교육	• 현직교사들이 계속적인 성장과 발전을 할 수 있도록 도와주는 것 • 현직교육은 교육행정기관이 정책적으로 시행하는 각종 자격 연수와 승급교육, 직무교육, 교내연수와 교사들이 자발적으로 행한 각종 자기연수를 포함한다.

교사의 전문적 자질은 이론만으로 갖춰질 수 있는 것도 아니며, 짧은 기간의 보육실습을 통해서 개발되는 것이 아니라, 보육현장에서 영유아를 대상으로 교사직을 수행하면서 발생하는 모든 보육업무를 처리하는 과정에서 얻게 되는 실천적 지식이 누적되어 지속적으로 획득하게 되는 진행적인 요소라고 할 수 있다.

요약하며, 현직교육은 보육교직원이 계속적인 성장과 발전을 할 수 있도록 도움을 주는 것으로 보건복지부장관이 시행하는 승급교육, 직무교육, 보수교육, 교내연수, 교사들이 자발적으로 행하는 각종 자기연수를 포함하는 개념이다.

(2) 현직교육의 필요성

직전교육은 교사가 되기 위한 필요조건이나 훌륭한 교사가 되기 위한 충분한 조건은 아니다. 훌륭한 교사가 되기에 충분한 교육기간의 끝이 없는 진행형이다. 즉, 교사는 교사를 그만두는 날까지 끊임없이 인성적인 자질과 전문적인 자질을 갖추기 위해 노력해야 한다(성미영 외, 2016). 현직교육의 필요성은 다음과 같다(이은화 외, 2006).

① 응용학과에 속하는 보육분야의 학문적 특성으로 인해 지속적인 교육이 요구된다. 보육교사는 보육현장에서 자율적인 의사결정을 내릴 수 있는 능력을 갖추어야 하는데 이러한 능력은 현직교육을 통해 이론적인 지식이나 기술, 태도를 자신의 경험에 비추어 이해하고, 현장에 적용하며 결과에 대한 반성적인 사고를 통해 교사 스스로의 신념과 실천적 지식을 형성할 때 가능하다.

② 미래 주인공이 된다는 영유아를 가르친다는 점에서 책임감이 막중하다. 급변하는 현대사회에 따른 가치관과 사회적 환경, 가정환경 등이 다양하게 변하기 때문에 영유아가 성인의 변화에 적응하는 능력을 갖게 하려면 교사는 다른 사람보다 앞서서 첨단의 지식을 끊임없이 배워 영유아들에게 정확하게 전달해야만 한다.

③ 교사의 교직에 대한 자긍심이나 소명감을 갖는다. 자격취득 교육의 보완으로 보육교사가 자격을 취득한 후 보육현장에서 보육업무를 수행하기 위해 현직교육이 필요하다. 또한 사회 · 문화적 변화나 다양한 보육정책의 변화에 따라 새로이 요구되는 지식과 기술, 태도의 습득을 위해 필요하다. 보육교사는 스스로가 능력을 갖추고 자신감 있게 직무를 수행할 때 가능하다.

④ 사회에서의 교사에 대한 시각이나 처우개선에 기여한다. 이처럼 보육교사의 현직교육은 전문성 신장을 위해서도 필요하며(김애리, 2004), 특히 국가에서 주도하는 현직교육인 보수교육은 시대의 변화에 따라 인성교육, 성폭력 예방교육 등을 포함하고 있어 보수교육의 중요성은 지속적으로 강조되고 있다.

(3) 현직교육의 법적 및 제도적 근거

보육에 대한 현직교육의 법적 근거는 「영유아보육법」에 제시되어 있다. 우리나라는 법에 근거하여 현직교육을 실시하고 있는데 보육교직원의 자질 향상을 위해 보수교육을 실시하고 있다. 정부는 보육서비스의 질적 수준 향상을 위해 2004년 「영유아보육법」 전면 개정을 통해 보수교육에 대한 규정을 일부 개정하여 보육교사 및 원장이 보수교육을 의무적으로 이수하도록 하였다. 최근 「영유아보육법」의 보수교육 규정에 대한 개정은 〈표 13-3〉과 같다.

〈표 13-3〉 「영유아보육법」의 보수교육 규정(일부개정 2022. 6. 10.)

제23조의2(보육교사의 보수교육)

① 보건복지부장관은 보육교사의 자질 향상을 위한 보수교육(보수교육)을 실시하여야 한다. 이 경우 보수교육은 집합교육을 원칙으로 한다. 〈개정 2015.5.18.〉

② 제1항에 따른 보수교육은 직무교육과 승급교육으로 구분한다.

③ 제1항에 따른 보수교육에는 다음 각 호의 사항에 관한 내용을 포함하여야 한다. 〈신설 2015.5.18., 2015.12.29.〉

1. 성폭력 및 아동학대 예방
2. 실종 · 유괴의 예방과 방지
3. 감염병 및 약물의 오남용 예방 등 보건위생 관리
4. 재난대비 안전
5. 교통안전
6. 보육교사의 인성함양(영유아의 인권보호 교육을 포함한다)
7. 그 밖에 보건복지부령으로 정하는 사항

④ 그 밖에 보수교육의 기간 · 방법 등에 필요한 사항은 보건복지부령으로 정한다. 〈개정 2015.5.18.〉

[본조신설 2011.12.31.]

제23조의3(교육명령)

① 보건복지부장관은 「아동복지법」 제3조 제7호의2에 따른 아동학대관련범죄를 저지른 사람이 제16조 제5호부터 제8호까지의 결격사유 및 제20조 제1호의 결격사유(제16조 제5호부터 제8호까지의 결격사유에 해당하는 경우에 한정한다)에 해당하지 아니하게 되어 어린이집을 설치 · 운영하거나 어린이집에 근무하려는 경우에는 그 사람에 대하여 사전에 아동학대 방지를 위한 교육을 받도록 명하여야 한다. 이 경우 교육 실시에 드는 비용은 교육을 받는 사람이 부담한다. 〈개정 2015.5.18.〉

② 제1항에 따른 교육명령의 조치와 관련한 절차, 교육기관, 교육 방법 · 내용 등에 필요한 사항은 보건복지부령으로 정한다.

[본조신설 2013.8.13.]

출처 : 한국보육진흥원(2022). 「영유아보육법」(일부개정 2022. 6. 10). pp. 8-9.

(4) 보육교사의 보수교육

① 보수교육의 정의

보육교직원의 자질 향상을 위해 실시하는 교육으로서, 보육에 필요한 지식과 능력을 유지 · 개발하기 위하여 보육교직원이 정기적으로 받는 직무교육과 보육교사가 상위 등급의 자격(3급 → 2급, 2급 → 1급)을 취득하기 위해 받아야 하는 승급교육 및 어린이집 원장의 자격을 갖추기 위하여 받아야 하는 사전직무교육을 말하며 근거 법은 「영유아보육법」 제23조, 제23조의2, 시행규칙 제11조의2 [시행일 : 2014.3.1.]에 의거한다. 다음에 제시하는 보수교육에 대한 내용들은 한국보육진흥원(2022), 2022년 보육사업안내에서 발췌하여 정리하였다.

② 보수교육의 구분

가. 보수교육의 종류

〈표 13-4〉 보육교사 등의 보수교육

직무교육					승급교육	
일반직무교육		특별직무교육			2급 보육교사 승급교육	1급 보육교사 승급교육
기본교육/심화교육	장기 미종사자 교육	영아보육 직무교육	장애아 직무교육	방과후보육 직무교육		

출처 : 보건복지부(2022a). 2022년도 보육사업안내. p. 236.

* 원장 및 보육교사 일반직무교육에서 기본 및 심화교육과정은 보육업무경력 등을 감안하여 교육대상자가 선택하여 이수할 수 있음.

③ 보수교육의 대상 및 시기

가. 일반직무교육

- 보육교사 직무교육 : 현직 보육교사는 보육업무경력이 만 2년이 경과한 해 또는 보육교사 직무교육(승급교육 포함)을 받은 해부터 만 2년이 경과한 해에 보육교사 직무교육을 받아야 한다.
- 원장 직무교육 : 현직 어린이집 원장은 어린이집 원장의 직무를 담당한

때부터 만 2년이 경과한 해 또는 어린이집 원장 직무교육(원장 사전직무교육 포함)을 받은 해부터 2년이 경과한 해에 어린이집 원장 직무교육을 받아야 한다.

- 어린이집 원장 및 보육교사가 일반직무교육을 받아야 하는 연도에 일반직무교육을 받지 못한 경우에는 다음연도 12월 31일까지 받아야 한다.
- 장기 미종사자 직무교육 : 어린이집 원장의 자격 또는 보육교사 자격을 가진 사람으로서 만 2년 이상 보육업무를 수행하지 아니하다가 다시 보육업무를 수행하려는 사람.
  - 장기 미종사자 교육 대상자는 반드시 다시 보육업무를 수행하기 이전(채용 이전)까지 교육을 받아야 함
  - 다만, 장기 미종사자가 다시 보육업무를 수행하기 이전 만 2년 이내의 기간 동안, 집합 보수교육을 이수한 사람은 장기 미종사자 교육을 이수한 것으로 봄

나. 특별직무교육

- 영아 · 장애아 · 방과후 보육을 담당하고 있는 일반직무교육 대상자
- 영아 · 장애아 · 방과후 보육을 담당하고자 하는 보육교사 및 어린이집 원장
- 영아 · 장애아 · 방과후 담당 보육교사로 근무하고자 하는 자는 사전에 특별직무교육을 받아야 하는 것이 원칙이나, 불가피하게 받지 못한 경우에는 채용 후 6개월 이내에 받아야 함
- 특별직무교육을 받은 사람은 일반직무교육을 이수한 것으로 봄

다. 승급교육

- 2급 보육교사 승급교육 : 3급 보육교사 자격 취득 후 보육업무 경력이 만 1년이 지난 사람
- 1급 보육교사 승급교육 : 2급 보육교사 자격 취득 후 보육업무 경력이 만 2년 이상이 경과한 사람
  - 다만, 보육교사 2급 자격을 취득한 후 보육 관련 대학원에서 석사 학위

이상을 취득한 자는 보육업무 경력이 만 6개월 이상 경과한 경우 1급 승급교육을 받을 수 있음

※ 승급을 위한 보육교사 경력은 자격증 상의 자격인정일 이후 어린이집 임면일을 기준으로 산정

- 승급교육을 받은 사람은 일반직무교육을 이수한 것으로 봄

〈표 13-5〉 교육 구분별 보수교육 대상

<table>
<tr><th colspan="3">교육 구분</th><th>교 육 대 상</th><th>교육 시간</th><th>비고</th></tr>
<tr><td rowspan="7">직무 교육</td><td rowspan="3">일반 직무 교육</td><td>보육 교사</td><td>현직에 종사하고 있는 보육교사로서 보육업무 경력이 만 2년을 경과한 자와 보육교사 직무교육(승급교육 포함)을 받은 해부터 만 2년이 경과한 자</td><td>40시간</td><td>매 3년마다</td></tr>
<tr><td>원장</td><td>어린이집 원장의 직무를 담당한 때부터 만 2년이 지난 경우</td><td>40시간</td><td>매 3년마다</td></tr>
<tr><td>장기 미종사자</td><td>만 2년 이상 보육업무를 수행하지 아니하다가 다시 보육업무를 수행하고자 하는 보육교사 또는 원장 자격 취득자</td><td>40시간</td><td>이수하고자 하는 자</td></tr>
<tr><td rowspan="3">특별 직무 교육</td><td>영아 보육</td><td>영아 보육을 담당하고 있는 일반직무교육 대상자와 영아보육을 담당하고자 하는 보육교사 및 어린이집 원장</td><td>40시간</td><td>이수하고자 하는 자</td></tr>
<tr><td>장애아 보육</td><td>장애아 보육을 담당하고 있는 일반직무교육 대상자와 장애아보육을 담당하고자 하는 보육교사 및 어린이집 원장</td><td>40시간</td><td>이수하고자 하는 자</td></tr>
<tr><td>방과후 보육</td><td>방과후 보육을 담당하고 있는 일반직무교육 대상자와 방과후 보육을 담당하고자 하는 보육교사 및 어린이집 원장</td><td>40시간</td><td>이수하고자 하는 자</td></tr>
<tr><td rowspan="2">승급 교육</td><td colspan="2">2급 승격교육</td><td>보육교사 3급의 자격을 취득한 후 보육업무 경력이 만 1년이 경과한 자</td><td>80시간</td><td>이수하고자 하는 자</td></tr>
<tr><td colspan="2">1급 승급교육</td><td>보육교사 2급의 자격을 취득한 후 보육업무 경력이 만 2년이 경과한 자 및 보육교사 2급의 자격을 취득한 후 보육 관련 대학원에서 석사 학위를 취득한 경우 보육업무 경력이 만 6개월이 경과한 자</td><td>80시간</td><td>이수하고자 하는 자</td></tr>
<tr><td>원장 사전 직무 교육</td><td colspan="2">-</td><td>「영유아보육법」 시행령 [별표1] 제1호의 가목부터 라목(일반, 가정, 영아 전담, 장애아 전담 어린이집 원장)까지 어느 하나의 자격을 취득하고자 하는 자</td><td>80시간</td><td>이수하고자 하는 자</td></tr>
</table>

※ 어린이집에서 특수교사나 치료사로 근무하는 자도 일반 · 특별직무교육 대상으로서 보수교육을 이수해야 한다(일반직무교육이나 특별직무교육 중 선택적으로 이수할 수 있음).
※ 보수교육을 연속하여 3회 이상 받지 아니하는 경우 어린이집 원장 또는 보육교사 자격이 정지될 수 있으므로 보수교육 대상자는 필히 보수교육을 이수해야 함
※ 2018년에 직무교육을 이수한 어린이집 원장 및 보육교사의 경우 만 2년이 경과한 2020년에 의무교육을 이수해야 하며 그해에 교육을 받지 못한 경우, 다음 해인 2021년 12월까지 받아야 함. 2021년에도 받지 않았다면 1회 위반, 2022년에도 받지 않았다면 2회 위반, 2023년도에도 받지 않았다면 3회 위반에 해당함

출처 : 보건복지부(2022a). 2022년도 보육사업안내. p. 218.

(5) 보수교육의 개선 방향

보육교직원의 보수교육은 상위자격을 위한 승급교육뿐만 아니라 직무교육도 비교적 체계적으로 이루어지고 있는 편이다. 또한 보육교사 자격을 취득하는 것은 그리 어렵지 않아 보육교사 2급 국가자격증의 소유자는 늘어나고 있는 실정이다. 따라서 현직교육으로서 보수교육의 필요성과 그 중요성은 더욱 강조되고 있다. 현행 보수교육의 문제점에 따른 개선 방향은 다음과 같다(이순형 외, 2013).

① 보수교육 이수방법을 다양화해야 한다.

현행 3년마다 1주일 40시간 또는 2주일 80시간 동안 연속적으로 보수교육을 이수하도록 하고 있는데, 현실적으로 대체인력이 부족하고 애착이 중요한 영유아기에 교사가 장기간 부재하는 것은 어려운 상황이 될 수 있다.

② 보수교육 교육내용이 보육교직원의 요구에 따라 특성화되어야 한다.

여러 연구들에서 현행 보수교육의 교육과정이 원장이나 교사의 경력, 직위, 요구 등을 충분히 고려하지 못하고 있음을 문제로 지적하고 있다. 육아종합지원센터, 보육관련 학회 등에서 실시되는 교육 중에서도 정부의 인정을 받은 교육프로그램에 대해서는 보수교육으로 인정하는 등 보수교육 대상자의 특성에 따라 필요한 교육을 선택할 수 있도록 교육내용을 확대할 필요가 있다.

③ 보수교육 행정관리를 위한 전산시스템이 마련되어야 한다.

이미 보수교육을 받았음에도 불구하고 다른 시 · 도로 이직했을 경우 또 다시 보

수교육을 받도록 하는 등의 사례가 발생하기도 한다. 앞으로 보육통합정보센터에 보수교육전산시스템을 도입하여 경력과 마찬가지로 보수교육의 이력 관리가 이루어져야 한다.

4) 원내 장학 및 멘토링

어린이집에서 외부의 지시나 통제에 의존하지 않고 스스로 결정한 규율에 따라 자발적이면서 주도적으로 원내 장학이 이루어지려면 기본적인 교육여건이 마련되어야 한다. 원내 장학은 보육교사들이 자기가 맡은 직무를 더 잘 수행하려는 의도와 능력이 있어야 하며, 현실적 조건에 단지 적응하기보다는 환경과 조건들에 대해 자신의 힘으로 통제하고 새롭게 만들어 나가기를 원해야 한다(김정환, 1996).

(1) 어린이집 원내교육과 장학

장학은 교육활동의 개선을 위하여 주로 교사를 대상으로 이루어지는 제반 지도 · 조언 활동이지만 어린이집 내의 교육은 아직도 보육교사의 완전한 자율적 의사로 계획되거나 실행되고 있지 않음에 대해서 연구의 관심을 가질 필요가 있다. 대체로 자율장학의 기본 형태를 수업장학, 동료장학, 자기장학, 약식장학, 자체 연수 등 5가지로 선정하고, 그 내용을 윤매자(2010)의 연구에서 발췌하여 정리하였다.

① 수업장학

수업내용을 개선하고 교사가 한층 더 좋은 교수-학습 자료를 구성해보고 수업시간에 적용해서 교사가 실행할 수 있도록 도와주는 것을 말한다.

가. 교수-학습의 질적 제고를 향상시키므로써, 민주적인 방식과 객관적이며 합리적인 절차 및 적절한 방법을 도입하여 교사의 교수-학습의 질적 향상에 기여한다.

나. 교사의 전문적인 성장을 위해 체계적이고 계획적인 장학 프로그램을 만들어

서, 원장 및 동료교사가 초임교사에게 교수-학습방법과 교육환경을 개선할 수 있도록 길잡이 역할을 한다.

다. 교사의 전문성을 신장하고 교수-학습을 개선할 수 있어, 좀 더 나은 교육환경에서 영유아들이 보육과 교육을 받을 수 있다.

② 동료장학

수업개선을 위해서 둘 이상 교사가 서로 협력하여, 전문적인 지식과 교수-학습 경험을 같이 나눔으로써 교수능력을 향상시키기 위한 것이다.

가. 수업개선을 위해 교사가 공동적으로 노력해야 하며 기관의 인적 자원을 최대한 활용할 수 있다.

나. 교사에게는 수업개선을 위한 교수-학습 전략을 세워서 실천하며 수업내용에 대해서 책임감을 부여함으로써, 교사가 수업개선에 대해 안정감과 성취감을 느낄 수 있게 된다.

다. 수업개선이 이루어지기 위해서는 적극적인 동료교사의 교류가 필요하며 동료관계를 증진시키고 돈독해지는 결과를 얻을 수 있다.

③ 자기장학

외부의 통제나 지도에 의해서 장학을 하는 것이 아니라, 교사 스스로 전문적인 발전을 위해 계획하고 실천하며 수업방식에 대해 반성적인 사고를 함으로써, 교수-학습을 발전시켜 나갈 수 있게 한다.

가. 자기장학은 교사 스스로 교육활동에 대해 개선할 문제를 인식하고, 교수-학습에 대해서 깊이 있는 새로운 교수-학습방식을 적용해서 진행할 수 있다.

나. 자기반성을 통해서 교육활동이나 교수-학습에 대한 문제점이 있는지 점검해 보는 시간을 갖거나 또는 대학원에 진학하여 문헌연구를 하거나 장학에 대한 전문적인 상담과 면담을 해봄으로써 전문적인 시야를 넓힐 수 있다.

④ 약식 장학

원장이나 주임교사가 간헐적으로 짧은 시간 내에 학급 순시나 수업참관을 통하여, 교사가 진행하고 있는 수업활동이나 학급경영 활동을 관찰하고 이에 대해서 교사에게 지도 및 조언을 제공하는 것이다.

⑤ 자체 연수

교육활동의 개선을 위하여 보육교직원이 무엇을 필요로 하는지, 어떤 요구가 있는지 점검해보고 교내, 교외의 인적 자원을 활용하여 영유아교육기관에서 자체적으로 실시하는 연수활동이다.

가. 교사의 전문성 발달과 개인적인 발달, 기관의 조직적인 발달을 지향하며, 원장 및 주임교사, 교사, 보육교직원을 포함하여, 교내, 교외의 교사 또는 외부 전문가나 장학요원이 연수 담당자가 되어 연수를 진행한다.

나. 교사의 부담을 덜어주고 동료교사와 자유로운 교수-학습 활동에 대해서 교류할 수 있어, 대화의 창을 열어 줄 수 있는 계기가 되고, 다양한 교수-학습과 수업자료 활용도에 대한 정보를 얻을 수 있다.

이러한 원내 자율장학의 세 가지 영역 간의 관계는 상호보완적인 동시에 상호 규제적이라 볼 수 있으며, 각 영역에서의 발전은 다른 영역에서의 발전에 영향을 미칠 뿐만 아니라 동시에 다른 영역에서의 발전에 의하여 영향을 받는다(우영혜, 2006). 그림으로 나타내면 다음과 같다.

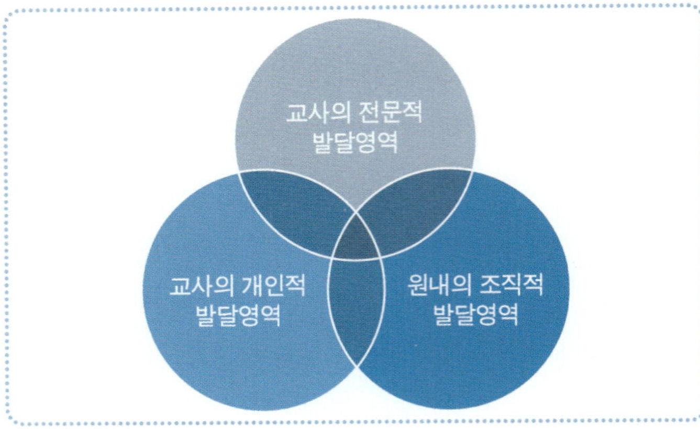

[그림 13-2] 원내 자율장학의 3영역 간의 관계

출처 : 윤매자(2010). 영유아권리존중 보육에 관한 자율장학의 효과와 의미. p. 41.

(2) 어린이집 자율장학

원내 자율장학의 개념에서 단위(기관, 학교) 수준에서의 자율적인 장학의 의미를 직접적으로 표현한 '자율장학'이라는 용어를 상용하게 되었다(한국교육개발원, 1989). 자율장학에 대한 개념도 학자에 따라 약간의 차이가 있지만 본질적인 자율장학의 개념은 거의 비슷하다. 하리스(Harris, 1985)는 자율장학을 영유아들의 학습을 촉진하기 위해 교수-학습과정을 재설계하는 방법으로, 인적 · 물적 자원을 유지 · 변화시키는 활동이라 하였으며, 조직의 목표달성을 위해 교사의 행동에 직접적인 영향을 주는 조직에 의해 공식적으로 계획된 활동으로 정의하였다.

① 자율장학의 개념

가. 자율적인 장학의 의미를 직접적으로 표현한 '자율장학'이라는 용어를 상용하게 되었다.

나. 어떤 개인이나 조직이 외부의 통제나 지시에 의하지 않고 스스로 결정한 규율과 통제에 따라 자발적이고 주도적으로 교사의 수업 기술 향상과 계속적인 전문적 성장을 추구하는 교육이다.

다. 자율장학이 외부의 지시나 통제에 의존하지 않고 스스로 결정한 규율에 따라 자발적이면서 주도적으로 이루어지려면 기본적인 여건이 마련되어야 한다.

② 자율장학의 과정

자율장학의 기본과정은 여건조성, 계획, 실행, 평가의 4단계로 이루어지고 있다.

③ 자율장학의 방법

교사의 특성과 여러 상황을 고려하여 자율장학의 방법을 선택할 수 있다. 방법에는 장학 협의하기, 반성적 저널쓰기, 교사 이야기 쓰기, 현장 및 영유아 관찰하기, 연수 참여하기, 전문서적 읽기, 현장 연구, 멘토링 등이 있다.

가. 장학 협의하기

교육교사의 말을 적극적이고도 주의 깊게 들으며, 비평가적인 침묵의 반응으로써 편안함을 주고, 교사가 자신의 행동에 대해 생각하고 분석하도록 상황에 따른 질문을 한다.

나. 반성적 저널 쓰기

자신이 무엇을 알고 있는지, 자신이 무엇을 느끼는지, 자신이 무엇을 하고 있는지, 자신이 왜 해야 하는지를 고려함으로써 교사는 자신의 반성적 사고를 기르는데 도움이 된다.

다. 교사의 이야기 쓰기

교사가 역할을 수행하고 교사가 되는데 영향을 준 개인의 발달과 개인의 이전 경험을 조명할 수 있게 해 주는 역할을 한다.

라. 현장 및 영유아 관찰하기

영유아를 관찰하고 이에 대해 피드백을 하고 분석하는 일련의 반성적 과정은 교사의 전문적 발달에 중요하다. 이는 교사가 교수 경험을 함으로서 가르치는 것을 배우는 것처럼, 계획적이고 조직적인 방법으로 행동을 분석하고 반성해 봄으로서 그들의 실체에 대해 반성하는 것을 배우기 때문이다.

마. 연수 참여하기

교사들이 계속해서 인성적인 자질과 전문적인 자질을 연마하고 발달시켜 훌륭한 교사로서의 면모를 새롭게 갖추어 가는데 필요한 방법이다.

바. 전문 서적 읽기

보육교사의 필요성에 의해 적절히 활용하여, 기존의 교육에 대한 관점까지도 변화시킬 수 있는 영향력을 행사할 수 있다.

사. 현장 연구

교사가 자신의 수업을 향상시키기 위하여 자신이 배운 것을 사용해 보고, 자신의 일을 체계적으로 검증해 보는 학급 안에서 이루어지는 연구라고 할 수 있다.

(3) 멘토링

멘토링이란 영유아 보육현장에서 경력있고, 능숙한 사람(mento)이 기술적 측면에서 지원이 필요한 사람(mentee)에게 전문적이고 개인적인 발달을 위해 시범적인 역할을 보여주고 격려하는 장학의 과정을 의미한다(조부경 외, 2001). 또한 멘토링은 장학 대상인 교사나 장학요원의 역할을 하는 교사 모두에게 전문적 성장을 꾀할 수 있도록 하는 유일한 장학방법이다(Podsen & Denmark, 2000). 주로 경력교사가 초임교사에게 멘토를 제공하는 역할을 하지만 때로는 경력교사라 하더라도 멘토를 제공받기도 한다. 즉, 멘토링이란 멘토와 멘티가 긍정적인 관계형성을 통해 자기개발과 더불어 지속적인 성장을 상호간에 만들어 가며, 신뢰와 협력을 바탕으로 상호 지원하는 과정이며 이를 통해 멘토와 멘티 모두 긍정적인 성장과 발달을 이루어 나감을 의미한다(박경희, 2016).

① 멘토링의 유형

멘토링은 기본적으로 1 : 1관계를 유지하지만 다양한 멘토링 유형들은 활용목적이나 상황에 따라 유형과 방식으로 나눈다(김화영, 2009). 멘토링을 유형별로 구분하면 공식적 멘토링과 비공식적 멘토링으로 구분할 수 있다(박경희, 2016).

공식적인 멘토링은 조직에서 경영 목표 달성을 위해 체계적 관리를 하는 형태로 능력개발과 경험 전수를 목표로 조직적인 계획을 통해 신규 입사자들의 조기 적응과 유지, 기존 직원의 역량 강화, 핵심 인재 양성, 다양성 관리 등을 위한 목적으로 운영된다. 이를 통해 구체적인 계획을 세워 교육과정 안에서 멘티 선발, 오리엔테이션과 교육훈련, 모니터링 등에 관여하고 정기적으로 측정한 결과를 평가하여 교육 목표 달성이 가능해진다. 반면 비공식적인 멘토링은 서로의 욕구와 친분에 따라 자발적으로 형성된 멘토링 관계를 의미한다(Ragins & cotton, 2000). 멘토와 멘티가 추구하는 요구에 따른 목표로 기간을 조정하고 관리하며 기관의 개입이 없이 이루어지게 되어, 멘토링 과정에 대한 점검이나 평가는 이루어지지 않는다. 이러한 멘토링 유형에는 장단점이 있다.

가. 공식적인 멘토링의 장단점

공식적인 멘토링의 장점은 구체적 목표달성과 1 : 1만남을 통한 관계형성으로 적합한 주제선정과 상호학습을 통한 실력이 향상된다는 점이고, 단점은 많은 비용이 소요되며 지나치게 공식화될 수 있으며 자유로운 관계형성이나 감정측면의 이점을 살리지 못할 가능성이 많다는 점이다(박경희, 2016).

나. 비공식적인 멘토링의 장단점

비공식적인 멘토링의 장점은 구성원 스스로 멘토(또는 멘티)를 찾도록 하기 때문에 모든 사람에게 공평한 기회를 제공할 수 있다는 점이고, 각자 자신의 성격, 목적, 취향에 따라 멘토와 멘티를 선정하기 때문에 관계에 대한 만족도 제고가 가능하다는 것이다. 또한 많은 비용이 들지 않는다는 점이 장점이다. 그러나 비공식적인 멘토링의 단점은 다양한 사람들 간의 관계형성이 어렵고, 개인적인 친분이나 연고에 따라 관계가 형성되기 때문에 지나치게 사적인 관계로 발전할 가능성이 있고, 너무 자유롭고 비체계적으로 운영될 경우, 멘토링 본연의 목적을 달성하지 못할 가능성이 있다는 점이다.

② 멘토링의 단계

학자들마다 멘토링의 단계를 관계형성 단계부터 종료 단계까지 세분화하는 경향이 있다.

크람(Kram, 1983)은 멘토링 과정을 시작 단계, 발전 단계, 분리 단계, 재정립 단계로 나누었다. 시작 단계는 멘토와 멘티가 서로를 인지하며 관계를 맺는 단계이고, 발전 단계는 멘토링의 기능, 즉 경력 관련 기능, 심리사회적 기능이 최대화되어 멘토관계의 절정기에 해당한다. 분리 단계는 멘토링의 의존적인 역할관계에서 중요한 변화 또는 감정적 경험이 일어나는 단계이고, 재정립 단계는 멘토링 단계가 끝나고 이전과는 다른 멘토링 특성을 갖거나 우호적 동료관계가 시작되는 단계이다. 이러한 일련의 단계를 마친다고 해도 멘토는 멘티에게 지속적이고 긍정적인 피드백을 제공하여야 한다.

③ 멘토링의 내용

스트루트(Stroot, 1999)는 멘토링의 교육내용을 전문적인 지원과 정서적인 지원의 측면으로 나누었다.

가. 전문적인 지원

전문적인 지원을 위해서 멘토는 새로운 교수–전략과 기술의 발달, 실천에 대한 반성적 사고의 증진을 위해서 멘티에게 규칙적이고 지속적인 정보와 피드백을 제공해야 한다.

교수활동을 실행하는데 필요한 호기심과 동기 유발 방법, 환경 구성, 영유아 지도, 평가방법 등 효과적인 학급 운영 및 교수–전략 방법에 대한 내용이 포함된다.

나. 정서적 지원

정서적 지원은 어려움에 처해 있는 멘티가 의지할 수 있도록 지원과 격려를 제공하고, 발전할 수 있다는 의지를 갖도록 도와주는 것이다(김선희, 2010). 즉, 격려와 지지를 위한 내용으로, 이는 초임 또는 아직 경력이 얼마 되지 않은 교사를 정서적으로 지원하고 격려할 수 있는 자기 이해를 통한 자기 신뢰

증진, 직업적 갈등 해소, 스트레스의 해소를 위한 교육내용을 포함한다.

④ **멘토링의 구성방법**

멘토링의 구성방법은 다양하지만 1 : 1의 관계 맺기가 보편적이며, 한 명의 멘토가 다수의 멘티와 멘토링의 관계를 맺거나 다수의 멘토가 한 명의 멘티와의 멘토링이 이루어질 수 있다. 어떠한 형태이든지 멘티가 갖고 있는 신념 등 그들의 특성을 충분히 이해하는 것이 중요하며 그들의 요구에 따른 적합한 내용과 방법으로 이루어져야 한다(김선희, 2010).

교사를 위한 멘토링의 구체적 활동방법으로는 멘티를 위한 효과적인 지도와 정보를 제공하기 위한 전문가 조언, 역할놀이, 반성적 사고를 촉진할 수 있는 저널쓰기, 전문서적 읽기와 토론, 협의 코칭, 관찰 등이 있다(변선영, 2012).

⑤ **멘토의 역할과 기능**

사전적 의미에서의 멘토는 조언자, 안내자, 조력자, 확신자, 역할 모델, 철학자와 친구로 정의할 수 있다(Cross, 1995). 멘토의 역할은 네 가지 기능을 통해 이루어진다(Portner, 1998; Odell & Ferraw, 1992).

가. 멘토의 관계맺기 : 멘티와의 상호 신뢰와 존경 그리고 전문성을 주고받는 관계를 구성하고 유지하는 것이다.

나. 멘토의 평가하기 : 멘티의 교수법을 관찰하고 이에 대한 자료를 모으고 진단하는 것이며 주어진 상황을 조절하는 것에 대한 실력을 결정짓는다.

다. 지도하기 : 멘티로 하여금 전문적인 지식과 기술을 증진하도록 돕고 주제를 알기 쉽도록 향상시키고 자원을 요청하고 배치할 수 있는 능력을 기르며 교수양식의 목록을 확장시켜 주는 일이다.

라. 멘토의 격려하기 : 멘티로 하여금 그들의 비형식적인 교수법과 학습접근이 체계적으로 이루어지도록 격려함으로써 그들 자신의 결정과 행동을 독립적으로 반성하도록 이끌어 주는 것이다. 이 과정에서 멘토는 멘티와 함께 의사

결정을 위한 책임감을 갖게 되고 반성적 사고를 통해 이끌어진다. 또한 멘토를 위한 교육은 두 가지 측면으로 반성적 사고능력 및 교수능력과 같은 전문적인 지원능력의 증진과 멘티의 정서적 지원능력의 증진 등이 있다. 하지만 멘토는 각각의 멘티의 독특성을 인식하고 개인적인 상황적 특수성을 이해하여 그들의 요구에 맞게 행동과 대화를 조절할 수 있어야 한다(김선희, 2010). 이를 위해 멘토는 멘티의 행동을 관찰하고 그들의 요구를 반영하는 등 멘티에 대한 깊은 이해를 바탕으로 멘토링이 이루어지도록 해야 할 것이다.

참고문헌

강란혜(2006). 보육교사의 전문성 인식과 교사 효능감 및 직무만족도에 관한 연구. **직업교육연구, 25**(1), 71-88.

강문숙 · 황해익(2008). 보육교사의 직무에 대한 인식조사. **유아교육논집, 제17집** 제2호, 1-23.

강문희 · 정정옥 · 김승경(2006). **영유아 발달의 이해.** 서울 : 신정.

강순희 · 손수민 · 윤매자 · 한서연 · 황현숙(2017). **영유아발달.** 서울 : 창지사.

강정원(2017). **보육교사 마음성장 프로젝트(소명감).** 서울 : 보건복지부 · 한국보육진흥원.

고미경 · 류숙희 · 나정(2006). 유치원 교사의 근무여건과 전문성 향상 요구 분석. **열린유아교육연구, 11**(3).

곽희경(2011). 유아교사의 행복감 및 자아정체감과 교사효능감, 교사-유아 상호작용의 관계. 전북대학교 대학원 박사학위논문.

교육부 · 보건복지부(2020). 제4차 표준보육과정 해설서.

구은미 · 정혜영(2015). 네트워크 분석을 통한 유아교사의 권리 개념 연구. **아동과 권리, 19**(3), 343-366.

권건일 · 김재환 · 최순자(2007). 유아교육법과 영유아보육법의 통합을 위한 비교 분석. **한국유아교육학회, 27**(6), 67-101.

권영미(2014). 보육교사의 전문성 인식과 사회적 지지 및 직무만족도의 관계. 영남대학교 교육대학원 석사학위논문.

기순신 · 김호인(2014). **보육학개론.** 경기 : 공동체.

김경회 · 문혁준 · 김선영 · 김신영 · 김지은 · 김혜금 · 서소정 · 안선희 · 안효진 · 이희경(2016). **보육학개론.** 서울 : 창지사.

김광병 · 박소영(2009). 사회복지사의 법적 지위에 관한 탐색적 연구. **한국사회복지행정학, 11**(2), 103-127.

김기숙(2004). 12개월, 18개월, 24개월 유아의 의사소통 횟수와 의사소통 기능발달. 한림대학교 사회복지대학원 석사학위논문.

김나영(2004). 정서정애아동의 색채선호도 조사 및 효과적 학습 환경에 대한 연구. 숙명여자대학교 대학원 석사학위논문.

김동연(1999). 정서장애아 지도 특성. **한국미술치료학회, 25회** 연수회집. p.186.

김명수(2012). 보육교사가 인식한 원장의 리더십 특성에 따른 보육교사의 직무만족도 및 이직 의도와의 관계. 국민대학교 교육대학원 석사학위논문.

김명숙(1998). 교원권리 의무에 관한 법의식 수준. **교원법학연구, 10**(1), 155-186.

김보영(2011). 보육교사의 권리와 의무에 관한 인식조사 연구. **유아교육 · 보육행정연구, 15**(2), 5-24.

김선희(2010). 멘토링 활동이 유치원 교사의 전문성 발달에 미치는 영향. 한국교육원대학교 교육대학원,

석사학위논문.
김성미(2012). 어린이집의 보육신념, 행복감과 영유아권리존중 보육실행과의 관계. 중앙대학교 사회개발대학원 석사학위논문.
김성희(2003). 초등학교 조직풍토와 교사 자기개발욕구에 관한 연구. 경인대학교 대학원 석사학위논문.
김수진 · 김현주 · 송연선 · 옥은택 · 이향란 · 이희순(2017). **보육교직원 역량강화를 위한 의무교육**. 경기 : 에듀케어아카데미.
김수현(2013). 해양경찰의 조직 환경과 직무만족에 관한 연구. 원광대학교 대학원 석사학위논문.
김승환(2006). 불교경전에 나타난 아동교육론 연구. **교육론집, 제26집** 제2호, 301-326.
김시연(2014). 유아교사의 행복감, 교직에 대한 열정, 직무만족도, 교사 효능감 및 교사-유아 상호작용 간의 구조분석. 광주여자대학교 대학원 박사학위논문.
김애리(2004). 보육교사의 전문성 신장을 위한 보수교육 방안. 중앙대학교 사회복지개발대학원 석사학위논문.
김연(2016). 역할모호성과 역할갈등이 직무만족에 미치는 영향: 정서적 고갈의 매개효과를 중심으로. 숭실대학교 대학원 석사학위논문.
김연 · 유재두(2012) **보육교사 인권상황 실태조사**. 서울 : 국가인권위원회.
김연진 · 박해미 · 연미희 · 최은숙 · 한은경(2012). **유아교육개론**. 서울 : 태영출판사.
김영만(2004). 교사발달단계와 교사의 직무능력 및 직무만족간의 관계 연구. 인하대학교 대학원 박사학위논문.
김영만(2004). 교사발달단계와 교사의 직무능력 및 직무만족간의 관계 연구. 인하대학교 대학원 석사학위논문.
김예진(2015). 예비교사가 지각하는 대학 교직수업의 중요도, 만족도, 실행도 분석. 계명대학교 대학원 석사학위논문.
김온기(2017). **보육교사 마음성장 프로젝트(자존감)**. 서울 : 보건복지부 · 한국보육진흥원.
김유정 · 김정원(2012). **교재 · 교구연구 및 지도법**. 경기 : 양서원.
김유진(2003). 영아보육교사의 전문성 인식과 직무스트레스에 관한 연구. 덕성여자대학교 대학원 석사학위논문.
김은영 · 박은혜(2006). 유치원교사의 직무 분석. **한국 교원 교육연구, 23**(2), 303-323.
김은정(2017). 교사의 의사소통능력과 교사효능감이 유아 문제행동 지도전략에 미치는 영향. 한국외국어대학교 교육대학원 석사학위논문.
김은진(2016). 정서 · 행동장애 아동과 미술치료사의 관계맺음 경험에 관한 내러티브탐구. 영남대학교 환경보건대학원 석사학위논문.
김은하(2013). 보육교사의 영아권리존중에 대한 실행수준. 경성대학교 교육대학원 석사학위논문.
김은희(2007). 사회적 의사소통 훈련 프로그램이 학습장애 아동의 사회성과 학습태도에 미치는 영향. 성균관대학교 대학원 석사학위논문.
김자영(2006). 소파 방정환 아동관의 교육적 함의. 공주교육대학교 교육대학원 석사학위논문.
김정미(2017). 영아교사 전문성 척도 개발 연구. 중앙대학교 대학원 박사학위논문.
김정원 · 이경화 · 이연규 · 전선옥 · 조순옥 · 조화연 · 최일선(2018). **보육학개론**. 경기 : 양서원.

김정환(1996). 교사개발을 위한 자율장학의 발전방향. **동아논제, 33**, 61-77.
김종철 · 김종서 · 서정화 · 정우현 · 정재철 · 김선양(1994). **최신교사론**. 서울 : 교육과학사.
김종해(2005). 보육서비스의 공공성 확대 방안. **복지동향 68**, 33-44. 참여연대사회복지위원회.
김주영(2010). 초등학교 교사의 교직선택 동기 및 교직관과 소진경험과의 관계. 경인교육대학교 교육대학원 석사학위논문.
김주현(2017). 보육교사의 전문성 인식과 교사 행복감 및 교사-영유아 상호작용과의 관계. 총신대학교 교육대학원 석사학위논문.
김지연(1997). 어린이집 보육교사의 교직전문성 인식과 역할수행간의 관계 -수원시를 중심으로-. 이화여자대학교 교육대학원 석사학위논문.
김지연(2011). 집단 미술 프로그램이 정서 · 행동문제 유아의 문제행동개선과 자아개념에 미치는 교육적 영향. 백석대학교 기독교전문대학원 박사학위논문.
김지영 · 윤진주(2011). 보육교사의 전문성 발달과 효능감, 역할 수행 간의 관계. **아동교육, 20(4)**, 127-137.
김태윤(2012). 보육교사가 인식하는 조직문화 및 조직 몰입과 영유아 권리존중보육과의 관계. 중앙대학교 대학원 석사학위논문.
김해숙(2017). 유아교사의 자아탄력성 및 의사소통능력이 교사효능감에 미치는 영향. 인천대학교 교육대학원 석사학위논문.
김향숙(2013). 영아반 보육교사의 이미지에 대한 어머니들의 인식. 한국방송통신대학교 대학원 석사학위논문.
김현미(2005). **국회의원 김현미 의정보고서**. 서울 : 김현미의원실.
김현숙(1994). 보육시설 종사자의 전문성 제고 방안, 한국영유아보육사업의 장기발전 방안. **한국영유아보육학회**, '94춘계 학술대회'.
김화영(2009). 유치원 교사의 발달단계에 따른 멘토링 실태와 요구. 부경대학교 대학원 석사학위논문.
김희진(2012). 유아인성교육을 위한 부모교육프로그램. 육아정책연구소. www.kicce.re.kr
나은숙 · 김애옥 · 박현경 · 유연일 · 홍지명(2012). **영유아 교과교재 연구 및 지도법**. 경기 : 양서원.
남궁미경(2011). 유아교사의 교직 선택 동기가 교직 몰입 및 교사 효능감에 미치는 영향. 한양대학교 교육대학원 석사학위논문.
노희연 · 오경숙 · 윤매자 · 이소영 · 임현숙 · 최민수(2016). **영아보육의 이해**. 경기 : 양성원.
류동훈(2004). **교사론**. 서울 : 창지사.
문승태(2008). 초등학교 교원의 전문성 신장을 위한 인센티브 요닝 타당성 연구. 순천대학교 대학원 석사학위논문.
문연심 · 박희숙 · 조안나(2017). **영유아교육기관 관찰 및 실습**. 경기 : 공동체.
문혁준 · 한효진 · 김경회 · 김영심 · 김정희 · 김혜연 · 배지희 · 서소정 · 이미정 · 이희경 · 정다운 · 조혜정(2014). **보육교사론**. 서울 : 창지사.
민성혜(2007). *Behavior Problems in Preschool Children*.(Susan B. Campbell 지음). [**유아의 문제행동**]. 서울 : 시그마프레스.
민성혜 · 신혜원 · 김의향(2015). **보육교사론**(제3판). 경기 : 양서원.

박경희(2016). 교사-영아의 비언어적인 의사소통에 대한 멘토링 적용연구. 숙명여자대학교 원격대학원 석사학위논문.

박근주 · 송원호 · 김연진 · 이화영(2011). **영유아교사론**. 경기 : 양서원.

박명호(2004). 보육교사의 발달에 따른 관심사 변화와 장학지도의 방향에 관한 연구. 동국대학교 행정대학교 석사학위논문.

박미금 · 송말희 · 이미선 · 이성훈(2003). **건강한 부부관계 만들기**(원작 *Empowering Couples* ; David H. Olson & Amy K. Olson). 21세기가족문화연구소.

박병열(2013). 초등학교 교사의 자기개발 활동에서의 경험탐색. 한국교원대학교 대학원, 석사학위논문.

박복매(2011). 보육교사의 역할수행에 영향을 미치는 변인에 관한 연구. 가톨릭대학교 대학원 박사학위논문.

박선민(2015). 〈동요〉프로젝트 활동을 통한 초등학생의 긍정적 자아개념 형성. 대구교육대학교 교육대학원 석사학위논문.

박선영(1983). **불교와 교육사상**. 서울 : 보림사.

박선욱(2018). 보육교사의 보육신념과 전문성에 대한 인식이 교사역할수행에 미치는 영향. 대진대학교 교육대학원 석사학위논문.

박영희(2011). 예비유아교사의 영아교사 전문성에 대한 인식. 경성대학교 교육대학원 석사학위논문.

박은순(2015). 보육교사의 직무스트레스와 조직유효성과의 관계에서 근무환경의 조절효과에 대한 연구. 중앙신학대학원 대학교 박사학위논문.

박은혜(2009). **유아교사론**. 서울 : 창지사.

박은혜(2013). **유아교사론**. 서울 : 창지사.

박은혜 · 김명순(2002). 유치원 자율장학에 대한 유아교사들의 인식 및 요구. **교육과학연구, 33**(1), 171-185.

박인우 · 김명랑 · 엄미리(2008). 교사 역량에 대한 교사와 예비교사의 인식에 관한 연구. **교육문제연구, 제30집**, 79-107.

박지순(2013). **한국어 교원 연수과정 개발을 위한 요구 분석 및 제언**. 국립국어원.

박화윤 · 최재숙 · 마지순(2002). 쌓기 활동에서 유아들의 친사회적 행동 출현에 대한 맥락적 이해. **한국영유아보육학, 제31집**, 179-201.

배복자(2013). 『격몽요결』의 유아교육적 함의. 경상대학교 교육대학원 석사학위논문.

배혜영(2017). 직장어린이집 보육교사가 인식한 직무스트레스, 학부모-교사 협력이 교사 직무만족도에 미치는 영향. 경기대학교 교육대학원 석사학위논문.

백선희(1999). 영유아보육 비용의 재정분담 구조 현황과 과제. 영유아보육학회. 1999년 추계학술대회 자료집.

백선희(2011). 보육의 공공성 강화를 위한 정책 방안. 한국보건사회연구원. 21-37.

백은주 · 조부경(2004). 유치원 교사의 전문성 발달 수준 자기 평가 도구 개발. **유아 교육 연구, 24**(4), 95-117.

변선영(2012). 영아교사의 멘토링 장학프로그램 실행연구. 부산대학교 교육대학원 석사학위논문.

보건복지부(2000). 보육사업 이해와 시설 설립.

보건복지부(2012). 2012년 보육사업 안내(본문).
보건복지부(2016). 2016년 보육통계(2016.12.31).
보건복지부(2017). 2017년 보육사업 안내(본문).
보건복지부(2018). 2018년 보육사업 안내(본문).
보건복지부(2021). 보육통계(2021년 12월 31일 기준).
보건복지부(2022a). 2022년도 보육사업안내(본문).
보건복지부(2022b). 제4차 중장기 보육 기본계획 비전 및 정책과제.
보건복지부 · 육아정책연구소(2021). 2021년 전국보육실태조사. 어린이집 조사보고.
서경숙(2007). 보육교사직에 대한 보육교사의 인식. 중앙대학교 사회개발대학원 석사학위논문.
서문희 · 신나리 · 유은영(2007). **국공립보육시설 확충 및 기능 강화 방안**. 육아정책개발센터.
서영숙 · 박진옥 · 서혜전(2014). 보육교직원. **한국보육지원학회지, 10**(4), 5-28.
서영숙 · 서혜전 · 김영명 · 채혜선 · 김진숙(2013). **보육학개론**. 경기 : 양서원.
서영숙 · 서혜정 · 김진숙(2009). **아동권리 협약과 함께하는 아동 · 청소년의 권리(보육교사용)**. 서울 : 보건복지가족부 · 세이브더칠드런.
서정화(1995). **최신 교사론**. 서울 : 교육과학사.
성미영 · 김진경 · 서주현 · 민미희 · 김유미(2015). **보육교사론**. 서울 : 학지사.
성희자(2013). 보육의 공공성 제고를 위한 국공립보육시설 확충방안. 대구경북연구원.
송영미(2016). 영유아교사의 권리와 의무에 관한 유치원교사와 보육교사의 인식 연구. 숙명여자대학교 교육대학원 석사학위논문.
송영선(2017). **보육교직원 역량강화를 위한 의무교육(교사인성교육)**. 경기 : 에듀케어아카데미.
송정은(2017). **보육교사 마음성장 프로젝트(대인관계)**. 서울 : 보건복지부 · 한국보육진흥원.
송현주(2014). **피아제(Piaget)의 도덕성 발달 이론(심리학 용어사전)**. 한국심리학회.
신근영(2016). 제3차 표준보육과정에 기초한 만 2세용 의사소통척도 개발 및 타당화 연구. 국민대학교 일반대학원 박사학위논문.
신양재(1995). 조선시대 교훈서에서 나타난 아동 연령 기대에 관한 연구. **아동학회지, 16**(1), 183-192.
신은수 · 유흥옥 · 안부금 · 안경숙 · 김은정 · 유영의 · 김소향(2013). **유아교사론**. 서울: 학지사.
신혜영(2004). 어린이집 교사의 직무 스트레스와 효능감이 교사 행동의 질에 미치는 영향. 연세대학교 대학원 박사학위논문.
심성경 · 김경의 · 이효숙(2010). **아동발달**. 서울 : 학지사.
심성경 · 변길희 · 박주희 · 류경희 · 박경수(2014). **유아발달**. 서울 : 창지사.
안경식(1994). **소파 방정환의 아동교육운동과 사상**. 서울 : 학지사.
안경식(2005). **한국 전통 아동교육사상**. 서울 : 학지사.
안수연(2000). 자유선택활동 시간에 나타난 교사-유아 상호작용과 유아-유아 상호작용. 이화여자대학교 대학원 석사학위논문.
안정모(1995). 교직특성에 따른 유치원 교사의 권리와 의무에 관한 인식 연구. 이화여자대학교 교육대학원 석사학위논문.
양다경(2011). 교권에 대한 유치원과 초등학교 교사의 인식 비교. 경성대학교 교육대학원 석사학위논문.

양명희 · 임유경(2014). **영유아행동 관찰 및 평가**. 서울 : 학지사.

양옥승(1998). **세계보육제도**. 경기 : 양서원.

엄은나(2007). 유아의 의사소통 능력 향상을 위한 프로그램 구성 및 적용효과. 중앙대학교 대학원 박사학위논문.

엄은나(2007). 의사소통 능력 향상 프로그램이 유아의 또래상호작용 행동 및 또래 수용에 미치는 효과. **열린유아교육연구, 12**(1), 241-261.

여문환(2009). **아동기의 발견**. 경기 : 양서원.

염지숙 · 이영순 · 조형숙 · 김현주(2008). **유아교사론**. 서울: 정민사.

염지숙 · 조현희 · 박세원(2012). **우리아이가 행동장애라고요?**. 서울 : 학지사.

오정수 · 류진석(2009). **아동복지론**. 서울 : 학지사.

오혜경(2016). 보육교사의 근무환경 인식과 행복감에 관한 연구: 직장어린이집 교사를 중심으로. 울산대학교 대학원 석사학위논문.

우영혜(2006). 자율장학을 통한 교수 실제 변화에 관한 질적 연구: A유치원을 중심으로. 창원대학교 대학원 박사학위논문.

원호영(2006). 소파 방정환의 아동교육론 연구. 강원대학교 교육대학원 석사학위논문.

위미숙(2005). 교원의 권리와 의무에 관한 분석적 연구. **한국인사행정학회보, 4**(1), 127-151.

위숙희(2008). 보육교사와 유치원교사의 전문성인식연구. 숙명여자대학교 교육대학원, 석사학위논문.

유미림 · 탁수연(2010). 예비 영 · 유아교사의 교직 선택 동기와 만족기대의 인식. **한국보육학회지, 10**(1), 127-142.

유연화 · 임경애(2011). **영유아를 위한 교재 · 연구**. 경기 : 교문서.

유희정(2007). **육아지원기관의 교육 · 보육활동 분석**. 서울 : 육아정책개발센터.

유희정 · 이미화(2004). **보육교사의 근무환경 및 직무실태 분석**. 서울 : 한국여성개발원.

육아정책연구소(2014). 유아정책 Brief. **통권 제25권**(2014.5.10. 발행).

윤매자(2010). 영유아 권리존중 보육에 관한 자율장학의 효과와 의미. 숙명여자대학교 대학원 박사학위논문.

윤매자(2013). 보육교직원 권리 증진을 위한 방안 연구. 2013년 경기도 제16회 보육세미나. 11-43.

윤매자 · 강순희 · 이종숙 · 이현주(2017b). **보육실습**. 경기 : 공동체.

윤매자 · 백은영 · 신혜경 · 이찬숙 · 이희정 · 주현경(2012). **보육학개론**. 경기 : 양서원.

윤매자 · 신혜경 · 주정현(2017a). **아동복지론**(3판). 경기: 양서원.

윤매자 · 이화명 · 김진영 · 김영미(2021). **아동관찰 및 행동연구**. 경기: 지식공동체.

윤미례 · 김태일(2017). 준실험설계에 의한 보육지원 정책의 고용효과 분석. **한국행정학보, 51**(1), 205-231.

윤온유(2017). 보육교사의 직무태도와 전문성 인식에 관한 연구: 서울지역 어린이집 보육교사 중심으로, 중앙대학교 행정대학원 석사학위논문.

이금재 · 허영주(2015). 일본어 전공 학생들의 전곤 선호도와 교직 기대감과의 관계 분석. **일본문화학보, 제76집**, 87-103.

이기숙(2004). **개정 영유아교육과정**. 서울: 교문사.

이기숙 · 강민정(2007). 일본의 유보일원화와 「인정어린이원」의 발전과정에 대한 고찰. **유아교육연구, 27**(5), 63-85.

이미식(2007). 아동의 인권능력(capacity)을 신장시키기 위한 인권교육 프로그램 연구. **열린교육연구,제 15**(1), 185-212.

이미화(2005). **보육시설 실태조사 보고.** 서울 : 여성부 보육기획과.

이미화 · 황혜정 · 양미선 · 장혜진 · 엄지원(2013). 누리과정 가정연계 어린이집 부모교육 프로그램 개발. 보건복지부 · 육아정책연구소.

이성은(2015). 영아 포트폴리오 평가를 통한 교육적 영아교사 되기. 침례신학대학교 대학원 석사학위 논문.

이숙재(2017). **영유아 놀이의 이론과 실제.** 서울 : 창지사.

이순형 · 권기남 · 김진옥 · 민미희 · 김정민 · 김은영 · 이성옥 · 정현심 · 심도현 · 안혜령(2012). **보육교사론.** 경기 : 양서원.

이순형 · 이혜승 · 이성옥 · 황혜신 · 이완정 · 이소은 · 권혜진 · 이영미 · 정윤주 · 한유진 · 성미영(2011). **보육학개론.** 서울 : 학지사.

이완정 · 이윤선 · 권기남(2015). 인성 · 인성교육 인성평가 어떻게 할 것인가?. 한국아동학회 추계학술대회. 103-148.

이유강(1992). 불교 아동관에 대한 아동심리학적 접근. **교육문제연구(7)**, 124-132.

이윤식(2002). **학교경영과 자율장학.** 서울 : 교육과학사.

이윤영 · 배지희 · 김은혜(2013). 영아반 교사들이 경험하는 직무스트레스와 기대 및 요구. **유아교육, 22**(2), 201-224.

이은상 · 이은상 · 김명희 · 김보현 · 민광미 · 배정호 · 성소영 · 이소정 · 이완희 · 홍지영(2013) **보육교사론**, 경기 : 공동체.

이은아(2017). 보육교사의 창의적 인성과 전문성 인식이 직무만족도에 미치는 영향. 가천대학교 교육대학원 석사학위논문.

이은영(2017). 어린이집 딜레마상황에 대한 교사 간 짝 토론 활동이 보육교사의 비판적 사고 성향에 미치는 효과. 총신대학교 교육대학원 석사학위논문.

이은주(2004). 유치원교사의 자기효능감, 직무스트레스와 스트레스 대처 방식이 소진에 미치는 영향. 충북대학교 교육대학원 석사학위논문.

이은화 · 배소연 · 조부경(1995). **유아교사론.** 경기 : 양서원.

이은화 · 배소현 · 조부경(2006.) **유아교사론.** 경기 : 양서원.

이인숙 · 최해림(2005). 내면화된 수치심 척도(ISS)의 타당화 연구 - 애착 과민성 자기애, 외로움과의 관계. **한국심리학회지 : 상담 및 심리치료. 17**(3). 651-671.

이장환(2014). 경찰공무원의 스트레스 대처방식이 직무스트레스와 전문적 상담 추구 태도에 미치는 영향. 경기대학교 대학원 석사학위논문.

이정숙(2003). 교사경력과 유아연령에 따른 교사-유아의 상호작용. 계명대학교 대학원 석사학위논문.

이정환 · 김지영(1996). **유아교육기관에서의 비형식적 아동평가의 운영실태 조사.** 서울 : 한국어린이인육영회.

이종범(1994). **딜레마이론 : 조직과 정책의 새로운 이해.** 서울: 나남 출판.

이주연(2008). 국내 영유아보육 논문의 연구동향 분석. **한국가정관리학회지, 26(6), 통권 제96호,** 21-34.

이주영 · 고재욱(2015). 영아보육교사의 근무환경과 직무만족이 이직의도에 미치는 영향 -경기도북부지역을 중심으로-**한국보육지원학회지, 11**(1), 63-82.

이지원(2010). 민간보육시설 보육교사의 직무만족도에 대한 영향요인 연구 : 경기도 안산시 민간보육시설을 중심으로. 건국대학교 행정대학원 석사학위논문.

이진화(2014). 보육교사의 교육신념과 영유아권리존중보육 실행과의 관계. 한양대학교 교육대학원 석사학위논문.

이현미 · 박종구(2015). 보육정책 변동과정 영향 요인에 관한 연구. **정책분과평가학회지, 25**(4), 205-230.

이홍우(2005). 교육의 근본 : 그 말살과 회복. **도덕교육연구, 16**(2), 1-20.

이황은(2009). 또래집단미술치료 프로그램이 고등학생의 의사소통기술과 대인관계에 미치는 효과. 영남대학교 대학원 박사학위논문.

이희은(2016). 전북 지역 육아종합지원센터의 지역 사회 자원 연계 실태와 요구 분석. 우석대학교 대학원 석사학위논문.

임미정(2015). 보육교사의 사회자본 및 교사학습공동체와 직무수행능력과의 관계. 창원대학교 대학원 박사학위논문.

임승렬(2007). 교원의 권리와 의무에 관한 유치원 교원의 인식 수준에 관한 연구. **열린유아교육연구, 12**(3), 1-18.

임영미(2016). 어린이집 교사의 정서지능, 정서노동, 정서표현성이 교사-영유아 상호작용에 미치는 영향. 총신대학교 교육대학원 석사학위논문.

임재택(1996). **전문직 보육교사의 역할과 자세.** 부산 : 부산대학교 보육교사교육원.

임재택(1999). 유아교육기관에서의 세시풍속 적용사례와 교육적 가치. **영유아보육연구,** 5, 51-68. 부산대학교 영유아보육 연구소.

임정희(2005). 만5세 아동권리교육 활동안 개발을 위한 기초연구. 신라대학교 교육대학원. 석사학위논문.

장승희(2015). 유아교사의 행동유형별 교사-유아 상호작용이 놀이형태에 미치는 영향. 신라대학교 교육대학원 석사학위논문.

장윤화(2012). 직무스트레스와 스트레스 대처방식이 심리적 탈진에 미치는 영향. 광운대학교 상담복지정책대학원 석사학위논문.

장정훈(2008). 기업의 공식적 멘토링에서 멘토의 오너쉽과 몰입의 인과요인 규명. 이화여자대학교 대학원 석사학위논문.

장필남(2010). 공립 유치원 교사가 지각한 학교장의 의사소통 유형별 직무스트레스 및 직무만족도의 비교분석. 강원대학교 교육대학원 석사학위논문.

전재은(2018). 보육교사의 심리적 안녕감이 교사-영아 상호작용에 미치는 영향: 교사의 전문성 인식 매개효과. 숙명여자대학교 원격대학원 석사학위논문.

정경미(2012). 기업에서의 의사소통능력이 조직의 직무만족 및 조직몰입에 미치는 영향. 대구대학교 대학원 석사학위논문.

정선영(2002). 보육교사의 전문성에 따른 보육프로그램 운영의 차이분석. 동아대학교 정책과학 대학원 석사학위논문.

정연희(2014). **유아 교과교재 및 연구법**. 서울 : 학지사.

정영희(2012). 동화를 활용한 인성교육프로그램의 효과 : 유아의 자기조절능력과 또래 유능성. 경북대학교 교육대학원 석사학위논문.

정옥분(2013). **아동발달의 이해**. 서울 : 학지사.

정옥분 · 권민균 · 김경은 · 김미진 · 노성향 · 박연정 · 손화희 · 엄세진 · 윤정진 · 이경희 · 임정화 · 정순화 · 정현희 · 최형성 · 황현주(2012). **보육학개론**(2판). 서울 : 학지사.

정옥분 · 김경은 · 김미진 · 노성향 · 박연정 · 엄세진 · 임정하 · 정순화(2015). **보육교사론**. 서울 : 학지사.

정일환 · 권상혁(1995). **교사론**. 서울 : 교육출판사.

정정옥 · 김광자(2009). **영유아교사를 위한 지침서**. 서울 : 교육아카데미.

정지원(2015). 내면화된 수치심이 고등학생의 진로미결정에 미치는 영향. 서강대학교 교육대학원 석사학위논문.

정진선 · 문미란(2011). **인간관계의 심리 : 이론과 실제**. 서울 : 시그마프레스.

정채옥(2006). 현직 보육교사와 예비보육교사의 지원동기 및 전문성과 발달에 적합한 실제에 관한 인식 비교 연구. **유아교육학론집, 10**(3), 191-210.

조경자 · 이현숙(2005). 유아교육과 학생들의 전공 선택 동기와 유아교사직에 대한 인식. **미래 유아교육학회지, 12**(1), 289-212.

조미영 · 권경숙 · 고경화 · 박정빈 · 심형진 · 이은희 · 조연경 · 황인애(2016). **보육교사론**. 서울: 학지사.

조방제(2003). 보육교사의 역할수행 요구분석을 통한 양성교육프로그램 개선을 위한 연구. 계명대학교 대학원 박사학위논문.

조부경 · 백은주(2001). 발달적 장학을 통한 유아교사의 과학교육에 대한 관점 및 교수실제의 변화과정. **유아교육연구**. 269-291.

조한무(1998). **수행평가를 위한 포트폴리오 평가**. 서울 : 교육과학사.

조혜영 · 곽혜경 · 구경선(2012). **보육학개론**. 서울 : 창지사.

진경미(2017). 보육교사의 근무환경과 전문성 인식이 이직의도에 미치는 영향. 경희대학교 교육대학원 석사학위논문.

차경주 · 이경화(2011). 사립유치원 교사들의 이직 이야기. **직업교육연구, 30**(3).

최명희(2016a). **보육교직원 자기진단 및 인성교육 강사진 매뉴얼(보육교사의 윤리와 책무성)**. 보건복지부 · (재)한국보육진흥원 · 육아전책연구소. 47-63.

최명희(2016b). **교사다움**(영유아 교사를 위한 인성지침서). 경기 : 공동체.

최양미 · 이홍재 · 박미경(2015). **경기도 영유아교사 교권 확립에 관한 정책 연구**. 안양대학교 산혁협력단.

최윤정(1998). 그림동화책 읽어주기와 토의가 유아의 친사회적 행동 및 추론에 미치는 영향. 이화여자대학교 대학원 박사학위논문.

최은영(2016). 보육교사-영아 상호작용과 보육교사 신념 및 전문성 인식간의 관계. 위덕대학교 대학원 석사학위논문.

최은희 · 이일주 · 이성희 · 황성원(2013). **보육진단 및 공공성 강화 방안**. 충남발전연구원.

최진아(2015). 보육교사의 전문성 인식 및 교육신념이 보육 프로그램의 질에 미치는 영향. 인천대학교 교육대학원 석사학위논문.

한국교육개발원(1989). 교내 자율장학의 활성화 방안 연구. 연구보고서. 89-93.

한국보육진흥원(2014). **부모교육자료(놀이를 통해 배워요)**. (재) 한국보육진흥원.

한국어린이집총연합회(2013). 어린이집 원장 및 보육교사 윤리강령.

한은주(1989). 교원의 권리 · 의무에 관한 일 조사 연구 : 특수학교 교원 중심으로. 이화여자대학교 교육대학원 석사학위논문.

한현주(2017). 어린이집 조직커뮤니케이션 만족이 보육교사의 자기개발 욕구와 직무수행 능력 향상에 미치는 영향. 위덕대학교 교육대학원 석사학위논문.

허미경(2014). 유아교사의 윤리적 딜레마 해결력 증진 프로그램 개발 및 적용. 덕성여자대학교 대학원 박사학위논문.

홍서영(2016). 감정코칭에 의한 정서 · 행동장애 위험 유아의 분노표현 변화. 중앙대학교 대학원 석사학위논문.

홍은수(2002). 수치심의 이해 및 치유. 연세대학교 대학원 석사학위논문.

황보영란(2011). 유치원 교원의 법적 지위에 관한 연구. **유아교육연구, 31**(5), 87-112.

황보은희(2014). 보육교사 자격제도에 인 · 적성검사 도입에 대한 교사와 학부모의 인식연구. 숙명여자대학교 교육대학원 석사학위논문.

황옥자(2009). 불교와 아동교육. **종교교육학연구, 제30권**,1-29.

황해익 · 송연숙 · 정혜영 · 유수경(2013). **영유아 행동 관찰법**. 서울 : 창지사.

Bates, E., Benignim L., Bretherton, I., Camaioni, L., & Volterra, V.(1979). *The emergence of symbols: Cognition and communication in infancy.* New York : Academic Press.

Bredekamp, S. & Rosefrant, T.(Eds.)(1992). *Reaching Potentials :Transforming early childhood curriculum and assessment*(Vol. 1). Washington DC : NAEYC.

Burden, P.(1990). Teacher development. In R. Houston(Ed.), Handbook of research in selected Michigan public school : A pilot study (Doctoral dissertation, Michigan State University, 1972) *Dissertation Abstracts International A, 33*(9).

Cross, R.(1995). The Role of the mentoring utilizing the suppor tsystem for the supply qualified teacher. *School Organization, 15*(1), 34-35.

Decker, C. A. & Decker, J. R.(2005), *Planning and administering early shildhood programs*(8th ed). N J: Merrill-Prentice Hall.

Flooden, R. E.(1980). *Educational evaluation and policy analysis, 2*(2). 35-46.

Gronlund, G.(1998). Portfolio as an assessment tool: Is collection of work enough? *Young children*, 43(3), 4-10.

Harris, B. M.(1985). *Supervisory behavior in education*(3rd ed.), Englewood Cliffs, NJ: Prentice-Hall.

Hoffman, M. L.(1977). Moral internalization: Current theory and research. In L. Berkowitz(Ed.), *Advances in experimental Social Psychology*(Vol. 10). New York: Academic Press.

Huberman, M.(1993). *The lives of teacher.* 2015; New York : Columbia University.

Kate, L. G., & Weir, M. K.(1969). "Help for Preschool Teachers: A Proposal." Momeographed, Urbana, Ill: FRIC Clearinghouse on early Childhood Education. ED 031 308.

Katz, L. G.(1977). Talk with teachers 와 More talks with teachers. [유아교사를 위한 제언] (이차숙 역, 1989). 서울 : 良書院(양서원).

Katz. L. G.(1985). Dispositions in early childhood education ERIC/EECE Bulletin, 18(2). Urbana, IL: ERIC Clearinghouse on Elementary and Early Childhood Education.

Kram, K. E.(1983). Phases of the mentor relationship. *Academy of Management Journal. 26*(4), 608-625.

Malatesta, C. Z.(1985). Developmental course of emotion expression in the human infant. In G. Zivin (Ed.), *The development of expressive behavior : Bioloy-environment interactions.* Orlando, FL : Academic Press.

Odell, S. J. & Ferraw, D. P.(1992). Teacher mentoring and teacher retention. *Journal of Teacher Education, 43*(3), 200-204.

Owen, M. T., Ware, A. M., & Barfoot, B.(2000). Caregiver-mother partnership behavior and the quality of caregiver-child and mother-child interactions. *Early Childhood Research Quarterly, 15*(3), 413-428.

Podsen, I. J., & Denmark, V. M.(2000). *Coaching and mentoring first-year and student teachers.* New York, NY: Eye On Education Inc.

Portner, H.(1998). *Being mentored: A guide for proteges*. Thousand, California : CorwinPress, Inc.

Ragins, Br., Cotton, J. L., & Miller, J. S.(2000). Managerial mentoring : the effects of type of mentor, quality of relationship, and pragram design on work and career at titydes. *Academy of Management Journal, 43*(6), 1177-1194.

Saarmi C., Mumme, D., & Campos, J.(1998). Emotional development: Action, communication, and understanding. In W. Damon(Series ED). & N. Eisenberg(Vol. Ed.), *Handbook of child psychology: Vol 3. Social, emotional, and personality development*(5th ed., pp.237-309). New York : Wiley.

Saracho, O. N., & Spodek, B.(1993). Professionalism and the preparation of early childhood education practitioners, *Early childhood Development and care,* Gorden and Breach science publisher S.A

Stroot, S. A.(1999). Impactofa collaborative peer assistance and review model on entry-year teachers in large urban school setting. *Journal of Teacher Education, 50*(1), 27-41.

Thompson, R. A.(1998). Early sociopersonality development. In W. Damon & N. Eisenberg(Eds.), *Handbook of child psychology*(Vol. 3, 5th ed., pp. 25-104). New York : Johe Wiley & Sons.

Vivian, G., P.(1997). *Wally's Stories*. [월리 이야기](손미령, 정계영 역.). 서울 : 학지사(원저 1981 출판).

Wetherby, A. M., & Prizant, B. M.(2002). *Communication and Symbolic Behavior Scales Developmental P rofile(Manual).* Baltimore : The Brookes Publishers.

Wetherby, A., Cain, D., Yonclas, D., & Walker, V.(1988). Analysis of intentional communication of normal children from the prelinguistic to the multiword stage. *Journal of Speech, Language, and Hearing disorders, 31*, 240-252.

교육플러스(2022). 국회 유보통합 토론회.
http://www.edpl.co.kr/news/articleView.html?idxno=6883 (2022.08.22. 인출).

국가직무능력표준(2022) NCS. http://www.ncs.go.kr

국립국어원(2017). http://www.koren.go.kr 표준국어대사전

일본 후생노동성(2022) : https://www.mhlw.go.jp.

한국보건사회연구원(2010). http://www.kihasa.re.kr

한국보육진흥원(2019). http://www.kcpi.or.kr

한국어린이집총연합회(2013). http://www.koreaeducare.or.kr

한국직업능력개발원(2006). http://www.nhrd. 정책동향

저/자/소/개

■ **윤매자** 숙명여자대학교 대학원 아동복지과 문학석사
숙명여자대학교 대학원 아동복지과 문학박사(아동보육과 교육 전공)
현) 장안대학교 사회복지과 교수
저서) 방과후 아동지도 이해(2012, 공저), 아동복지론(2012, 공저), 영유아기 부모역할을 위한 부모교육(2012, 공저), 다문화 사회와 가정(2012, 공저), 영유아 다문화 교육의 이론과 실제(2012, 공저), 영아보육의 이해(2013, 공저), 영아보육의 실제(2013, 공저), 영아보육의 이해(2016, 공저), 영유아발달(2017, 공저), 정신건강론(2017, 공저), 보육실습(2017, 공저),아동복지론(3판)(2017, 공저), 보육교사(인성)론(2019), 아동권리와 복지(2020), 영아보육의 이해(2판)(2020, 공저), 영유아발달(2판)(2020, 공저), 보육과정(2021, 공저), 놀이지도(2021, 공저), 아동관찰 및 행동연구(2021, 공저), 보육교사 장기미종사자 직무교육(2022, 공저), 아동복지론(2022, 공저)

[개정판]
보육교사(인성)론

1판 1쇄 발행 — 2019년 2월 28일
2판 1쇄 발행 — 2023년 1월 30일

저 자 - 윤매자
발 행 인 - 강철원
발 행 처 - 양성원
주 소 - 경기도 파주시 검산로 173번길 29-12
전 화 - 031-946-3861(代)
팩 스 - 031-946-3864
이 메 일 - tnwpub@naver.com
홈페이지 - tnwpub.co.kr
출판등록 - 2015년 8월 31일 제 2015-000211 호

ISBN 979-11-6126-505-6

정가 22,000원